KB234732

중국여성을 말하다

가려진 중국여성들의 생활사

话说中国女性-隐藏的中国女性生活史

중국여성을 말하다

- 가려진 중국여성들의 생활사

구성희 지음

머리말

　중국의 전통문화, 특히 유교儒敎문화는 계층적이고 차별적인 실천 도덕을 중시한다. 상하존비를 엄별하는 계층적인 윤리관과 가정을 중심으로 한 도덕관이 유교 전통문화의 기저이다. 여성관도 계층적 차별에 따라 여비女婢(여성은 천하다), 명분名分, 의리義理를 바탕으로 여성의 순수성(정절의 강조)이 강조되었다. 전통적인 중국 사회에서 여성의 신분은 매우 미천했다. 경제적·사회적·정치적·종교적인 면에서 여성은 안정된 권리와 의무를 갖지 못했다. 여성이 남성보다 열등하다는 원칙 아래 여성에게 요구된 것은 겸손과 허약함이었다.

　유가儒家는 공자와 맹자(2500년 전)에서부터 송宋·명明대에 이르기까지 사회와 국민을 교육하는 데 주력하였던 학파다. 특히 유교문화가 뿌리 깊이 자리 잡을 수 있었던 것은 송대宋代에 형성되어 명明·청淸대에 이르기까지 지속적으로 발전한 '가족제도'와 '족규族規', '가법家法(한 집안의 법도 또는 규율)'이 정착되었기 때문이다. 유교의 윤리도덕이 족규와 가법에 용해됨으로써 유가는 매우 용이하게 전파되었고 향촌의 민중들에게까지 파고들었다. 교육을 받지 못한 여성도 대대로 전해 내려오는 규범과 민속화된 전통 속에서 유가의 예교禮敎 관념을 받아들였다.

가법家法을 논리적으로 성문화한 효시는 남북조시대 북제北齊 사람 안지퇴顔之推가 지은 『안씨가훈顔氏家訓』이다. 이 책은 처음으로 유가의 '충忠, 효孝, 인仁, 의義'의 이론을 가법과 결합시켰다. 가정을 다스리는 원칙을 조목별로 분류하고 체계적으로 서술한 가법은 유교사상이 사회에 깊이 뿌리내리고 영향력을 행사하는 데 선구적 역할을 했다. 집안 내의 부녀자에 대한 훈계를 조문화하고 있는 『안씨가훈』은 송대에 이르러 사회적으로 널리 영향력을 끼쳤다.

송대에 사회제도와 가족제도가 새롭게 정비되면서 유교문화가 사회 전반에 걸쳐 더욱 깊이 침투하였다. 당시의 가훈과 가법은 이미 남녀유별(유교사상에서 남자와 여자 사이에는 분별이 있어야 함을 이르는 말)을 강조하고 있다. 남녀유별, 즉 남존여비男尊女卑(남자는 높고 여자는 낮고 천하다는 말) 사상을 엄격히 지키게 함으로써 여성들의 활동 공간을 제한했다. 남존여비 사상은 명 · 청대와 1949년 중화인민공화국의 건국 이전까지 여성들에 대한 규제와 억압을 가속화시켰다. 여성은 행동과 생활권이 제약되어 정상적인 발전이 원천 봉쇄되고, 집안에서는 자유와 자주성을 침해당했다.

평민 여성은 대부분 교육을 받지 못하였고, 경제적으로 형편이 나은 여성이라도 문맹을 겨우 면할 정도의 지식밖에 갖지 못했다. 여성은 어려서부터 문화적 교양권 밖으로 밀려나 부모형제, 친척, 이웃과 농사를 지으며 삶을 영위해야 했다. 생계활동을 해야 한다는 필요성 때문에 평민 여성은 귀족 여성과 같은 심한 속박을 받지는 않았지만, 유교문화의 영향을 받은 민간의 풍습과 가법, 가규家規(집안에서 다 함께 지키기로 정한 사항이나 법칙)는 도덕관으로 굳어져 하층 여성까지 억압했다.

20세기 이전 송·원·명·청대에 걸친 천 년은 중국여성에게는 힘든 암흑기이다. 그중에서도 명·청대의 중국여성은 심리적으로 극심한 억압을 당해야 했고, 신체적으로는 완전하게 자유를 상실했다. 이 시기 봉건적인 예교가 중국여성에게 가했던 제재, 편견, 압박, 구금 등은 이루 말할 수 없을 정도로 극심했다.

20세기의 중국은 사회, 정치, 문화 방면에서 엄청난 변화를 겪었다. 그 가운데 변화와 충격이 가장 큰 분야는 단연 '여성'에 대한 것이었다. 1911년의 신해혁명辛亥革命과 1949년 신중국新中國(1949년 10월 1일 중화인민공화국中華人民共和國이 건국되었다. 1949년 이전의 구중국과 구별하기 위해 중국공산당은 1949년 중화인민공화국의 건국 이후의 중국을 신중국이라 한다)의 성립은 중국여성에게 많은 혜택을 가져다주었다.

우선 전족纏足*의 금지는 여성들의 신체를 해방시켰고, 여학교의 설립(1920년부터 여성도 대학에 진학할 수 있게 된다)은 여성의 사회문화적 소양을 쌓을 수 있는 기초를 전면적으로 마련하는 계기가 되었다. 부모가 혼인을 독단하지 못하도록 해 여성에게 연애의 자유를 되돌려주었고, 일부일처제법은 여성을 노예상태에서 벗어나게 했다.

1949년 신중국 건국 후 정부 주도 아래 이뤄진 근로와 보수에서 남

---

* 여자의 엄지발가락 이외의 발가락들을 어릴 때부터 발바닥 방향으로 접어 넣듯 힘껏 묶어 헝겊으로 동여매어 자라지 못하게 한 발을 이른다.

녀평등권의 보장과 정치참여 허용은 여성의 경제적·정치적 지위를 향상시켰다. '남녀의 일률적인 평등'은 법률상으로 여성도 독립적이고 자주적인 공민권과 의무를 가질 수 있게 하여 신체적·인격적 침해를 당하지 않을 권리를 보장해주었다.

중국 공산주의 혁명은 몇천 년 동안 감히 생각지도 못했던 일을 단기간에 실현시켰다. 혁명에 의하여 오랜 세월 동안 여성들을 옭아매고 있었던 쇠사슬이 타파된 것이다. 이로써 중국의 여성은 경제적·사회적·정치적인 면에서 남성과 동등한 권리를 갖게 되었다. 중국은 1950년과 1980년에 시행된 1·2차 혼인가정법 개정 이래 현재도 진정한 남녀평등을 구현하기 위해 부단히 노력하고 있다.

이 책은 '현모양처'를 표방했던 중국 전통사회의 여성을 비롯해 현재 중국여성의 모습까지, 고대부터 현대에 이르는 역사적 변천과정에 따라 중국여성의 생활사를 담아냈다. 중국 역사 5천 년에 걸친 중국남성의 부끄러운 과거, 그리고 그것을 견디고 인내하며 때로는 항거하기도 했던 중국여성의 얼룩진 눈물과 고통의 세월을 묵묵히 이겨낸 영웅적인 여성의 역사도 생생하게 느낄 수 있을 것이다. 중국여성사와 생활사를 강의할 때 교재로 활용할 수 있도록 편집하였으며 중국여성사 지식이 필요하거나 관심 있는 이들이 흥미롭게 읽을 수 있도록 서술했다.

이 책을 통해 중국의 절반을 차지하는 중국여성의 역사를 좀 더 이해하고 새로운 시대를 사는 여성들이 큰 지혜와 힘을 얻기를 바란다.

2013년 5월

구성희

일러두기

중국어 인명·지명 등 고유명사는 20세기 이후의 것도 우리나라 사람들에게 친숙한 우리말
한자독음으로 처리하였다.
예) 부의溥儀, 공리鞏俐 등

억압은
가정에서
시작한다

제 1 장

현모양처의
굴레

중국 전통사회에서 제일 많은 수를 차지하고 가장 여성적인 특징을 갖추고 있으며 존경받는 유형이 바로 '현모양처賢母良妻' 형이다. 현모양처의 전통은 그 역사가 상당히 유구하여 주周나라까지 거슬러 올라간다. 현모양처는 중국의 전통사회가 여성에게 기본적으로 요구하는 가장 중요한 덕목이다. 남성들이 자기의 아내가 현모양처이기를 바랄 뿐 아니라 여성들도 거의 자발적으로 현모양처가 되려고 노력하였다.

중국 전통사회가 요구하는 '현모양처'란 어떤 의미이고 어떤 모습인가에 대해 살펴보기로 한다.

먼저 '양처'에 대해서 설명하면 다음과 같다. '양처'란 글자대로 보면 '좋은 아내'란 뜻이다. 그러나 실제로는 '좋은 며느리'라고 하는 것이 더 적합할 것이다. 중국의 전통사회에서 '양처'의 가장 중요한 기준은 남편에게 얼마나 내조를 잘하느냐가 아니라 시부모에게 얼마나 효도를 잘하느냐 하는 것이었다. 만약 시부모에게 효도한다는 것이 다만 현대적인 의미에서 노인을 부양하는 정도에서 그친다면 별로 문제될 것이 없을 것이다. 또한 시부모에게 효도한다는 것이 장인과 장모에게 효도하는 것과 같다면 마땅히 장려하여야 할 것이다. 그러나 안타깝게도 전통사회에서 '시부모에게 효도한다'는 것은 소나 말처럼 열심히 일을 한다는 의미를 갖고 있는 경우가 많았다. 그래서 '좋은 며느리'의 특정적인 의미 또한, 거의 '좋은 노예'를 가리키는 경우가 많았다. 좋은 며느리는 반드시 시부모의 뜻을 자신의 뜻으로 삼아야 했고, 시부모의 감정을 자신의 것으로 여겨야 했으며, 시부모의 선악시비를 자신의 판단 기준으로 했다. 심지어 음식 기호조차도 시부모의 구미에 맞추어야 했다. 당시 唐詩에는 "사흘 만에 부엌에 들어가, 손을 씻고 국을 끓였어요, 시어머니 식성을 아직 몰라서, 먼저 어린 시누이에게 맛보게 했어요"라는 시가 있다.

사리는 매우 간단했다. 즉 한 여자가 좋은 며느리인지 아닌지 여부는 먼저 시부모가 결정했던 것이다. 물론 모든 며느리가 소나 말보다 못한 종노릇을 했던 것은 아니다. 만약 성격이 좋은 시어머니나 이야기가 통하는 시어머니를 만나는 경우라면 비교적 마음 편하고 자유로운 생활을 할 수도 있었으며, 나아가 가정의 따뜻한 분위기도 누릴 수 있었다. 그러나 중국에서는 고부관계가 줄곧 해결하기 어려운 문제로 전해져왔으며, 여자가 좋은 시어머니를 만날 수 있을지 없을지는 완전히 운수에 맡겨야 했다.

더욱이 '좋은 며느리'가 처리해야 할 인간관계는 고부간의 관계에만 그치지 않았다. 경우에 따라서는 시누이와 올케 사이도 있고 동서 사이도 있다. 시누이나 동서 같은 사람들은 비록 최고 재판관은 아니었지만 대체로 평가위원의 자격은 있었다. 더구나 이것저것 트집을 잡으려는 그들의 모습은 결코 시어머니보다 못하지 않았다. 이와 같은 환경 속에서 '좋은 며느리'가 되려고 하는 여자는 그저 죽은 듯이 지내는 수밖에 없었다. 자기의 성질과 감정을 억누르고 마음을 굽혀서 낯설고 서먹서먹하며 어쩌면 적의를 품고 있을지도 모르는 시집 식구들의 비위를 맞추기 위해 노력해야 했다.

이와 같은 조건 아래에서 가장 좋은 평판을 받을 수 있는 것은 어떤 여자였겠는가? 아마도 대부분 평범한 여자였거나 그렇지 않으면 자신의 돋보이는 면을 숨기고 평범하게 보이도록 했던 여자들이었다.

시부모에게 효도해야 하는 것 말고도 '양처'가 되기 위해서는 또 남편에게 순종해야 했다. 즉 남편이 좋아하는 것이면 아내도 좋아하고 남편이 싫어하는 것이면 아내도 싫어해야만 했으며, 남편의 뜻이 바로 아내의 뜻이 되어야 했다. 시부모 앞에서든 남편 앞에서든 가릴 것 없이 여자는 반드시 자기의 독립적인 인격과 자유의지를 버려야 했다.

이는 이치에 맞지도 않을 뿐 아니라 실제로 실천하기도 대단히 어려웠다. 예를 들면, 남편에게 순종한다는 것은 남편의 성욕을 만족시키는 일도 물론 포함되었다. 그러나 '양처'가 되기 위해서는 또 반드시 '음란하지 않아야' 했다. '음란하지 않다'는 것에는 남편 이외의 다른 어느 남자와도 성적 관계를 갖지 않는 것은 물론, 남편과도 지나친 성관계를 갖지 않아야 한다는 점도 포함되었다. 지나친 성생활은 남자의 신체를 손상시키는 일이라고 여겨졌기 때문이다. 그렇다면 남편이 성관계를 요구할 때 '양처'는 이에 응해야 되는가, 아니면 거절해야 되는가? 만약 거절한다면 이는 남편에게 순종하지 않는 것이 되고, 응한다면 '뻔뻔스러운' 여자가 되는 셈이다. 어느 쪽도 모두 여자만 나쁘게 된다. 그리하여 과거의 '양처'들은 다음과 같이 대처할 수밖에 없었다. 즉 남편의 요구를 될 수 있는 대로 만족하게 해줌으로써 '거역'의 죄명을 뒤집어쓰는 것을 모면하고, 그 대신 남편 앞에서 될 수 있는 대로 여성적인 매력을 드러내지 않음으로써 '음탕함'의 죄명을 뒤집어쓰는 것을 모면하고자 했다. 중국 역사상의 '양처'들이 대부분 여성적인 매력이 모자라는 사람들이었던 까닭도 바로 여기에 있다.

심지어 남편의 요구가 명백히 자기에게 해가 될 때에도 '양처'들은 자기의 합법적인 권익을 보호할 수 없었다. 그뿐만 아니라 완전히 남편의 입장을 옹호한다는 표시를 하고 나아가 이를 도와주어야 했다.

이성관계에 있어서 질투라는 것은 남자와 여자를 가릴 것 없이 모두가 선천적으로 타고난 인간의 본성이다. 그런데 '양처'의 표준은 여자로 하여금 질투를 하지 못하도록 요구하고 있어, 이는 여자가 여자답지 못하도록 강요하는 것과 다름없는 일이다.

'양처' 되기가 이렇게 어려웠는데, '현모賢母'는 어떠하였을까? 이 역시 그렇게 만만한 것은 아니었다. 개중에 어떤 사람은 여자가 선천적으로 모성애를 타고났으므로 '현모'가 되는 쪽이 아무래도 비교적 쉬웠을 것이라고 말한다. 그러나 사실은 그렇지 않다. 역사적으로 보아도 모든 어머니가 다 '현모'였던 것은 결코 아니다. '현모'와 '양처'는 하나의 통일체이기 때문에 '현모'는 동시에 '양처'여야 했던 것이다. 그러므로 '양처'의 자격을 갖추지 못한 여자가 '현모'가 되려고 한다면 많은 문제가 있었다.

그러나 '양처'라고 해서 모두가 다 '현모'가 될 수 있었던 것은 아니다. 우선 아이를 낳을 수 있어야 한다. 아이를 낳을 수 없는 여자는 '양처'의 자격조차도 유지할 수 없는 경우가 많았다. 이런 경우 아내는 주동적으로 남편을 위하여 첩을 받아들이는 방법으로 자기의 결점을 보충하는 수밖에 없었다. 다음으로 아이를 낳되 반드시 사내아이를 낳아야 했다. 계집아이만 낳고 사내아이를 낳지 못한다면 그것도 '양처'의 역할을 다했다고 볼 수 없었다. 셋째로는 자기가 낳은 아들이 반드시 훌륭한 인물이 되어야 했다. 만약 아들이 제대로 구실을 못한다면 그 어머니는 '현모'가 될 수 없었던 것은 물론이고, '자식교육을 잘못했다'는 죄명까지 뒤집어써야 했다.

중국의 '현모'는 규칙대로 하자면 반드시 '양처'의 단계를 거쳐야 하는 것이었지만, 실제로는 '현모'의 성격이 크게 '양처'를 초과하는 경우가 많았다. 심지어 일단 '현모'로 공인된 여자에 대해서는 일반적으로 그 '양처' 부분을 거의 의심하지 않았다.

확실히 중국의 여성들은 대부분 아내가 되는 일보다 어머니가 되는 일을 더 좋아하고 잘했다. 이 같은 심리의 절반은 아마 여자의 천성으로부터 왔을 것이며, 절반은 그녀 자신들의 어머니에게서 받은 가르침으로부터 왔을 것이다.

중국의 전통사회에서 여자들은 외출하거나 학당에 갈 수 있는 기회가 적었다. 밖에 나가서 노는 기회도 많지 않았다. 그녀들의 천지는 바로 그녀들의 가정이었다. 중국의 전통가정은 실제로 한 사람이나 몇 사람의 어머니가 관장하였다. 그러므로 그녀들의 어머니는 바로 그녀들의 인생학교에서의 계몽교사이자 권위 있는 지도자였다. 그녀들은 어머니에게서 미래의 자기 모습을 볼 수 있었다. 물론 그녀들은 어머니가 어떻게 아내 노릇을 하는지에 대해서 볼 수 있는 기회가 매우 적었으나 어떻게 엄마 노릇을 하는지는 잘 알고 있었다. 이는 곧 그녀들로 하여금 어머니가 되는 것에 대하여 일종의 자연스러운 동경과 흥미를 갖도록 만들었을 것이다. 따라서 그녀들은 어려서부터 여자란 적어도 그렇게 되어야 한다고 생각하게 되었을 것이다.

그러나 현모양처라는 것은 여성에 대한 남편의 일방적인 요구로서 부부 사이에 있어서의 일종의 '불평등 조약'이었다. 그러므로 만약 자세히 살펴보지도 않고 현모양처란 덕목에 대하여 칭송만 한다면 그것은 이와 같은 불평등 관계를 칭송하는 것과 다를 바 없다.

주은래周恩來가 1942년에 「현모양처와 어머니의 직책을 논함」이라는 문장에서 지적한 것처럼, 이 낡은 개념을 그대로 보존한다면 남권男權주의의 입장에 빠져들 수밖에 없을 것이다.

실제로 중국 전통사회에서의 '현모양처'는 남자의 일방적인 요구에 맞추어 만들어낸 것일 뿐만 아니라, 어느 면에서는 여자의 천성에도 역행하는 것이라고 해야 할 것이다.

약한 여자와
맹렬여성, 열녀

중국 전통사회에서 한 여인이 현모양처가 될 수 있다면 특정한 역사 환경 아래에서는 대단한 행운이라고 할 만한 일이었다. 그러나 애석하게도 모든 여자가 다 이러한 운과 복이 있었던 것은 아니다. 운이 없는 여자들은 어떻게 해야 하였을까? 어쩌면 그녀들이 나아갈 길은 다음 세 가지밖에 없었는지 모른다. 첫째는 '노예奴隸'가 되거나, 둘째는 '맹렬여성'이 되거나, 셋째는 '음부淫婦'가 되는 것이다.

일반적으로 볼 때 '노예'가 되는 쪽이 많았다. 여기서 말하는 '노예'란 계급적인 의미가 아니라 주로 가정에서의 여성의 지위를 가리킨다.

고통스러운 삶을 보낸 성모聖母가 있었다면 그에 못지않게 박명薄命한 귀비貴妃도 있었다. 한고조漢高祖 유방劉邦이 사랑했던 척부인戚夫人의 경우가 대표적인 예가 될 것이다. 그녀는 유방이 죽은 뒤에 바로 그의 정실正室인 여후呂后에 의해 손발이 잘린 다음 변소에 던져지는 처참한 복수를 당했다. 변소에서 죽지도 못하고 살지도 못하는 신세가 된 그녀를 두고 당시 사람들은 '사람돼지'라고 불렀다고 한다. 또 그 이름이 널리 알려진 양귀비楊貴妃도 결국 자기를 그토록 총애하던 당唐나라 현종玄宗의 면전에서 목이 졸려 죽었다. 그때 황제는 다만 얼굴을 가리고 눈물을 흘리는 도리밖에 없었다.

모든 약한 여자들은 물론 각기 저마다의 서로 다른 불행을 겪었겠지만, 개중에는 서로 공통되는 면도 많았다. 우선 전통사회의 여자들은 태어날 때부터 불행하다거나 상서롭지 못한 것으로 인식되었으며, 심지어는 여자로 태어났다는 것 자체가 죄를 지은 것으로 여겨지기도 했다. 이러한 관념이 생긴 것은 대략 상商나라 때까지로 거슬러 올라갈 수 있다. 전문가들의 고증에 의하면 은상殷商시대(기원전 1766~기원전 1122)의 복사卜辭(갑골문) 가운데 "길하다. 아들이 있다貞, 有子"거나 "좋지 않다. 딸이 있다不嘉, 有女"라는 내용이 있다고 한다.

상나라 사람들은 귀신을 숭상했기 때문에 모든 일에 점을 쳤는데, 아내가 임신했을 때도 당연히 예외가 아니었을 것이다. 그 결과 "아들이 있다"라는 점괘가 나오면 '길한 것'이고, "딸이 있다"라는 점괘가 나오면 바로 '좋지 않다'라고 단정하였다. 이로써 남존여비의 관념은 대략 상나라 때부터 이미 존재했다고 할 수 있다.

주나라 때에 이르러서는 '농장弄璋'과 '농와弄瓦' 같은 말들이 생겨났다. 『시경』「소아小雅」의 「사간斯干」 편에는 "아들을 낳으면 침대 위에 눕혀서 구슬을 주어 가지고 놀게[弄璋]하고, 딸을 낳으면 땅바닥에 눕혀서 기와조각을 주어 가지고 놀게[弄瓦]한다"라는 구절이 있다, 후세 사람들이 아들을 낳으면 '농장지희弄璋之喜'하고 딸을 낳으면 '농와지희弄瓦之喜'라고 하는 것도 바로 여기서 연유되었다. 둘 다 '기쁠 희(喜)' 자를 붙였지만 그 기쁨의 정도는 크게 달랐던 것이다.

그 기쁨의 정도가 달랐던 이유는 아주 간단했다. 우선 여자의 입장에서는 아들을 낳으면 가정에서 자기의 지위를 높이거나 강화할 수 있었으나, 딸을 낳으면 그 반대로 될 수 있었다. 또 남자의 입장에서는 아들을 낳으면 자기의 후계자로 삼을 수 있고 가족의 힘을 증강시킬 수 있었다. 적어도 한 사람만큼의 노동력이나 전투력을 증가시킬 수 있었다. 그러나 딸을 낳으면 다만 '지참금'을 보내주어야 할 일만 하나 더 늘어나는 셈이었다. 따라서 남자나 여자를 막론하고 모두 딸 낳기를 바라지 않았던 것이다.

중국의 어느 지방에서는 아직도 다음과 같은 이상한 풍속이 있다. 즉 첫째아이가 딸이면 자기 아버지를 아빠로 부르지 못하게 하여 남동생을 본 뒤에야 이를 해제시키는 것이다. 이 정도는 관대한 것인지도 모른다. 과거에도 그러하였지만 지금도 어느 지역에서는 갓 태어난 딸을 죽이거나 버리는 일도 있다고 한다. 이와 같은 사악한 풍속은 적어도 춘추전국春秋戰國시대(기원전 770~기원전 221)에 이미 있었던 것으로 보인다.『한비자韓非子』에는 당시의 사람들이 "아들을 낳으면 서로 축하하고 딸을 낳으면 죽였다"라는 구절이 나온다. 일부 지역에서는 이런 비인도적인 행위가 지금까지도 자행되고 있다고 하니 놀라지 않을 수 없다.

태어날 때부터 이렇게 환영받지 못한 여자들이었으니 그녀들이 살아갈 날이 그렇게 순탄할 수는 없었다. 딸들은 장차 '지참금'만 축내게 할 애물단지로 여겨졌기 때문에 집안사람들은 딸에게 들이는 비용을 될 수 있는 대로 줄이려고 하였다. 공부를 시키지 않는 것은 물론이고 먹는 것과 입는 것도 아들에 비하여 차등을 두었다. 이와 동시에 딸의 이용가치를 극대화시킴으로써 시집보내기 전까지 들이는 비용을 조금이라도 건지려 하기도 하였다. 예를 들어 아주 어릴 때부터 딸에게 동생들을 보살피게 하기도 하고 집안일을 시키기도 하였으며, 논밭에 보내어 일을 시키기도 하였다. 그러다가 마지막에는 적당한 때가 되면 딸을 낯선 집안으로 시집보내어 남의 '며느리'가 되도록 하였다.

남의 며느리가 된다는 것도 그리 호락호락한 일이 아니었다. 우선 신혼 첫날밤에는 남편이라는 낯선 남자로부터 강간을 당해야 했다. 그것은 여자가 동정을 잃어버렸다는 사실뿐만 아니라 그녀의 인권, 인격, 자존심 그리고 수치심까지 모두 박탈당했음을 의미한다. 이로부터 그녀는 남편의 부속물과 노예가 되어 낮에는 소와 말처럼 일하고 밤에는 성욕을 발설하는 기구가 되어야 했다. 고생하는 것은 그녀의 책임이었으며 매를 맞고 욕을 먹는 것은 그녀의 의무였지만, 권리는 아무 것도 없었다. 만약 매를 맞지 않고 욕을 먹지 않는다면 그것만으로도 복이었으며, 쫓겨나지 않을 수 있는 것만 해도 행운이었다.

다음으로, 그녀는 남편뿐만 아니라 남편 집안에 있는 모든 사람들의 노예가 되어야 했다. 따라서 남편의 눈치를 살피는 것은 물론 다른 사람의 눈치도 살펴야 했다. 특히 시어머니는 가장 무서운 존재였다. 이런 상황은 그녀로 하여금 매일 전전긍긍하고 어느 쪽을 따라야 좋을지 모르도록 만들었다.

이런 까닭에 친정에서는 '지참금'만 축내는 애물단지로 취급되고 시집에서는 사방으로 구박만 당하던 '약한 여자'는 종종 '무성화無性化' 하는 경우가 많았다. 좀 더 심하게 말한다면, '무성화'에서 그치는 것이 아니라 완전히 인간이 아니었다고 해야 할 것이다.

중국의 전통사회에서 '무성화'의 정도를 넘어 인간이 아니었던 '약한 여자'의 예는 여기서 그치지 않는다. 여기에는 물론 실제의 노예도 포함되어야 할 것이다. 지주地主나 권문세가權門勢家에 팔려가서 몸종 노릇을 했던 여자 아이들과, 궁궐로 뽑혀 들어가 궁녀가 되었던 여자 아이들이 그 예가 될 것이다. 그녀들은 경우에 따라서는 생명의 안전 조차도 보장받지 못했다.

동진東晉 때 석숭石崇의 집안에는 파리 목숨보다도 못한 여자들이 적지 않았다. 석숭은 매번 손님을 청해서 식사를 할 때마다 시녀들로 하여금 술시중을 들도록 하였다. 그때 만약 주인이 손님에게 술을 권 했는데, 손님이 술을 마시지 않으면 옆에서 술시중을 들고 있던 시녀 를 끌어내어 죽여 버렸다. 이를 본 승상 왕도王導는 불쌍한 마음에 매 번 크게 취하지 않을 수 없었다. 그러나 대장군 왕돈王敦은 전혀 개의 치 않고 술을 마시지 않았다. 그 결과 연달아 세 사람이나 죽었다. 왕 돈은 그래도 술을 마시지 않았다. 보다 못한 왕도가 왕돈에게 조금만 이라도 마실 것을 권했다. 그러나 왕돈은 "저 사람이 자기 집안사람을 죽이는데 승상이 무슨 상관이요?"라고 핀잔을 주었다. 이렇게 아무 죄 도 없는 많은 여자들이 영문도 모른 채 칼 아래의 귀신이 될 수밖에 없 었다.

요컨대 이런 약한 여자들은 대체로 기본적인 인권도 누리지 못했다. 따라서 우리는 그녀들이 과연 여자다운 여자였는지에 대해서도 분명하 게 말하기 어렵다. 설사 여자다운 면이 있었다고 하더라도 아무런 의 미가 없다. 그녀들은 근본적으로 사람으로 인정받지 못했으므로 역시 무성이라고 하는 편이 차라리 나을 것이기 때문이다.

약한 여자와 정반대의 유형은 이른바 '맹렬여성'이다. 중국고전 속에 서의 맹렬여성은 『수호전』에 나오는 고대수顧大嫂나 손이낭孫二娘과 같은 여자를 꼽을 수 있다. 그녀들은 녹림綠林의 인물로 강호를 휩쓸고 다니면서 살인방화를 밥 먹듯이 하였으므로 그 이상 더 맹렬한 여자는 찾기 어려울 것이다.

고대수의 별명은 암호랑이라는 뜻의 '모대충母大蟲'으로 굵은 눈썹에 큰 눈을 가졌으며, 얼굴은 통통하고 허리는 살찐 모습이었다. 그녀는 태어나면서부터 바느질 따위에는 관심이 없었고 몽둥이와 창 휘두르는 것을 일로 삼았다. 싸움이 붙으면 장정 20~30명 정도는 그녀에게 근접할 수 없었으며, 화가 나면 우물가의 난간을 빼어들고 남편의 머리를 내려칠 정도였다. 축가장祝家莊을 공격했을 때 그녀는 양손에 칼을 들고 곧장 방안으로 뛰어 들어가 여자들을 다 죽여 버렸다. 물론 그때 그녀에게 목숨을 잃은 여자들은 대부분 약한 여자였다.

손이낭은 별명이 여자귀신이란 뜻의 '모야차母夜叉'로 도적 집안 출신이었다. 그녀의 아버지는 딸에게 모든 재주를 다 물려주었으며 자기 제자인 장청張靑을 데릴사위로 삼았다. 나중에 손이낭은 남편과 함께 십자파十字坡의 큰 나무 아래에서 객점客店을 열고 주로 지나가는 객상客商들을 범행 대상으로 삼았다. 그녀는 손님들에게 마취약을 탄 술을 먹여 기절시킨 다음 옷을 벗기고 큰칼로 살을 도려내어, 크고 좋은 살은 황소고기로 속여 팔고 나머지 살은 다져서 만두소로 썼다. 이 객점의 여주인은 확실히 남달리 마음이 독하고 손이 매웠다. 점원들이 짊어지지 못하는 '물건'이 있으면 그녀가 직접 짊어지고 왔다. 남편이 차마 죽이지 못하는 행인도 그녀가 나서서 해치웠다. 생긴 모습은 고대수와 큰 차이가 없었다. 도르래 축처럼 둔하고 육중하게 생긴 허리에 손과 발은 빨랫방망이같이 굵고 묵직하여 사납고 무섭게 보였다.

요컨대 이와 같은 '정통파' 맹렬여성들은 대부분 신체의 모든 부위가 크고 굵으며, 눈썹은 곤두서서 살기가 등등하고, 눈은 사나운 빛을 내

뽑고 있는 것이 특징이다. 한마디로 여성다운 매력이라고는 전혀 찾아볼 수가 없다.

'맹렬여성'에는 산적 소굴의 '여자귀신'과 집안의 '암호랑이' 이외에도 길거리에서 설치는 '발부潑婦'라는 것이 있다. '발부'란 대충 무지막지한 여자란 의미인데, 물론 이 또한 보통 드센 여자가 아니었다.

과거 이런 부류에 속하는 여자가 '길거리에서 욕설을 퍼부으며' 소란을 피우는 모습을 본 적이 있다. 그 여자는 한 손으로는 식칼을 쥐고 한 손으로는 도마를 잡은 채 욕설을 퍼부으며 채소를 썰고 있었다. 그러다가 더 화가 나면 발을 동동 구르거나 폴짝폴짝 뛰었다. 그때 그 여자의 주위를 에워싸고 구경하는 남녀가 매우 많았으나 아무도 가까이 가지 못했다. 이런 여자에게도 물론 아무런 여성적인 매력이 없다는 것은 말할 필요도 없을 것이다.

이처럼 '여자귀신'이나 '암호랑이'나 '길거리에서 욕을 퍼붓는 무지막지한 여자'는 이른바 '맹렬여성'의 몇 가지 유형이라고 할 수 있을 것 같다. 이런 까닭에 최근 대중매체들이 능력과 기백이 있고 주관이 뚜렷하며 직업의식이 투철한 데다 책임감이 있으며 독립적인 인격을 갖춘 신여성을 '맹렬여성'이라고 부르는 것에 대하여 대단히 못마땅하게 생각하고 있다.

먼저 이 말에는 분명한 성별상의 편견과 여성을 얕보는 듯한 의미가 다분히 실려 있다. 그렇지 않다면 이 말과 상응하는 '맹렬남성'이라는 말도 있어야 한다. 그러나 남자 중에도 평범하고 무능하며 겁이 많은 못난이들이 적지 않은데도 용감하고 강인하며 능력 있는 남자를 결코 '맹렬남성'이라고 부르지 않는다. 이는 남자는 원래 강해야 하고 여자는 원래 약해야 한다는 전통 관념에서 온 것임에 틀림없다. 그러므로 남자가 강한 것은 정상적인 현상이기 때문에 특별히 '맹렬남성'이라고 말할 필요가 없다는 의미이다. 반면에 여자가 강한 것은 정상적인 일이 아니기 때문에 그 점을 특별히 강조할 필요가 있다는 것이다. 이는 분명히 남성을 중심으로 하는 관념에서 나온 것이다. 다만 이러한 관념이 대다수 사람들의 마음속에 뿌리 깊게 자리 잡고 있기 때문에 모두들 이상하게 생각하지 않을 뿐이다.

다음으로 이 말은 여성 해방이나 남녀평등이 바로 여성적인 면을 남성적인 면으로 바꾸는 것으로 오해될 수도 있다는 것이다. 그렇지 않으면 더 이상 여성적인 매력을 갖출 필요가 없다는 의미로 생각될 수도 있다.

예를 들어 고대수나 손이낭과 같은 무시무시한 모습이 아니면 그 강한 면모를 드러낼 수 없다는 의미가 될 수도 있다는 것이다. 그러다 보면 '맹렬여성'이란 바로 '여자 괴물'과 같은 말로 변할지도 모른다. 따라서 이것도 알고 보면 역시 여성에 대한 편견에서 온 것이므로 현대인의 관념이 될 수 없다.

또한 이 말은 또 하나의 오해를 불러일으켜 여성의 지위가 높아지고 여성의 능력이 증강되는 것은 비현실적이면서 두려운 일로 인식되게 할 수 있다. 따라서 대중매체로부터 '맹렬여성'으로 일컬어지는 많은 신여성들은 모두들 이 '영광의 월계관'을 좋아하지 않거나 받아들이기를 거부하고 있다. 사실 이른바 '맹렬여성'이란 특수한 역사조건 아래에서 생겨난 하나의 특수한 현상이므로, 결코 새 시대 여성의 본보기가 될 수는 없다.

'약한 여자'와 '맹렬여성'이 서로 상반되는 양극이었듯이 '정절貞節의 열녀烈女'도 '음란한 독부'와 서로 대립되는 한 쌍을 이루고 있다. 중국의 전통사회에 얼마나 많은 '정절의 열녀'가 있었는지는 확인할 수 없지만 적지 않았던 것만은 사실인 듯하다. 『명사明史』 하나만 보아도 그 이름을 남긴 '정절의 열녀'가 300명이나 되었으며, 『고금도서집성古今圖書集成』에 수록된 명대의 열녀와 절부節婦는 무려 3만 6,000명에 달했다. 이렇게 많은 열녀와 절부들이 모두 추녀는 아니었을 것이다. 실제로 그 속에는 미인이 적지 않았다. 예를 들면, 명대의 열녀 선삼저單三姐와 절부 손시씨孫柴氏 등은 모두 젊고 예쁜 여자들이었다. 젊고 예뻤기 때문에 도적이나 악당들이 그녀들을 강간하려고 하였으며, 그녀들은 이에 대항하다가 목숨을 잃고 열녀와 절부가 되었던 것이다.

확실히 너무 예쁘거나 너무 육감적이거나 너무 매력적이거나 너무 여성미가 넘치는 것은 정절을 지키거나 '정절의 열녀'가 되려고 하는 여자에게는 대단히 귀찮은 일이었다. 그래서 수절하려는 뜻을 세운 과부들이 선택할 수 있는 길은 두 가지밖에 없었다. 첫째는 일찌감치 스스로 목숨을 끊음으로써 모든 것을 끝내버리는 것이고, 둘째는 자신의 모습을 될 수 있는 대로 평범하고 추하게 보이도록 꾸며서 아예 자기가 여자라는 사실조차도 잊어버리는 것이었다.

과부, 그중에서도 특히 젊은 과부의 입장에서 가장 저항하기 어려운 유혹이 바로 성적인 유혹이고, 가장 혹독한 시련 역시 성적인 시련인데, 이는 언제나 용모나 자태 등과 밀접한 관련이 있다. 남자로서 예쁜 여자를 보고 마음이 움직이지 않는 사람은 아주 드물다. 그런데 만약 상대방이 과부라는 사실을 알면 바로 엉뚱한 생각을 하게 되고, 나아가 이로 인해 말썽을 일으키는 경우도 생긴다. 과부는 보호해줄 남자가 없어서 집적거리기가 좋을 뿐 아니라 성적인 경험도 있으므로 꾀어내기도 쉽다. 그래서 '과붓집 문전에는 시비가 많다[寡婦門前是非多]'

는 속담도 있다. 물론 젊고 예쁜 과부의 집 문전에는 시비가 더욱 많이 일어날 것이다. 그렇다고 해서 과부들이 자기를 과부가 아닌 것으로 바꿀 방법은 없었다. 유일한 대책은 바로 자기의 모습을 젊지 않고 예쁘지 않게 보이도록 하는 것이었다.

물론 이런 방법은 아마 과부가 된 지 오래지 않은 젊고 예쁜 여자에게나 필요했을 것이다. 과부가 된 지 이미 오래되어 나이도 비교적 많은데다 마음도 이미 타고 남은 재처럼 변한 '고참 과부'의 경우라면 이런 문제는 이미 존재하지 않을 것이다. 생활의 부담과 답답하고 고독한 마음, 그리고 욕망에 대한 억압 등은 그녀들이 빨리 늙도록 재촉하는 결과가 되었을 것이다. 그리하여 그녀들은 30~40대에 이미 온 얼굴에 주름이 가득하고 백발이 희끗희끗하며, 심지어 눈빛도 희미하고 말까지 어눌하게 변하여 아무런 매력도 없게 되고 마는 것이었다.

'정절의 열녀' 중의 대다수는 과부였다. 그러므로 우리는 이른바 '정절의 열녀' 역시 기본적으로 '무성화'되어 앞에서 말한 '약한 여자'와 서로 비슷하다고 추측할 수 있다. 그런데 한 가지 다른 점은 '약한 여자'들의 '무성화'는 주로 다른 사람들이 그녀들을 사람으로 여기지 않았던 것이지만, '정절의 열녀'들의 '무성화'는 적어도 절반은 자기 스스로가 자기를 사람으로 여기지 않았다는 것이다. 게다가 '정절의 열녀'들이 비록 강인한 일면이 있기는 하지만, 본질적으로는 결국 '약한 여자'에 불과하였던 것이다.

사랑 없는
혼인

전통사회의 혼례에 대해 노신魯迅은 『열풍熱風』이라는 책의 「수감록隨感錄 40」에서 "이는 마치 가축을 키우는 사람이 두 마리의 가축을 한 우리에 넣고 '이제부터 너희 둘은 함께 살아야 된다'라고 명령하는 것과 마찬가지다."라고 비유하고 있다.

이러한 혼인은 '사랑 없는 혼인'이라고 할 수밖에 없다. 사랑 없는 혼인은 중국 전통사회의 가장 정규적인 혼인방식이었으며, 혼인 후에도 그 상태가 그대로 지속되었다고 할 수 있다.

현대적인 관점에서는 남녀의 결합이 사랑의 결실이어야 바람직하다. 이러한 결합이야말로 가장 인간적인 것이라고 할 수 있다. 부부 사이에서 성적인 것이 전부일 수는 없지만 성적인 것을 무시할 수는 없다. 인간의 이성관계가 동물과 다른 가장 중요한 점은 바로 그 속에 사랑이 있으며 또한 반드시 있어야 한다는 것이다. 사랑으로 상대방을 독차지하려는 마음이 생기고 '일부일처'라는 이성관계도 생겨날 수 있는 것이다. 다시 말해서 부부 사이란 원래부터 애정관계에서 출발하여야 마땅하다. 혼인이란 원래 원시적인 애정의 자유로운 결합에서 발전되어온 것으로 그것의 제도화는 이에 대한 사회적인 승인과 보장에 지나지 않기 때문이다. 이런 의미에서 본다면 애정을 바탕으로 하는 혼인만이 인간의 본성에 들어맞는 혼인이라고 할 수 있다. 그런데 중국의 전통사회에서는 젊은 남녀가 서로 사랑하여 결합한다면 오히려 '부도덕'한 것으로 인정되었으니 이상한 일이 아닐 수 없다. 젊은 남자가 스스로 제 짝을 구하면 보통 '바람둥이'나 '방탕아' 또는 '호색한'으로 여겨졌으며, 젊은 여자가 그럴 경우에는 '부끄러움도 모른다'거나 '뻔뻔스럽다'는 욕을 들었고, 심지어는 '창부' 또는 '화냥년'이라는 소리까지 들어야 했다. 가치 기준에 따라서는 사랑으로 결합하는 일을 두고도 그 평가가 이렇듯 극에서 극으로 달렸다.

사회의 인식이란 존재하고 있는 것을 반영한다. 연애 끝에 이루어지는 혼인을 두고 법도에 맞지 않느니 도덕적이지 않느니 한다면 이는 '사랑 없는 혼인'이야말로 전통사회에서 가장 정규적인 혼인 방식이었음을 증명한다고밖에 말할 수 없다. 다음과 같은 예를 보아도 충분히 이런 결론을 내릴 수 있다. 즉 당사자들끼리 몰래 장래를 약속한다든지 하는 일이 생기면 전통사회에서는 그 즉시 '신기한 사건'이 되어 소설이나 희곡의 소재로 다루어져 널리 퍼져나갔다 '신기한 사건'이란 보통 사람들이 들어보지 못한 괴이한 일로서 그 이야기가 상식에서 크게 벗어나 듣는 사람의 호기심과 흥미를 자아내는 것을 말한다. 자유연애가 '신기한 사건'으로 다루어졌다면, 이는 바로 '사랑 없는 혼인'이야말로 가장 정상적인 것으로 인식되고 있었음을 증명한다고 할 수 있다.

확실히 중국에서는 혼인이 지금까지도 대단히 현실적인 일로 여겨지고 있다. 집안 전체로 보면 다른 집안과 인연을 맺고 대를 잇는다는 두 가지 큰 공적인 목적이 있으며, 개인적인 입장에서도 대부분 이를 일종의 책임과 의무로 간주하여왔다. "남자는 장성하면 장가가야 하고, 여자는 장성하면 시집가야 한다"는 말은 이유를 따질 필요도 없는 진리로 여겨왔다. 지금까지 아무도 왜 남자가 장성하면 장가를 가야 하고 여자가 성장하면 시집을 가야만 하는지에 대하여 의문을 가지지 않았다. 그것은 모든 남녀가 일정한 나이가 되면 반드시 이행해야 될 사회적인 의무로만 생각되어왔다. 혼인이 다만 사회적인 의무일 뿐 개인적인 수요가 아닌 바에는 남녀 모두 운명을 하늘에 맡기거나 분배의 원칙에 복종하는 태도를 취하는 것도 당연하다고 할 것이다.

혼인에 있어서 물론 개인적인 요구가 전혀 없었던 것도 아니다. 그러나 그것은 사랑과는 전혀 관계가 없고 다만 이해에 얽힌 것이었다. 우선 여자의 입장에서는 시집가는 목적이 주로 생계를 위해서였다. 여자들은 상대를 고를 때 우선 경제적인 조건과 능력을 따지는 경우가 많았다. 그 다음에 학력이나 직업 등 사회적인 지위와 외모 등 체면에 관계되는 문제를 따졌다. 이는 오늘날과 크게 다를 것이 없다. 남자의 경우는 장가를 가는 목적이 옛날에는 주로 대를 잇기 위해서였지만, 오늘날에는 우선 성적인 면을 고려하는 경향이 크다. 그래서 옛날이나 지금이나 남자는 여자의 신체와 외모에 대단히 신경을 쓰는 편이다.

이렇게 하여 혼인의 당사자들도 남녀 가릴 것 없이 모두 부모나 사회와 마찬가지로 사랑이라는 가장 중요한 요소를 고려의 대상에서 제외시키는 결과가 되었다. 따라서 옛날이나 지금이나 부모가 주관하는 혼인이나 자기가 직접 상대를 찾은 혼인이나를 막론하고 중국인의 혼인은 거의 대부분 '사랑 없는 혼인'이라고 해야 할 것이다.

물론 이 점에 있어서 지금이 옛날과 완전히 같다고 할 수는 없다. 옛날의 혼인은 당사자들이 서로 만나보지도 못한 상황에서 모든 것을 운에 맡길 수밖에 없었지만, 오늘날은 스스로 상대를 찾을 수 있으므로 훨씬 더 보장성이 있다고 할 수도 있겠다. 그렇다고 해서 오늘날에는 속이고 속는 일이 없다고 말할 수는 없다. 다른 것은 옛날에는 중매쟁이를 통하여 조건을 제시하였지만 오늘날은 자기가 직접 조건을 제시함으로써 투명도가 더 높아졌다는 것뿐이다. 물론 옛날에 비하여 사람들의 얼굴도 상대적으로 더 두꺼워졌다고 해야 할 것이다.

사실 사랑으로 인한 결합이 아니라면 옛날이나 지금이나 모든 혼인은 타산적인 성격을 띠지 않을 수 없을 것이다. 그러나 우리는 타산적인 혼인을 너무 천박하다고 생각할 필요도 없다. 어쨌든 하나의 보편적인 틀로서 존재하고 있기 때문이다. 게다가 쌍방이 동시에 그것을 원한다면 현실적으로 그렇게 비난할 수도 없는 일이라고 생각된다.

결국 고금을 막론하고 대부분의 중국인에게 있어서 혼인은 사랑만을 위한 것이 아니었다고 할 수 있다. 중국인의 혼인은 우선 사회적인 의무를 이행하고 자식을 낳아 대를 이음으로써 부모의 소원을 이루어주는 데 목적이 있었던 것이다. 그리고 인생여정을 다 마칠 때까지 남의 구설수에 오르지 않기 위하여 거쳐 가는 과정이기도 했으며, 성적 만족을 얻기 위한 것이기도 했다. 물론 이러한 목적 말고도 또 하나의 지극히 현실적인 목적은 바로 살아가는 문제를 해결하려는 것이었다.

전통적인 관념으로는 남자나 여자나 혼자서는 살아가기 어렵다고 여겨왔다. 속담에 '남자는 아내가 없으면 집안에 주인이 없는 것과 같고, 여자는 남편이 없으면 집에 기둥이 없는 것과 같다'는 말이 있다. 남자가 홀아비로 지내면 가정의 아늑함과 따뜻함을 누릴 수 없을 뿐 아니라 제대로 된 밥 한 그릇도 먹기 어렵고 빨래도 직접 해야 한다. 여자가 홀몸으로 지내면 아무 의지할 곳이 없어 언제나 불안하므로 마치 집에 기둥이 없는 것과 같다. 그리고 남들로부터 업신여김을 당하기 쉽다. 따라서 남녀가 결합하여야 서로 돕고 의지하여 잘 살아갈 수 있는 것이다. 그런 까닭에 많은 남녀들이 어쩔 수 없는 상황에서 오직 독신생활을 면하기 위하여 되는 대로 상대를 골라 적당히 결합하여 살아가는 것이다. 아무리 상대를 잘못 골랐다고 해도 독신으로 살아가는 것보다는 낫다고 생각하기 때문이다.

남녀의 결합이 생활을 위한 것인 이상 생활이 원만하거나 그럭저럭 살아나갈 수 있는 정도만 되어도 이러한 결합은 계속 유지될 수 있다. 물론 부부간의 사랑은 그다지 중요하지 않을 수 있다. 사실 중국의 대다수 혼인관계는 부부간의 사랑으로 유지되고 있는 것이 아니라 생활적인 필요와 윤리 관념에 의해서 유지되고 있다고 해야 할 것이다.

부부간의 감정이 덤덤한 것은 중국의 전통사회에서는 대단히 보편적인 현상이었을 뿐만 아니라 너무나도 정상적인 것이기도 했다. 많은 가정에서는 부부 사이에 별로 할 말도 없고 함께 외출을 하여도 각자 떨어져서 길을 걷는다. 할 말이 없다는 것은 어떻게 보면 대단히 정상적이라고 할 수 있다. 혼전에는 전혀 몰랐고 혼인 뒤에도 각자가 맡은 일이 있으니 그렇게 많은 말이 필요 없는 것이다. 게다가 공통적인 취미도 없고 함께 추진할만한 사업도 없는데다가 같이 관심을 가지는 문제도 없으니 무슨 할 말이 있겠는가? 예법에도 "문 밖의 말은 문 안에 들이지 않고 집 안의 말은 문 밖으로 내지 않는다"라는 규정이 있다. 남편의 일은 바깥에 있고 아내의 일은 집 안에 있으니, 남편의 일은 아내에게 일러줄 수 없고 아내의 일은 남편에게 일러줄 필요가 없었던 것이다. 그러므로 부부 사이에 할 수 있는 말이라고는 그저 '밥 먹자'거나 '자자'는 따위의 몇 마디밖에 더 있겠는가?

말이란 사람과 사람 사이의 감정을 교류하는 가장 중요한 도구의 하나라고 할 수 있다. 그런데 부부 사이에 별로 할 말도 없다면 더 이상 무슨 감정이 존재할 수 있겠는가? 지금까지도 적지 않은 중국의 구식 부부들은 그 관계가 같은 직장 동료보다도 못한 경우가 많다. 직장 동료들은 업무 말고도 서로 잡담을 나눌 기회도 많고 함께 식사를 하거나 여흥을 즐기는 때도 있다. 오늘날에도 중국의 많은 농촌에서는 부부가 함께 길을 걸을 경우 남편은 앞에서 걷고 아내는 뒤에서 일정한 간격을 두고 걷는 경우가 많다. 그렇지 않고 어깨를 나란히 하고 걷거나 웃고 떠들면서 걷는다면 마을 사람들로부터 '부끄러움을 모른다'라고 손가락질을 받게 된다. 이는 한마디로 너무나 가식적이고 낡은 관념이라고 하지 않을 수 없다. 위에서 보는 것처럼 중국의 전통사회는 부부 사이에 사랑이 존재하는 것을 기본적으로 찬성하지 않거나 때에 따라서는 이를 대단히 경계하였다는 사실을 알 수 있다.

『국어國語』라는 책의 「노어魯語」 부분에 이런 대목이 나온다. 노나라의 어느 대부大夫가 죽자 그의 어머니가 특별히 그 아내와 첩들에게 "너희들에게 어려운 부탁을 하나 하겠는데, 나중에 제사를 지낼 때 남들 앞에서 수척한 모습을 보이지 말고 너무 슬프게 울지도 말아라. 가슴을 치고 발을 굴러서도 안 되며 상심한 표정을 지어서도 안 된다. 상복은 한 등급 낮추어 입고 그냥 영전에서 조용히 지키고 있으면 된다. 나는 남들의 입에서 내 아들이 생전에 처첩들을 사랑한 사람이었다는 말이 나오는 것을 원치 않는다!"라고 타이른다. 남편이 죽었는데도 그 아내에게 남 앞에서는 부부 사이가 좋았다는 표시도 내지 못하게 한 것이다. 이 장면은 고대사회의 부부는 어떤 모습이어야 했는지를 잘 보여주고 있다.

부부 사이에 사랑이 존재한 사실이 남에게 알려지면 체통이 깎이고 그렇지 않아야 체통이 선다는 사고방식은 오늘날의 관점으로 볼 때는 너무나 황당하고 어이없다고 하지 않을 수 없다. 그러나 전통사회의 예법으로 볼 때는 너무나 당연한 것이었다. 그 이유는 매우 간단하다. 즉 부부 사이에 감정이 덤덤하다는 것은 그들이 "부부 사이는 근엄해야 하고, 인륜을 바르게 해야 하며, 예의의 범위를 벗어나서는 안 된다"는 전통예법을 잘 따른 결과였기 때문이다. 그래서 그것이야말로 가장 합리적이고 정상적인 부부의 모습이었던 것이다. 그렇지 않고 너무 정이 깊으면 이는 혼인의 가장 중요한 목적인 '집안끼리의 인연을 맺는 일'과 '대를 잇는 일'의 범위를 뛰어넘는 것이었다. 그것은 결국 '공적인 임무'를 벗어나 '사적인 감정'에 치우치는 셈이 되었다. 사적인 것에 치우치면 결국 비정상적이 될 뿐 아니라 정당하지 않게 된다. 따라서 그런 사람들은 음행淫行이나 파렴치한 일을 저지른 사람으로 지목되어 비판을 받거나 비웃음을 당했던 것이다.

이와 같이 중국 전통사회의 부부생활에서는 애정적 결여뿐만이 아니라 '성적 즐거움'도 없는 경우가 대부분이었다.

성적 즐거움이 없었다는 것은 물론 부부 사이에 성생활이 없었다는 말은 아니고, 다만 그것이 중시되지 않아 부부생활의 중요한 내용 가운데 하나로 인정되지 않았다는 말이다. 부부 사이의 성적인 접촉은 다만 일종의 수단으로서 대를 잇기 위하여 '생산'을 도모하는 데에만 사용되었다. 그것이 하나의 수단에 불과한 이상 그 목적이 일단 달성되면 수단 자체는 전혀 고려할 필요가 없게 되는 것이 보통이다. 아마

예법을 제정하고 수호해온 사람들의 입장에서는 성행위는 다만 생산의 수단으로서 모든 사람이 선천적으로 타고나는 본능이므로 누가 가르쳐 주지 않아도 스스로 터득한다고 생각한 모양이다. 그러므로 당사자들이 성적으로 서로 끌리고 안 끌리고 하는 것은 전혀 문제가 되지 않았고 그 일을 진행하는 과정에서의 쾌감이나 일이 끝난 다음의 만족감 따위도 전혀 고려의 대상이 아니었다. 이러한 부부생활에 성적 즐거움이 있을 리가 없다.

앞에서도 언급하였지만, 부모 등 다른 사람에 의해 이루어지는 전통사회의 혼인은 마치 가축의 수컷과 암컷을 우리 안에 가두어놓고 키우는 것과 별로 다를 것이 없었다. 남녀 당사자들은 평소에 모르던 사이로 얼굴 한번 제대로 본 적이 없는 경우가 대부분이어서 감정이 있을 리가 없었다. 이런 남녀를 난데없이 끌고 와서는 후딱 예식을 치르게 하고 곧장 신방으로 밀어 넣는다. 신방을 가리키는 '동방洞房'이란 말은 바로 사방이 밀폐되어 컴컴하고 으슥한 것이 마치 동굴 같은 방이라는 뜻이다. 이곳에 들어온 다음에야 신랑이 비로소 신부의 얼굴을 가린 '까이터우[蓋頭](신부의 머리 전체를 덮어 얼굴을 가린 천)'을 치켜올리고 희미한 등불 아래에서 처음으로 신부의 얼굴을 보게 되는 것이다. 모르는 사이에다 서로 할 말도 없으니 바로 등불을 끄고 침대 위로 올라간다. 이런 경우 혹시 서로가 모두 '재자가인才子佳人'으로서 첫눈에 반했다면 모를까. 이렇게 잠깐 보고서 서로의 성적 매력에 이끌리는 경우는 대단히 드물 것이다. 그리고 이 같은 상황의 대다수가 아마 강간과 크게 다를 바가 없지 않을까 하는 생각도 든다. 실제로 과거에는 신랑이 너무 못생겨서 신부가 합방을 하려 하지 않자 신랑의 가족들이 신부를 묶어 놓고 신랑으로 하여금 강제로 성행위를 하게 했던 경우도 많았다. 이러한 행위는 금수禽獸보다도 못한 짓이라고 할 수 있다.

결국 전통사회에서 중국인이 보여준 충직하고 후덕하며 착실한 모습은 절반 이상이 가식적인 것이었다고 할 수 있다. 그리고 대부분 이와 같은 가식적인 모습을 하고 있었으므로 가식적인 모습을 보이려 하지 않는 사람에 대해서 자연히 거부감을 가지게 되었다.

아내와 첩이
공존하는 이유

첩은 아내에 상대되는 말이다. 아내는 남자의 '정식' 배우자를 가리킨다. 아내와 남편의 관계는 정식의 혼인관계이다. 이러한 관계를 완성시키기 위해서는 일련의 '정식' 수속을 거쳐야만 한다. 그것은 '부모의 명령'과 '중매쟁이의 말'을 시작으로 납채納采(혼인 때 신랑 집에서 신부 집으로 예물을 보냄. 즉 신랑 집에서 신부가 될 사람의 집에 혼인을 청하는 것)에서 친영親迎(신랑이 신부 집에 가서 친히 데려오는 것)까지 수많은 의식을 거행하고, 나중에는 시부모에게 절하고 사당에 제사를 드리는 것으로 마무리된다. 이렇게 정당한 절차를 통하여 맞이한 아내는 당연히 명분과 대우의 면에서 '예'와 '법'의 보호를 받으며, 첩이 감히 넘보거나 대신할 수 없는 지위를 갖게 된다. 그렇기 때문에 아내에게는 '정실'이나 '부인' 등의 호칭이 따랐다.

첩은 남자의 비공식적인 배우자라고 할 수 있다. 따라서 그 관계도 비공식적인 것이다. 비공식적이라는 것은 바로 '부모의 명령'과 '중매쟁이의 말'을 비롯한 일련의 정당한 절차를 거치지 못했다는 뜻이다. 첩을 들이는 경로는 각양각색이었다. 일반적으로 사오거나 얻어오는 경우가 보통이고, 훔쳐오거나 강탈해오거나 속여서 데려오거나 빌려오는 경우도 있었다. 경우에 따라서는 부모가 아들에게 '상'으로 첩을 내리는 수도 있었다. 그러나 이는 부모가 아들을 대신하여 아내를 골라주는 것과는 여전히 달랐다. 며느리를 고르는 것은 며느리 한 사람만을 고르는 것이 아니라 그 가문을 고르는 것이기도 하여, 개인적인 일이라기보다는 집안끼리의 일이었다. 그러나 첩을 내려주는 것에는 전혀 그런 의미가 없었으므로 첩의 집안과는 여전히 혼인관계가 성립되지 않았다. 그러므로 전통사회의 혼인제도에서 첩과는 명분상의 부부관계로 치지 않았다.

그러나 첩과의 관계는 그 성격상 실질적인 부부 사이와 크게 다를 것이 없었다. 예컨대 첩은 오직 자기가 섬기고 있는 남자만을 성적인 상대로 가질 수 있었으며, 첩이 낳은 자식은 남편의 자식으로 인정되었다. 그리고 첩과 남편은 일반적으로 함께 생활하였고, 남편의 재산에 대해서도 부분적인 상속권이 있었다. 그러므로 첩은 일반적인 기생과는 전혀 달랐다. 요컨대 남편과 첩은 내용적으로는 부부이면서 명분상으로는 부부가 아닌 관계였다. 그래서 우리는 이를 '준隼부부관계' 또는 '비정규 부부관계'로 불러도 좋을 것이다. 그 관계가 비정규적인 것이었기 때문에 남자가 첩을 들이는 것을 '취娶한다'라고 하지 않고 '납納한다', 즉 '받아들인다'라고 했으며, 심지어는 아예 '사온다'라고 말하기도 했다.

아내와 첩은 모두 남편의 성적 대상이었지만 공인되고 공인되지 않은 차이가 있었기 때문에 아내에게는 '정실'이나 '부인' 등의 호칭이 따르는 반면 첩에게는 '측실側室'이니 '작은마누라'니 하는 호칭이 따랐다. 한마디로 말해서 아내가 '정正'이라면 첩은 '부副'였으며, 아내가 주인이라면 첩은 종이었다. 정식 절차를 통하여 맞이한 아내와 내력이 불분명한 첩은 그 지위에 있어서 함께 논할 수 없었던 것이다.

첩은 남편을 배우자로서가 아니라 주인으로 섬겨야 했기 때문에 그 정식 배우자인 아내와도 주종관계가 성립되었다. 따라서 아내는 남편의 첩에 대해서 생살여탈生殺與奪의 권한까지 갖고 있었다. 고대의 예법에 의하면 남편이 첩을 받아들일 때에는 아내의 허락을 얻어야 했으며, 남편이 첩과 같은 방을 쓰는 것도 아내가 동의해야만 가능했다. 물론 실제로는 많은 남자들이 아내의 동의를 구하지 않고 첩을 두고 제마음대로 첩과 동침한 경우가 적지 않았지만, 적어도 원칙적으로는 아내가 그것을 반대할 권한을 갖고 있었다. 실제로 역사에서 보면 아내의 완강한 반대에 부딪쳐 첩을 두지 못한 사람이 많이 있었다. 예를 들어 동진東晉의 실력자였던 사안謝安이 그러하였다.

아내와 첩의 사이는 주종관계이므로 첩은 아내에 대하여 언제나 겸손한 자세로 공경하여야만 했다. 첩이 남편의 아내를 부를 때에는 '부인'이나 '마님'이라는 호칭을 써야 했으며, 아침저녁으로 문안인사를 드려야 했다. 아내가 식사를 할 때에 첩은 옆에 서서 시중을 들어야 했고, 아내가 자리에 앉기를 권해도 똑바로 앉지 못하고 비스듬히 앉아야 했다. 한마디로 첩은 아내와 결코 동등한 입장으로 생활할 수 없었다.

첩은 또한 아내의 통제를 받아야 했다. 아내는 집안 살림을 도맡아 처리할 수 있는 권한을 법적으로 부여받았기 때문에 집안의 모든 일에 권리를 행사할 수 있었다. 이러한 권리는 남편도 침해하거나 간섭할 수 없었다. 만약 남편이 그 권리를 침해하거나 간섭했을 때 아내가

‘예법’을 따지고 나온다면 남편도 할 말이 없게 되는 것이었다. 집안 살림을 관장하는 아내의 권한 가운데는 첩을 관리하는 일도 포함되었다. 따라서 아내의 허락이 없으면 첩은 외출도 할 수 없었으며, 아내가 야단을 칠 때 첩은 대꾸를 할 수 없었다. 심지어 아내가 남편을 모시기로 한 날에는 아내가 집을 비우게 되었을 때라도 첩이 그 일을 대신할 수 없었다.

첩의 지위가 아내보다 낮았던 것은 물론이고 첩의 가족도 아내의 가족과는 함께 논할 수 없었다. 앞에서도 누차 강조하였듯이 전통사회의 혼인이란 두 집안이 인연을 맺는 것이었지만, 첩의 집안과는 그러한 관계가 성립될 수 없었다. 전통예법에 의하면 첩은 마치 시장에서 유통되는 상품과 마찬가지로 아무나 살 수 있는 ‘공물公物’이었다. 이는 기본적으로 창기와 다를 것이 없었지만, 굳이 다른 점이 있다면 창기는 ‘소매’로 거래가 이루어지는 것인데 반해 첩은 한꺼번에 ‘도매’로 모두 파는 것에 비유할 수 있겠다. 이처럼 사고팔 수 있는 ‘공물’이라면 그 ‘가족’이라는 것도 아무 의미가 없다. 그러므로 전통적으로 첩의 가족은 인척으로 인정하지 않았으며 서로 왕래하지도 않았다. 경우에 따라서 서로 왕래가 있었다고 하더라도 그 역시 주인과 종의 관계에서 크게 벗어나지 못했다.

남편의 집안에서 첩의 집안을 인척으로 인정하지 않은 것은 예법상 첩의 배후를 단절시킴으로써 첩으로 하여금 남편의 집안에서 고립무원孤立無援의 상태에 있도록 할 셈이었다. 사실 첩의 집안을 인척으로 인정한다고 해도 남자 집안의 입장에서는 별로 도움이 되지 못했다. 왜냐하면 딸을 남의 집에 첩으로 보낼 정도면 그 집안의 사회적인 지위가 어느 정도인지 뻔했기 때문이다.

첩이 아내보다 못하고 첩의 집안이 아내의 집안보다 못했다는 것 말고도 또 하나 중요한 점은 첩의 자식은 정실의 자식보다 못했다는 것이다. 이 점에 대해서는 예법으로 지극히 엄격한 규정이 정해져 있었다. 일반적으로 정실의 자식을 '적자嫡子' 또는 '적출嫡出'이라고 하고 첩의 자식을 '서자庶子' 또는 '서출庶出'이라고 했다. 적자는 종족 혈통의 당연한 계승자인 반면 서자는 적자를 물리치고 그 자리를 차지하여 혈통을 이을 수 없었다. 다시 말해서 적자와 서자는 태어나면서부터 이미 그 신분과 귀천이 정해져 있었으며, 그 신분과 귀천은 또 그 어머니의 신분과 귀천에 의해서 결정되었다.

물론 예외도 있었다. 하지만 그것은 정실이 자식을 낳지 못했을 때뿐이다. 이런 경우는 서자와 그 생모의 입장에서 보면 전혀 뜻하지 않은 행운을 잡은 것이라고 할 수 있다. 서자로서 적자로 격상되어 가문을 잇는 가장이 될 수 있었기 때문이다. 이때는 그 생모도 덩달아 그 지위가 격상되어 나중에 '노마님'이라는 호칭도 들을 수 있게 되었다. 그러나 이런 상황에서도 집안의 안주인은 여전히 정실의 아내뿐이었다. 첩의 아들이 제아무리 가문의 대를 잇는다고 하더라도 그의 생모는 여전히 정실의 지위를 뛰어넘을 수 없었다.

그 이유는 매우 간단하다. 아들을 낳은 것은 첩이지만 그 아들은 첩이 아내를 대신하여 낳은 것이기 때문에 명분상으로는 정실인 아내가 어머니여야 한다는 것이다. 그래서 모든 자녀들은 적출과 서출을 막론하고 모두 아버지의 정실 아내를 어머니로 인정해야만 했다. 자기의 생모에 대해서는 어머니로 인정하든 인정하지 않든 상관없었다.

그러나 적자는 아버지의 첩인 '서모'에 대하여 어머니로 인정하거나 효도할 의무가 없었다. 그러한 의무가 없었던 것은 물론이고 서로 왕래도 하지 않고 대면하거나 대화조차도 하지 않는 것이 가장 좋은 방법이었다. 일반적으로 서모는 아버지에 비해 월등히 젊은 경우가 대부분이므로 적자와 서모는 연령상으로 서로 비슷할 가능성이 많았다. 따라서 서로 왕래가 잦게 되면 본의 아니게 남의 구설수에 오르게 되는 경우가 생기므로 아예 서로 피하는 편이 상책이었는지 모른다. 그러나 적자가 어려서 어머니를 잃고 서모의 손에서 자랐다면 경우가 다르다. 이런 경우는 적자와 서모 사이에도 모자의 정분이 있다고 할 수 있다. 그러나 명분상으로 서모는 여전히 어머니가 될 수는 없었다.

적자가 서모의 손에서 자라는 것은 일종의 특수한 상황에서의 임시방편이라고 할 수 있다. 그러나 서자가 적모의 손에서 자라는 것은 항상 있는 떳떳한 일이었다. 특히 정실이 자식이 없어서 서자가 대를 이을 때에는 더욱이 정실이 아이를 키우는 것이 도리였다. 그 까닭은 첫째, 명분상으로 볼 때 정실이 남편에게는 유일한 합법적인 배우자이며 자식에게는 유일한 합법적인 어머니였으므로 당연히 정실이 자식을 키워야 했다. 둘째, 정실의 출신이 첩에 비하여 비교적 좋았을 뿐만 아니라 본인의 교양수준도 통상적으로 첩보다는 높았으므로 정실이 키우는 것이 서자의 교육에도 유리하였다. 셋째, 서자를 정실이 키우면 서자의 지위가 그만큼 높아지게 되므로 많은 첩들은 자기의 아들을 정실에게 보내어 키우고 싶어 하였다.

이는 어떻게 보면 대단히 잔인한 일일 수도 있다. 서자들 가운데에는 심지어 아직 강보에 싸인 상태에서 생모와 떨어져 자란 나머지 커서도 생모와는 아무 감정이 없게 되는 경우가 적지 않았을 것이다. 첩의 입장에서도 자기가 낳은 자식을 빼앗기고 혼자서 살아가야 하므로 가슴 아픈 일이 아닐 수 없었다.

더욱 잔인한 일은 첩과 그 자식 사이에는 모자의 명분이 없었을 뿐만 아니라 신분상에 있어서도 주종관계에 있었다는 것이다. 그 자식은 아버지의 혈통을 이었으므로 주인이 될 수 있었지만, 첩은 제아무리 아들을 낳았다고 하더라도 여전히 주인에게 종속되어 있는 신분이었다.

이상에서 본 것처럼 첩과 정실은 그 신분상 현격한 차이가 있었다. 그 까닭은 고대의 예법에서 적서의 구별을 대단히 엄격히 하였으며, 그 한계를 넘거나 뒤바꾸는 것을 일체 용납하지 않았기 때문이다. 이는 봉건종법제도에서 가장 강조하는 것으로서 국가와 가정의 명맥을 이어가는 가장 기본적인 원칙이었다. 『춘추좌씨전』에는 "처첩과 적서를 구분하지 않고 군신君臣과 조야朝野를 구분하지 않는 것은 난을 불러일으키는 근본이 된다"라는 말이 있다. 즉 이러한 구분을 없애는 것은 바로 모든 봉건적인 등급질서를 파괴하는 셈이 되어 사상적인 혼란과 인간관계의 문란함만을 가져올 뿐이기 때문이다.

바로 이 봉건적인 윤리질서를 유지하기 위하여 종법제도에서는 먼저 '남존여비'의 '부부유별夫婦有別'을 확립한 뒤에 다시 '적존서비嫡尊庶卑'의 '처첩유별'을 확립하였던 것이다.

앞서도 말하였듯이 첩은 여러 가지 경로로 받아들여졌다. 그중에는 제법 점잖은 경우도 있고 전혀 그렇지 못한 경우도 있다. 그래서 그 경로가 어떠한가에 따라서 같은 첩이라도 그 지위가 서로 달랐다.

역사적으로 첩 가운데에서 지위가 가장 높았던 것은 '잉媵'이었다. '잉'은 딸려 보낸다는 뜻이다. 선진先秦시대에는 제후諸侯들이 다른 나라의 여자(주로 제후의 딸이나 그 친족)를 아내로 맞아들일 때 여자 나라의 제후가 신부 말고도 몇 명의 여자를 더 딸려 보내는데 이렇게 딸려 보내는 여자를 '잉'이라고 했다. 마치 오늘날 백화점 등에서 비싼 물건을 사면 다른 물건을 한두 개 끼워주는 것과 비슷한 일이었다고 할 수 있다. 물론 끼워주는 물건은 정식으로 사는 물건보다 값이 훨씬 싼 것이 보통이다. 당연히 '잉'의 지위도 정식의 아내에 비해서 낮았다. 그러므로 이것도 일종의 첩이었다고 할 수 있다.

다음과 같은 이야기가 전해온다. 진秦의 제후가 진晉의 제후에게 딸을 시집보내면서 많은 '잉'을 딸려 보냈다. 그런데 그중에서 한 여자가 옷을 화려하게 입어 예쁘게 보였다. 진의 제후는 거기에 혹해서 아내보다는 그 '잉'을 사랑하였다. 나중에 한비자는 이 일을 두고 너무나 어처구니없는 일이라고 비웃었다.

그러나 선진시대에 신부에 딸려간 '잉' 가운데에는 그 출신성분이 결코 낮지 않은 경우도 많았다. 그중에는 신부의 여동생도 있었고 질녀도 있었으므로 그 역시 귀족이었다고 할 수 있다. 예법에 의하면 '잉'으로 가는 여자는 반드시 신부와 성이 같아야 하며 그렇지 않으면 법도에 어긋난다고 하였다.

선진시대 이후로 지위가 가장 높은 첩은 '이방二房'이라는 것이었다. '이방'이란 엄격하게 말하면 정실이 있는 사람이 또 '정식'으로 맞아들이는 첩이라고 할 수 있다. 여기서 '정식'이라고 하는 것은 그것이 첩을 받아들이는 규정과 수속에 부합됨을 가리킨다. 역대의 왕조들은 첩을 두는 사람의 자격과 첩의 수에 대하여 일정한 규정을 정해놓았다. 예를 들면, "사士는 1처 1첩을 둘 수 있다"라고 한 것이 그것이다. 물론 후세에는 이를 그대로 따르지 않고 변형된 모습으로 첩을 들이는 사람이 부지기수로 많았다. 그러나 원칙적으로 사士는 1명의 첩만 둘 수 있었는데, 이를 '이방'이라고 하였다. 물론 1명의 첩을 두는 데도 정당한 이유가 있어야 했다. 예를 들면, 정실이 자식을 낳지 못하여 대가 끊어질 지경에 이르렀다든지 하는 것 등이다. 이 밖에도 부모의 허락을 받고 정실의 동의를 얻어서 예법에 정해진 의식을 거행해야만 했다. 이렇게 하여 맞아들인 첩은 거의 '정식혼인'에 버금가는 비중을 차지하고 있었으므로 그 지위는 정실의 바로 밑에 있게 되어 다른 여러 첩보다 앞선다. 그래서 이를 정실에 버금간다는 의미로 '이방'이라고 불렀다.

'정식'으로 맞아들인 첩은 비록 한 명에 한정되었지만 이러한 절차를 거치지 않고 들이는 첩은 그 종류가 얼마나 되는지 한마디로 말하기 어렵다. '정식'으로 맞아들이지 않은 첩 중에서 가장 흔히 볼 수 있는 것은 바로 노비에서 첩이 된 경우이다. 노비는 그 출신과 지위가 처음부터 비천하였으므로 '이방'은 될 수가 없었고 비정규의 첩이 될 수 있을 뿐이었다. 앞에서도 말했듯이 '이방'은 일정한 수속을 거쳐 맞아들이는 첩이었던 만큼 그 출신이 대체로 '양가규수'가 많았으며, 집안이 가난하여 부잣집에 '이방'으로 가는 경우가 대부분이었다. 노비 출신의 첩은 이와 비교가 되지 않았다. 노비에는 집안에 있던 노비와 바깥에서 데려온 노비가 있다. 집안에 있던 노비는 그 부모가 원래 집안의 노비로서 그 딸이 자동적으로 노비가 된 경우이다. 바깥에서 데려온 노비는 주로 돈을 주고 사온 것으로 그중에는 평생노비와 단기노비, 그리고 주인이 시집올 때 딸려온 노비가 있다. 이들은 모두 지위가 낮았으므로 이들을 첩으로 들이는 데에는 별다른 수속이 필요하지 않았다.

그렇다고는 하지만 노비 출신의 첩 중에서도 지위의 높고 낮음은 있었다. 그중에서 부모가 아들에게 상으로 내려준 첩일 경우는 비록 노비 출신이라도 그 지위가 비교적 높았다. 왜냐하면 정통혼인의 필수요건인 '부모의 명령'이 여기에도 어느 정도 작용하고 있었기 때문이다. 이와 반대로 그 지위가 비교적 낮았던 것은 '통방아두通房丫頭' 또는

'옥리인屋裏人'으로 불리던 부류들이 있다. '아두'라는 것은 계집종을 가리키는 말이고 '통방'은 '동거'의 의미를 갖고 있다. '옥리인'이라는 말도 '한 방안에서 함께 사는 사람'이라는 뜻이다. 따라서 이는 주인이 계집종과 정을 통하고 첩으로 삼은 경우이다.

'통방아두'가 될 가능성이 있는 계집종은 대체로 두 종류였다. 한 가지는 원래부터 집안에서 부리던 계집종이고 한 가지는 정실 아내가 시집을 때 데리고 온 계집종이었다. 이런 계집종들은 주인과의 관계가 특별히 밀접하여 의식주 등 주인의 모든 일상사를 시중들면서 자연스럽게 친해지는 경우가 많았다. 그러다 보면 남자주인이 '딴 생각'을 품게 되고 때에 따라서는 '애정'도 생길 수 있었다. 이런 경우는 별다른 절차를 거치지 않고 가볍게 성적인 관계가 이루어지는 것이 보통이었다.

첩 가운데에는 이 밖에도 '희姬'란 것이 있었다. '통방아두'의 신분이 첩과 노비의 중간이었다면 '희'는 첩과 기생의 중간이었다고 할 수 있다. '희'는 원래 미녀를 뜻하지만 '첩'자와 합쳐서 '희첩姬妾'이라고 하면 주로 집에서 부리는 가희歌姬나 무희舞姬 또는 시녀 등을 가리킨다. 이런 여자들은 주로 돈으로 사오는 경우가 많았으나, 때에 따라서는 선물로 주고받거나 빼앗아오는 경우도 있었다. 그러므로 그녀들도 노비와 마찬가지로 신체의 자유가 없었으며 신분도 지극히 낮았다. 그러나 그 직분은 각각 달라서 노비가 주로 가사노동에 종사하고 주인의 의식주에 관한 시중을 들었다면, '희'는 주로 주인의 오락과 여흥 활동에 동원되어 정신적인 쾌락을 제공하는 일을 맡았다. 그런 까닭에 그녀들은 대체로 노비들보다는 비교적 여유 있고 편안한 생활을 할 수 있었다. 우선 번거롭고 힘든 노동을 하지 않아도 되었으며 의식주 면에서도 보다 나은 대우를 받았다. 그녀들은 평소 기예를 익히는 일을 주로 했으며 한가할 때에는 이리저리 놀러 다닐 수도 있었다. 개중에 주인의 각별한 사랑을 받는 '고급'의 '총희寵姬'는 한두 명 또는 그 이상의 계집종을 옆에 두고 부릴 수도 있었다.

그러나 그들의 생활이 아무리 편안하고 옷차림이 아무리 화려하다고 해도 그 신분은 결국 주인의 노리개에 불과하였다. 주인이 그들을 총애하는 까닭은 자기의 쾌락을 위해서였으며 그들에게 좋은 대우를 해주는 것도 더 많은 쾌락을 얻기 위해서였다. 그러므로 그들의 신분도 결국은 대단히 비천한 것이었다.

그들의 신분이 낮고 주인의 '노리개'에 불과하였으므로 만약 남자 주인이 동침을 요구한다면 이를 거역할 수 없었을 것이다. 게다가 그들이 첩과 다른 점은 첩은 그 성적 대상이 주인 한 사람에 그친 데 반해 그들은 손님에게도 제공되었다는 것이다. 당나라 때 백거이白居易가 배시중裵侍中의 집 연회에 참석했을 때 쓴 시에서 "아홉 개 촛대 앞의 열두 미인, 주인은 나를 붙잡아 술을 권하고 마음껏 즐기도록 하였네"라고 한 부분은 바로 이런 상황을 묘사하였다고 볼 수 있다. 이렇게 보면 '희'는 첩보다는 기생에 가까웠다고 할 수 있겠다. 첩은 어떤 경로로 첩이 되었든 상관없이 언제나 주인의 전유물이었다. 당나라 때 유공작柳公綽이 첩을 들였을 때 그의 동료가 그 여자를 한번 보고 싶다고 하자 "나는 집안일을 시키려고 첩을 산 것이지 기생을 산 것이 아니오"라고 대답한 적이 있었다. 이는 첩과 '희'의 성격이 전혀 다름을 잘 말해주는 대목이라고 할 수 있다. '희'는 집안에 손님이 왔을 때 언제나 불러서 손님의 시중을 들게 할 수 있었고 선물로 주기도 하였으며, 심지어는 준마와 바꾸거나 내기의 대상이 되기도 하였던 것이다.

그러나 때에 따라서는 희첩이 유리한 경우도 있었다. 그것은 희첩이 정실 아내보다도 남자의 사랑을 더 많이 받을 수 있었다는 사실이다. 중국의 전통사회에서는 남자의 애정이 대체로 그 아내보다는 희첩에게 더 많이 쏠렸던 것으로 보인다. 그래서 옛날 사람들은 "아내가 첩보다 못하다"라는 말을 남겼던 모양이다. 중국 역사상 풍류황제와 그가 총애하는 궁녀에 얽힌 사랑 이야기는 수없이 많이 전해온다. 당 현종과 양귀비의 고사가 그 대표적인 예가 될 것이다. 반면에 정실 아내와의 사랑 이야기는 극히 드물다. 이는 아마 아내와 첩의 역할이 달랐기 때문일 것이다.

전통사회의 가정에서 아내가 맡은 역할은 한두 가지가 아니었다. 우선 남편을 내조하고 시부모를 모셔야 했으며, 다음으로는 자식을 낳아 양육하고 집안 살림도 도맡아 처리해야 했다. 다시 말해서 현모와 양처가 되어야 했을 뿐만 아니라 착한 며느리에 살림 잘하는 안주인까지 되어야 했던 것이다. 따라서 정식 절차에 따라 정정당당하게 시집와서 정실 아내가 되고 처첩들 가운데에서 그 지위가 가장 높았지만, 동시에 그 부담도 가장 컸던 것이다. 반면에 남편의 사랑을 받을 수 있는 가망은 가장 적었다. 그래서 아내의 존귀한 지위는 애정을 희생하고 그 대가로 얻은 것이라고 말할 수도 있겠다.

이에 비하면 첩의 부담은 너무나 작았다. 첩은 남편을 내조할 필요도 없었고 그렇게 할 자격도 없었다. 첩은 시부모를 시중들 필요도 없었으며, 시부모 면전에서는 말 한마디 제대로 할 수 없었다. 첩은 집안 살림을 맡을 필요도 없었고 자격도 없었다. 오히려 그 자신이 관리의 대상이었다. 첩은 자녀 교육에 신경을 쓰지 않아도 되었다. 자녀 교육은 정실 아내의 몫이었기 때문이다. 이렇게 되면 첩이 맡아야 할 일은 오직 한 가지밖에 남지 않는다. 그것은 바로 남편의 욕구를 만족시키고 남편을 즐겁게 하는 일이었다. 이러한 임무는 단순하였으며 정실 아내의 그것에 비하여 상대적으로 쉬운 일이었다. 일반적으로 첩이 되는 여자는 대부분 인물이 반반했기 때문에 조금만 노력하면 이런 일은 얼마든지 훌륭하게 완수할 수 있었다. 게다가 남편을 즐겁게 하면 자기 자신에게 그만큼 더 많은 사랑이 돌아오게 되니 이런 좋은 일을 즐거이 하지 않을 리가 없다. 첩이 남편의 환심을 사려고 노력하는 일에 대해서 정실 아내가 질투하는 것 말고는 다른 사람은 아무런 이의를 제기할 수 없었다. 왜냐하면 그것이 바로 첩이 부여받은 임무였기 때문이다.

요긴대 첩은 정실 아내에 비해서 지위는 낮았지만 남편이 사랑을 차지할 수 있는 여러 가지 우세한 조건을 갖고 있었고, 실제로 상황이 그렇게 전개되는 경우가 대부분이었다. 그러므로 정실 아내는 이러한 상황을 불만스러워하는 것이 일반적이었으며, 결국 남편을 가운데에 두고 정실과 첩 사이에 치열한 암투가 벌어지게 되는 것이다.

남편이 첩을 들이면 가장 많은 손해를 보는 쪽은 말할 것도 없이 정실이었다. 그래서 남편이 첩을 들이는 것을 많은 정실들이 반대하였다. 예법에도 남편이 첩을 들일 때에는 정실의 승낙을 받도록 되어 있다. 따라서 정실들은 자기에게 특별한 하자瑕疵가 없는 한 남편이 첩을 들이는 것을 승낙하지 않는 경우가 대부분이었다.

이른바 '특별한 하자' 중에서도 가장 중요한 것은 역시 아들을 낳지 못한다는 것이었다. 아들을 낳지 못하는 정실에게 남편이 아들을 얻기 위하여 첩을 들이겠다고 한다면 정실로서도 할 말이 없다. 그러나 이미 아들을 낳은 경우라면 남편이 첩을 들여야 할 정당한 이유가 없으므로 정실은 얼마든지 자기의 권리를 행사할 수 있었다. 그런 까닭에 전통사회의 모든 아내는 첫아이를 가졌을 때 꼭 아들을 낳기 원했으며, 그렇게 되어야 집안에서의 자신의 지위가 확고부동해질 수 있었다.

사실 질투라는 것은 이성 사이에서 흔히 있을 수 있는 정상적인 심리현상이라고 할 수 있다. 그런데 중국인들은 지금까지 이것을 모두 여성에게만 있는 특수현상이라고 생각하였다. 게다가 올바른 여성에게는 이러한 심리가 없어야 된다고 주장하였으니, 이는 그야말로 남성의 횡포라고 하지 않을 수 없다.

첩을 들이는 일이 봉건적인 예법에서는 허용되었기 때문에 정실 아내가 제아무리 반대하여도 남편의 뜻을 저지시킬 수 있는 확률이 그렇게 높지는 않았다. 그러므로 아내들은 현실을 현실로서 받아들일 수밖에 없었다. 그 대신 차선책으로 첩이 집안으로 들어온 뒤에는 온갖 수단을 다 동원하여 배격과 박해를 가하고, 심한 경우에는 음모를 꾸며 죽이는 일까지 있었다. 이에 대한 예는 이루 다 헤아릴 수 없을 정도로 많다.

물론 직접 나서서 공개적으로 첩을 죽이는 일보다는 아무래도 음모를 꾸며서 몰래 해치는 일이 더 많았다. 전국시대 초회왕楚懷王의 부인 정수鄭袖는 회왕이 위魏나라에서 보낸 미녀를 총애하자 이를 질투하여 음모를 꾸몄다. 그녀는 위나라 여인한테 "대왕께서 너의 코가 보기 싫다고 하시더라"고 말했다. 그러자 그날부터 위나라 여인은 회왕이 자기를 미워할까 걱정하여 회왕을 만날 때마다 소매를 들어 코를 가렸다. 위나라 여인이 자기를 만날 때마다 자꾸 소매로 코를 가리는 것을 이상하게 여긴 회왕이 정수에게 그 까닭을 물었다. 정수는 이렇게 대답했다. "그 위나라 여인이 대왕의 몸에서 이상한 냄새가 나서 못 견디겠다고 말한 적이 있습니다." 그 말을 들은 회왕은 화가 머리끝까지

치밀어 올라 즉시 위나라 여인의 코를 잘라버리라고 명령을 내렸다. 그 여인에 대한 회왕의 총애도 당연히 그것으로 끝나고 말았다.

　이러한 예들을 통해서 살펴볼 때, 전통사회에서 처첩들의 갈등은 정말로 치열했다고 하지 않을 수 없다. 그들의 암투에 동원된 수단도 '이간질하기', '함정에 몰아넣기', '남의 칼을 빌려 죽이기' 등 다양하였다. 아마 정객들의 암투에서 사용되던 수법이나 조정의 세력 다툼에서 이용되던 정략들이 모두 여기에 그대로 활용되었을 것이다. 사실 전통사회에서 벌어졌던 그 수많은 권력투쟁이나 가정분규는 어떻게 보면 근본적으로 그 성격이 대단히 비슷했다고 할 수 있다. 즉 그것은 무대와 규모만 다를 뿐 하나의 남자를 차지하기 위한 투쟁이었던 것이다. 다른 것이 있다면 정치권에서의 세력 다툼은 쟁탈의 대상이 군주였으나, 가정에서의 세력 다툼은 쟁탈의 대상이 남편이었다는 점뿐이다. 투쟁에 참여하는 사람들의 목적은 오로지 반대세력을 배척하고 혼자서 그 권력 (또는 사랑)을 독차지하겠다는 것 하나뿐이었다.

　처첩 사이의 이러한 대적행위는 대단히 장기적이면서도 정신과 체력을 소모시키는 투쟁이었다. 그러나 이 투쟁의 당사자들은 물질적으로나 시간적으로나 정신적으로 충분히 이를 감당할 수 있었다. 첩을 거느린 집안은 대체로 생활이 넉넉한 편이어서 그런 집안의 여자들은 직접 노동에 참가할 필요가 없었으므로 시간과 정력이 남아돌았던 것이다. 그러므로 그들은 이 남아도는 시간을 남의 흠을 잡고 시비를 불러일으키며 음모를 꾸미는 데에 쓸 수 있었다. 그 결과 눈엣가시 같은 존재를 제거할 수 있으면 그 이상 좋을 것이 없었겠지만, 설사 제거하지 못한다고 하더라도 그 과정을 통하여 마음속의 분을 풀 수 있었던 것이다. 그도 아니라면 이런 일이나마 있어서 적어도 심심하지는 않았을 것이다. 많은 식구와 많은 처첩이 함께 기거하는 전통사회의 대가족 테두리 안에서 지위가 너무 낮아 감히 나서지 못하거나 성격이 나약하여 끼어들기를 원치 않는 일부를 제외하면, 대부분의 여성들은 이러한 내부 투쟁에 대단히 열성적이었다.

이러한 투쟁 과정에서 정실과 첩이 보여주는 태도와 수법은 서로 다른 경우가 많았다. 일반적으로 볼 때 정실이 취한 수법은 주로 '공격이 곧 수비'라는 전략이었다. 즉 첩에게 선제공격을 가함으로써 자기의 지위를 확보한다는 것이었다. 이에 비해 첩은 '최상의 수비가 곧 공격'이라는 전략으로 밀고 나가 남편의 총애를 공고히 함으로써 정실을 공격하는 목적을 실현하려고 하였다. 따라서 '질투'가 정실의 정규적인 무기라면, '총애를 다투는 것'은 아마 거의 모든 첩들의 기본적인 전략이 아닌가 생각된다.

'총寵'이란 글자는 원래 '높은 자리', '영예', '은혜' 등의 뜻을 갖고 있다. '총애'라는 단어는 높은 사람이 낮은 사람을 사랑할 경우에만 쓰인다. 군주가 신하를 사랑할 때 그 신하를 '총신寵臣'이라고 하고, 남편이 첩을 사랑할 때 그 첩을 '총첩寵妾'이라고 한다. 신하나 첩이 총애를 받으면 다른 사람의 질투를 불러일으키기 마련이라서 모든 사람의 표적이 되기 쉽다. 그래서 나중에는 결국 '총' 자가 부정적인 의미로 쓰이는 경우가 많아졌다.

그럼에도 불구하고 신하나 첩을 막론하고 모두들 총애를 쟁취하기 위해 물불을 가리지 않는 경우가 많았다. 군주와 신하의 관계나 남편과 첩의 관계는 일단 정해지면 벗어나기 어렵고 이를 뒤집기가 쉽지 않았다. 그런 관계에서 신하나 첩의 생사와 영욕은 모두 군주나 남편에게 달려 있었다. 그러므로 총애를 쟁취하지 않을 수 없었던 것이다. 게다가 첩은 정실과 달라서 남편의 총애를 잃으면 그것으로 끝장이었다. 정실의 지위는 예법의 보호를 받았으므로 남편의 사랑을 잃는다고 해서 모든 것이 끝나는 것은 아니었다. 다만 남편으로부터 소원해질 뿐 안주인으로서의 지위와 권한은 여전히 유지될 수 있었다. 뿐만 아니라 남편의 벼슬이 올라가면 따라서 그 신분이 높아지고 아들이 혼인하면 시어머니로서 대접받는 것은 정실이었다. 이에 비하면 첩은 지위와 권한이 거의 없었으므로 일단 남편의 총애를 잃으면 모든 것을 다 잃는 것과 다름없었다. 심지어 집안에서 쫓겨날 수도 있었다. 그러므로 첩의 입장에서는 남편의 총애를 쟁취하는 데에 온 힘을 다 쏟지 않을 수 없었다. 또 이로 인하여 많은 우여곡절이 생겨나고 그 과정에서 희생자가 생길 수밖에 없었다.

총애를 쟁취하는 과정에서 많은 희생이 따름에도 불구하고 대부분 그것을 포기하지 않았던 것은 말할 필요도 없이 일단 총애를 쟁취한 다음에는 많은 이익을 얻을 수 있었기 때문이다. 그래서 단 하루만이라도 총애를 쟁취하기 위하여 온갖 수단이 다 동원되었던 것이다. 그리고 현명한 희첩들은 일단 총애를 쟁취하고 난 뒤에는 남편으로부터 최대한의 이익을 얻어내기 위하여 안간힘을 썼다. 자기 명의의 집이나 전답을 장만한다든지 많은 비자금을 숨겨둔다든지 하는 방식으로 후일을 위한 준비를 해놓는 것이다. 또 그렇지 않으면 후일을 기약하기보다는 돈이 생기는 대로 마구 쓰면서 향락과 사치에 빠지는 경우도 많았다.

이상에서 본 것처럼 희첩제도는 대단히 부도덕하고 비인도적이면서 잔혹한 제도였다고 하지 않을 수 없다. 단적으로 말해서 거기에는 여성에 대한 남성의 모멸과 천시, 그리고 여성에 대한 여성의 박해라는 두 가지 내용밖에 없었다. 모두가 다 크나큰 죄악이었다. 그러므로 희첩제도는 인류의 이성관계가 야만적인 것에서 문명적인 것으로 발전해가는 과정에서 가장 비문명적인 것의 하나였다고 해도 좋을 것이다.

희첩제도는 인간성, 특히 여성의 인간성에 대한 공격과 파괴였음은 말할 것도 없으며, 봉건적 통치질서에 대해서조차도 그렇게 이로운 것은 아니었다. 처첩들이 서로 투기하고 적자와 서자가 서로 다투는 일은 종법제도에서 가장 중시하는 가문의 화목과 평안이라는 생활질서를 파괴하여 집안을 불안하게 하였다. 그뿐만 아니라 자칫하면 위로는 나라의 근본조차 흔들어 놓는 지경에까지 이르게 될 수도 있었다. 이를테면 제위의 계승문제는 언제나 처첩 및 적서의 문제와 직결된 경우가 많았다.

희첩제도가 이렇게 인간성을 파괴하고 봉건질서에 별다른 이익을 가져다주지 못했는데도 어찌하여 수천 년 동안이나 지속될 수 있었을까? 거기에는 종법제도가 남자의 혈통 계승을 강조한 것을 비롯하여 자손이 많아야 집안이 번창한다는 관념 등 여러 가지 원인이 있을 수 있겠다. 그러나 전통사회의 혼인에 사랑이 없었다는 점도 그 중요한 원인의 하나라는 사실을 지적하는 사람은 그렇게 많지 않은 것 같다. 앞에서도 언급하였듯이 중국 전통사회의 혼인에서는 사랑이 결여되어 있었으므로 부부 사이의 감정이 대체로 담담하였다. 그래서 남자들은 희첩을 통하여 진정한 애정을 찾아보려 했던 것이다. 정실 아내는 부모가 지정하고 중매쟁이가 다리를 놓아 맞아들인 것이었으므로 혼인 후에 애정이 생길 수 있을지 없을지는 완전히 운에 맡겨야 했다. 그러나 첩은 본인이 스스로 마음에 들어서 맞아들인 것이므로 그 감정이 달랐다. 그래서 전통사회에서 남자들이 첩을 들이는 것은 자기의 지위와 부를 자랑하거나 오락을 즐기고 욕구를 충족하기 위한 경우도 많았지

만 진정한 애정을 체험하기 위한 경우도 적지 않았다. 그런데 만약 첩
으로부터 기대하던 애정을 체험하지 못하게 되면 그 시선은 다시 계집
종에게로 옮겨갈 수도 있었다.

창기와
전족 사이

제 2 장

중국 성 문화의
특징

중국은 예부터 유구하고, 풍부하고, 찬란한 문화를 지녀왔다. 여기에는 당연히 성性 문화도 포함된다. 한 국가와 민족이 만약 성적인 면에서 아주 우매하고 폐쇄적이며 보수적이라면 절대로 찬란한 문명을 건립할 수 없다.

세계에서 최초로 중국의 성 문화를 체계적으로 연구한 네덜란드 학자 반 훌릭은 오랜 연구 끝에 다음과 같은 결론을 얻었다.

중국인처럼 고도의 문화소양을 지닌, 사고에 강한 민족은 사실 아주 일찍부터 성 문제를 대단히 중시했다. 성 문제에 대한 그들의 관찰은 '방중비서房中秘書', 즉 한 집안의 가장이 어떻게 부부관계를 조화시켜야 하는지를 지도한 서적 중에 나타나 있다. 이 책들은 이미 2000년 전에 존재했으며 13세기 전후까지도 줄곧 광범위하게 전수되어 사람들이 익혀왔다.

그는 또 말한다.

> 현재 구미의 의사들은 방중술을 의학의 한 부문으로 독립시켜, 부부가 자녀들을 데리고 반드시 읽어야 할 책으로 보고 있는데, 중국에서는 한대漢代 이래로 이미 그러했다. 다만 해외에서 그것을 아는 자가 드물 뿐이다.

그는 또한 과거 중국의 성학性學 고적이 상당히 높은 격조를 지닌 것에 대해 깊은 경의를 표하며 다음과 같이 지적했다.

> 내가 수집한 서적들은 『수진修眞』, 『기재旣齋』 두 종류 이외에는 거의가 화목한 집안의 실재를 다루고 있고 도덕을 해치는 비방은 없다고 할 수 있다. 고대 방중술 서적은 방탕한 것에 관계된 것이 아니라 오히려 위생적인 면에 부합되며, 또한 포학한 광기나 괴상한 행위도 없다. 따라서 중국에서는 사사로운 방중의 일이 애당초 숨길 필요가 없는 것이었으며, 이는 중화 문명의 영예라 할 수 있다.

중국 고대의 성 문화는 대체로 다음의 몇 가지 특징을 가진다.

첫째, 중국 고대의 성 문화는 당시의 정치, 경제 상황과 관계가 특히 밀접하여 정치·경제가 발전하면 따라서 발전하고, 쇠퇴하면 그에 따라 쇠퇴했다. 예를 들어 당대唐代에 중국 고대 성 문화가 공전의 번영시기를 누렸으나, 송 중기 이후부터는 중국의 봉건사회가 내리막길을 걷게 되면서 성 문화 역시 점점 보수적이고 폐쇄적으로 되기 시작해 유가의 금욕주의가 점차 성학의 발전을 제한했다. 이러한 현상은 700~800년 동안 중국인들을 괴롭혔다.

둘째, 중국 고대의 성 문화는 강한 융합력을 가지고 있다. 당대唐代

는 정치·경제가 공전의 번영을 이룬 때로 각 방면에서 진보적이고 개방적인 정책이 실행되었으며, 학술·종교·예술 방면에서도 이질적인 점들을 포용해 문화적으로 백화제방百花齊放의 다채롭고 찬란한 시기였다. 특히 당시에 중국은 다른 나라와의 무역과 외교적 왕래가 대단히 빈번해 문화 교류도 전에 없이 활발했으며, 중국 고유의 문화와 중앙아시아, 인도 및 기타 국가의 외래문화가 함께 융합되어 통일된 중국 문화를 이루어냈다. 이러한 문화는 강한 생명력과 융합력을 가지고 있어, 비록 이후 소수민족이 군사적으로 중원을 점령해 통치를 시행한 적은 있으나 성 문화를 포함한 중국 문화는 오히려 그들을 융화시키고 개조시켰다. 그리하여 그들의 성 도덕, 성 풍속, 성 제도를 어느 정도 문명화된 단계로 나아가도록 이끌었으니, 원대 몽고족의 통치 시기에도 그러했고 청대 만주족의 통치 시기에도 그러했다.

셋째, 고대 중국인들은 '중용의 도'를 제창했는데 이러한 태도 역시 성 문화의 여러 면에 스며들어 있다. 상대적으로 말하면 중국인은 함축적이고 우아한 태도로 성 문제를 대했으며 노골적으로 드러내지 않는 은근함을 추구했다. 중국에서는 어떤 시대건 간에 옛날 로마 시기와 같이 전 사회가 음란했던 시기는 존재하지 않았으며, 중세 유럽처럼 잔혹하게 동성애를 징벌하고 '마녀魔女'를 학살하는 현상도 나타난 적이 없다. 또한 온갖 변태적인 성 행위도 서양에 비해 훨씬 적다. 부부의 성생활에 있어 고대 중국인들은 '침상에 오르면 부부, 침상을 내려오면 손님'이라는 태도를 비교적 선호했고 부부가 종일토록 허물없이 경망스럽게 지내는 것은 좋지 않게 보았다. 창기와 어울린다 해도 성욕 발설은 둘째이고 많은 남성들은 기녀와 구속받지 않는 친구와 같은 관계를 갈망했다. 그들은 노래로 화답하며 어울렸으니 성관계를 꼭 가져야 하는 것은 아니었으며, 기녀와 어울리는 것은 종종 일종의 교제 수단이고 이러한 상황은 사대부 계층에서 특히 두드러졌다. 일부 고급 기녀들은 우선 높은 문화 예술적 소양을 갖추어 일반인들을 압도했으며 몸을 파는 것은 그 다음이었다.

넷째, 중국 고대 철학의 기본 이론인 '천인합일론天人合一論'은 중국 고대의 성학, 즉 방중술의 기초 이론이기도 하다. 옛사람들은 사람은 천지만물 중에 융화되는 존재이며 우주는 하늘과 땅, 해와 달, 낮과 밤, 추위와 더위, 정正과 부負, 음과 양으로 구성되어 있는데 남녀의 성 결합은 바로 우주의 이원적二元的 자연력이 상호작용하여 표현된 한 예로 사람은 거대한 우주세계의 기능과 대단히 흡사한 소우주이며, 또한 이 소우주와 대우주는 서로 감응한다고 생각했다. 『역경』에 "천지에 음양의 기운이 자욱하니 만물이 순화되어 자라고, 남녀가 결합하니 만물이 변화 생성한다. 사람은 천지를 이어받아 음양을 펼치니 혼인의 예를 치르는 것은 인륜을 중시하고 후사를 널리 잇는 것이다"라는 명언이 있다. 이 구절은 많은 문제를 설명해주는데 그중에 남녀의 성교와 천지간의 관계도 설명하고 있다.

다섯째, 고대 서양에서 사람들은 항상 종욕縱欲과 금욕禁欲의 양극단에서 배회하며 동요했으니 종욕으로 인해 과도적이고 기형적이기까지 한 쾌락을 추구한 반면, 한편으로는 금욕을 강조함으로써 성의 기능을 번식에만 국한시키고 나머지 행위는 부정하기도 했다. 그러나 고대 중국에서는 성의 쾌락 기능과 번식 기능 외에 성의 건강 기능도 상당히 강조했으니 이것이 소위 '방실양생房室養生'이다.

여섯째, 결혼과 가정을 공고히 지키고 자손을 번성케 하는 것이 부녀자의 정조와 밀접한 관련이 있다고 여겨 이를 극단적으로 중시했는데, 이것은 송대 중기 이후 더욱 두드러졌다. 고대 중국에서는 서양처럼 '동정'을 지켜 기독교로 귀화할 것을 주장하지는 않았으며 "남자는 크면 마땅히 장가가고, 여자는 크면 마땅히 시집간다"라고 여겼다.

그러나 여성은 반드시 일부종사―夫從事하여 남편 한 사람하고만 성관계를 맺어야 했고, 만약 남편이 죽어도 재가한다든지 기타 어떠한 이유로든 다른 남자와 성관계(사통, 유인강간, 폭행 등에 의해)를 맺는다면 모두 '평생의 치욕'이나 '황하에 뛰어들어도 씻을 수 없는 수치'로 여겨졌다. 또한 송대宋代 이래로 여자의 전족을 제창하기 시작하여 명·청대에 이르러서는 크게 성행하게 되었으니, 여자들은 심지어 자연 그대로의 발을 부끄럽게 여기게 되었다.

그런데 여기에는 결혼과 가정을 공고히 지키려는 의미가 포함되어 있다. 왜냐하면 여자들이 전족을 한 후 행동이 불편해져 집을 떠나 멀리 다닐 수 없게 되면서 집안에서 고분고분하게 남자의 시중을 들고 내실에 안주할 수밖에 없었기 때문이다. 동시에 전족한 세 치의 작은 발은 남자들의 노리갯감이 되어 '낮에는 감상하고 밤에는 어루만지기' 좋았으니 성적 도구로서의 역할을 더욱 훌륭히 해냈다. 중국 역사상 성 문제에 있어 3대 기현상이 있으니 하나는 여자의 매음이고, 또 하나는 환관의 거세이며, 나머지 하나는 여자의 전족이다. 앞의 두 가지는 많은 국가와 민족이 공유하는 것이지만 전족은 중국에만 있는 독특한 현상이다.

중국 고대의 성 문화는 오랫동안 사람들에게 주목받지 못했던 보고寶庫로, 다른 문화와 마찬가지로 그 가운데에는 버려야 할 부분도 있으나 흡수해야 할 귀중한 유산이 훨씬 많다.

성에 대한 숭배와 동시에 성에 대한 금기禁忌도 시작되었다. 생리적인 각도에서 본다면 남자는 성에 대한 금기가 없지만 여자는 그렇지 않다. 월경 시기를 비롯하여 임신기와 분만기는 여자들의 금기 시기이다. 그러므로 생리 보호의 필요에 의하여 여성들은 일반적으로 이와 같은 시기에 성생활을 회피하는 태도를 취하여 남성의 성적 도발이나 요구를 거절한다. 아울러 성행위를 비롯한 성과 관련된 모든 일에 대하여 본능에 가깝도록 반감과 혐오감을 갖게 되거나 냉담한 태도를 드러낸다. 그러나 남자는 이에 대하여 이해하고 받아들이기가 어렵다.

원시시대의 남자들은 대체로 모두 정력이 흘러넘쳐 성욕이 왕성했다. 아직 야만시대에 있었던 그들은 동물 상태를 벗어난 지 얼마 되지 않았으므로 몸에는 여전히 야성과 거친 기운이 적지 않게 남아 있었다. 그 모습은 훗날 문명시대 남자들의 우아하고 침착하며 온화하고 공손한 모습과는 전혀 달랐다. 그들의 평균수명도 매우 짧아 그들이 보기에 인생이란 순식간에 지나가버리는 것이었으므로 제때에 즐기지 않을 수가 없었다. 그들은 오랫동안 동물의 고기와 피를 날것으로 먹고 마셨으며 하루 종일 이리저리 뛰어다녔으므로 체격도 건장하고 힘도 넘쳤다. 따라서 발기불량인 경우는 거의 없었다. 게다가 그들은 생리와 위생에 대한 과학 지식도 없었으므로 여자들이 생리적으로 무슨 특징이 있는지 알지 못했다. 그런 까닭에 아무 것도 모르는 거친 남자들은 여자가 원하는지 원하지 않는지 상관하지 않고 덤벼들어 강제로 성관계를 갖는 일이 많았을 것이다. 원시시대에도 ‘강간사건’이 있었는지는 지금으로서는 확실히 알 수 없지만, 설사 강간을 하지 않는다고 하더라도 옆에 와서 건드리거나 귀찮게 군다면 그것만으로도 역겨운 일이었을 것이다.

이 같은 일에 대해 여자들은 대응할 방법을 찾아야 했을 것이다. 물론 체력적인 방법으로 대응할 수는 없었으므로 지혜를 짜내야만 했다. 성에 대한 금기는 바로 그러한 지혜의 산물이라고 할 수 있다. 금기는 문화인류학에서 '타부(taboo)'라고 한다. 이는 주로 신성하면서도 위험하거나 순결하면서도 불결한 일이나 사물에 적용된다. 이는 사람의 두려워하는 마음이 그 바탕에 깔려서 이루어졌으며, 사람의 두려움과 욕구, 공포와 현혹의 모순된 심리가 혼합된 것이다. 다시 말해서 일어나서는 안 될 유혹과 욕구가 생기는 것을 막기 위하여 공갈과 속임수를 동원한 결과인 셈이다.

예를 들면, 원시시대에는 월경 중인 여자들은 격리되었다. 피를 흘리기 때문이었다. 피를 흘린다는 것은 원시시대에는 대단히 무서운 일이었다. 그것은 바로 사망과 직결되었기 때문이다. 그런 까닭에 피를 흘리는 여자들은 저 혼자만 위험한 것이 아니라 다른 사람에게도 위협적인 존재로 여겨졌다. 그래서 이를 격리하고 보호하고 동시에 그 위협으로부터 방어하여야 했다. 이때 만약 어떤 남자가 월경의 피를 본다면 재수 없는 일이 되며, 더 나아가 성교를 한다면 신명神明을 범하는 일이 되었다. 이러한 것들이 바로 '금기'였다. 우리는 이러한 금기를 '생리적 금기'라고 불러도 좋을 것이다.

또 다른 한 가지 금기는 심리적인 것이다. 이런 금기는 여성의 성적인 선택에서 온 것이다. 원시시대에는 가정이라는 것이 없이 떼를 지어 생활했다. 부부라는 개념은 없었고 오직 성적인 짝만 있었을 뿐이다. 그때에는 남녀의 성관계가 대단히 자유스러웠다. 여자는 모든 남자를 다 남편으로 삼을 수 있었고, 남자도 모든 여자를 다 아내로 삼을 수 있었다. 한 남자가 오로지 하나의 성적 상대를 선택할 수도 있었고 수많은 여자를 상대할 수도 있었다. 마찬가지로 여자들도 오직 한 남자만을 성적 상대로 선택할 수도 있었고 수많은 남자와 성관계를 가질 수도 있었다. 쌍방이 서로 원하기만 한다면 사회는 이런 일에 대해서 어떠한 제재도 가하지 않았으며 다른 사람들도 전혀 개의치 않았다. 어차피 모두가 똑같은 조건이었기 때문이다.

그러나 자유스러웠다는 것이 결코 함부로 할 수 있었다는 뜻은 아니며, '음란'했다는 것은 더욱 아니다. 이때의 남녀관계는 한마디로 "제한은 없었으나 선택은 있었다"라고 말해야 할 것 같다. 그중에서도 결정적인 작용을 한 것은 성적인 선택이었다. 특히 남성 상대자에 대한 여성의 선택이 중요하였다.

유전학적 측면에서 볼 때 성적인 선택은 사람의 동물적인 조상으로부터 왔다고 할 수 있다. 다윈은 그의 명저『인류의 유래와 성적 선택』에서 많은 사실을 들어 설득력 있게 이를 증명하고 있다. 동물의 성관계에서 성적 선택은 극히 중요한 작용을 하며 대부분 암컷이 수컷을 선택한다고 하였다. 교배할 때가 되면 수컷들은 암컷의 관심을 끌기 위하여 온갖 방법을 다 동원하여 자기의 '매력'을 과시하려고 한다. 예를 들면, 자기의 힘을 자랑하기 위해 수컷끼리 서로 싸운다든가, 공작과 같이 깃털을 병풍 모양으로 치켜 올린다든가 하는 일들이다. 이러한 선발과정을 거쳐서 승리를 거둔 수컷들은 자기의 짝을 얻을 수 있으며, 경우에 따라서는 혼자서 수많은 암컷을 거느릴 수도 있게 된다. 반면에 패배한 수컷은 '총각 신세'를 면할 수 없거나 있던 짝도 잃어버려 '홀아비'로 지내는 수밖에 없다.

인류도 원시시대에는 이와 비슷한 상황이었을 것이다. 그때는 기본적으로 성적 대상을 각자가 선택하였으며, 그것도 대부분 여성이 남성을 선택하였다. 독일의 인류학자 그로세는 『예술의 기원』이라는 책에서 "원시시대의 인류는 고등동물에서와 마찬가지로 노처녀가 없었다"라고 하였다. 여자는 최악의 경우 다른 자매와 한 남자를 공유할 수도 있었으므로 성적인 상대를 구하지 못할 염려는 없었다. 반면에 남자는 운이 좋지 않으면 계속 허탕을 쳤다. 그런 까닭에 원시시대의 남자들은 동물 중의 수컷과 마찬가지로 자신의 치장에 특별히 신경을 썼다. 물론 자기의 행동거지에 대해서도 더욱 주의를 기울였다. 그들은 여자들의 호감을 사기 위하여 두 가지 방면에서 남성적인 매력을 발휘하려고 애썼다. 하나는 남보다 뛰어난 춤 솜씨를 갖추는 것이며, 다른 하나는 적의 목을 베어오는 것이었다. 이 두 가지는 바로 동물 사회에서 가장 본능적으로 이루어지고 있는 것이다. 앞의 것은 공작이 깃털을 병풍처럼 펼치는 것에 해당하고 뒤의 것은 수탉이 서로 싸우는 것에 해당한다. 하나는 아름다움을 뽐내기 위한 것이고 하나는 용감함을 자랑하기 위한 것이다. 그리고 이러한 경쟁 과정에서 가장 권위 있는 심판은 바로 여자였다.

이런 관습은 여자들로 하여금 한동안 의기양양하도록 만들었다. 너무나 의기양양한 나머지 여자들에게는 일종의 자율적인 절제가 생기게 되었다. 즉 자신의 성욕을 억제함으로써 모든 남자를 다 성적 상대로 삼는 것에서 한 사람만을 사랑하는 쪽으로 바뀌게 되었던 것이다. 이것은 어떻게 보면 대단히 자연스러운 과정일지도 모른다. 많은 남자와 접촉이 있은 다음에 여자들은 그중에서 특별히 한 사람에게만 끌리게 되고, 그러다 보면 그 사람만을 성적 상대로 삼고 싶은 마음이 생기게 되었을 것이다. 그렇게 되면 그때부터 그녀의 마음과 몸은 그 하나의 대상만을 향해 열리게 되어 아무에게나 함부로 두 팔을 벌리는 일은 생기지 않았을 것이다.

반면에 다른 남자들이 성가시게 굴거나 짓궂은 짓을 하는 것을 보면 혐오감이 생겨 성적으로 냉담한 반응을 나타냈을 것이다. 이때 그녀는 자기의 성기가 대단히 신성하고 고귀한 것이라고 느끼게 되었을 것이다. 그렇기 때문에 반드시 이를 보호하여 다른 남자가 함부로 범하는 것을 허락하지 않을 뿐 아니라 남의 눈에 보이지 않도록 가려야 했다. 이는 여성이 자기의 성기와 성적 특징에 대하여 자연적으로 가지게 된 일종의 금기였다. 그것은 심리적인 금기로서 우리는 이를 '원시 정절'이라고 불러도 좋을 것이다.

'원시 정절'은 여성의 자각적인 행위로서 '자아억제'를 통하여 자기보호와 자아완벽을 실현하려는 것이다. 이와 동시에 이때의 인류는 집단혼과 잡교雜交가 종족과 사회에 해가 된다는 사실을 발견하고 이를 절제하고 규범화할 필요가 있다는 사실을 발견했을 것이다. 바로 이때 주동적인 위치에 있던 여성들이 솔선하여 모범을 보이고 질서를 세웠으므로 대단히 훌륭한 일이었다고 할 수 있다.

여성의 이러한 '문호폐쇄 정책'에 대하여 남자는 환영하지 않았을 뿐만 아니라 반기를 들었던 것 같다. 엥겔스는 『가족·사유재산 및 국가의 기원』에서 "남자는 과거에는 물론이고 오늘날에 이르기까지도 사실적인 집단혼의 편리함을 포기할 생각을 해본 적이 없다"라고 하였다. 어쩌면 바로 이때에 강간이라는 것도 생겨나기 시작했을지 모른다.

현대를 막론하고 강간은 언제나 여자의 정절에 대한 심각한 파괴행위이다. 그러므로 우리는 인류 최초의 강간 사건은 틀림없이 여성의 정절 관념이 세워진 다음에 발생했으며, 여성이 정절을 지켜야 되겠다고 결심한 이후에는 또한 강간 사건이 빈번하게 일어났다고 말할 수 있다.

원시 정절은 비록 여성이 한 남성만을 사랑하게 된 심리적인 이유에서 비롯되었지만, 형식적으로는 여성이 자기의 성기를 소중히 하고 이를 보호하려는 행위로 표현되었다. 그리고 자기의 성기를 소중히 하고 보호하는 이러한 행위가 가능하려면 반드시 사회적인 환경과 문화적인 배경이 있어야 하는데, 여성 생식기의 숭배가 바로 이러한 문화적인 바탕을 마련하였다. 여성의 성기가 신성하게 여겨져 각별하게 숭배될 때 그것은 당연히 쉽게 범할 수 없는 것이 된다. 그러므로 여성 생식기의 숭배는 바로 여성의 존엄성에 대한 보호막이 되었을 뿐 아니라, 여성의 정절을 지켜주는 막강한 지원자가 되었던 것이다. 같은 이치로 이러한 정절을 파괴하기 위해서는 남성 생식기도 제단 위에 올려서 여성 생식기와 동등한 지위를 갖게 하는 수밖에 없었다.

그리하여 원시시대의 신성한 제단 위에는 새로운 상황이 전개되었다. 남근이 등장하자 이와 거의 때를 같이 하여 폭력과 사악함이 가득하게 되었다. 결국 한 차례의 투쟁을 거친 끝에 남자들은 여자가 정절을 지킬 필요가 있다는 사실을 대단히 즐거운 마음으로 인정하였다. 그리고 여자들은 어쩔 수 없이 정절의 권리를 내놓게 되었다. 바꾸어 말하면 후세의 사회에서 정절을 지키는 것은 더 이상 여자의 권리가 아니라 여자의 의무가 되었던 것이다. 여자는 정절을 지킬 수 있을 뿐만 아니라 반드시 정절을 지켜야만 했다. 그러나 그것은 자기를 위해서가 아니라 남자를 위해서였다.

이는 언뜻 보면 대단히 모순된 것 같다. 당초 남자에게는 일종의 자연적인 '집단혼 경향'이 있어서 여자가 정절을 지키는 것을 반대하였기 때문이다. 그러나 처음에는 그러하였지만 나중에는 남자들의 생각도 바뀌었다.

그 까닭은 매우 간단하다. 즉 남자는 '집단혼 경향'만 있는 것이 아니라 '질투 심리'도 있었기 때문이다. 엥겔스는 『가족·사유재산 및 국가의 기원』에서 '수컷의 질투'에 대하여 여러 차례 언급하였다. 이러한 질투는 그들로 하여금 자기의 여자가 다른 남자와 성적인 관계를 갖는 것을 용인하지 못하도록 하였다. 그런데 여성이 정절을 지킨다는 것은 바로 이 같은 심리를 만족시켜줄 수 있었던 것이다.

실제로 불과 얼마 전까지만 해도 성에 대한 남자의 심리는 여전히 아주 모순된 것이었다. 그들은 자기의 여자가 정조를 굳게 지키기를 바라면서도 다른 여자는 모두 창부이기를 원했다. 『전국책戰國策』에는 다음과 같은 이야기가 실려 있다. 초楚나라의 어떤 사람이 두 아내를 거느리고 있었다. 그녀들이 예뻤으므로 어느 남자가 여러 가지 수단을 동원하여 이들을 유혹했다. 그러자 첫째 아내는 단호하게 거절하였으나 젊은 아내는 넘어가고 말았다. 얼마 뒤 그 남편이 죽었다. 그때 그 아내들을 유혹했던 남자에게 친구가 물었다. "자네가 좋아했던 그 두 여자가 이제는 모두 자유의 몸이 되었네. 자네는 그중에서 첫째 여자를 아내로 맞아들이겠나? 아니면 둘째 여자를 맞아들이겠나?" 그 남자가 대답했다. "첫째 여자를 맞아들이겠네." 친구가 다시 물었다. "첫째 여자는 자네의 청을 거절했고 둘째 여자는 받아들였는데 어찌하여 첫째 여자를 원한다고 하는가?" 그러자 그 남자가 웃으면서 말했다. "처음에는 그녀들이 다른 사람의 아내였기 때문에 나의 청을 받아들이기만을 갈망하였지만, 나의 아내가 된 뒤에는 나를 위해 다른 남자를 거절할 수 있어야 하지 않겠는가!"

이러한 심리는 대단히 이기적인 것이지만 안타깝게도 그것은 사유재산 제도와 서로 맞아떨어진다. 사유재산 제도에서 여자는 토지나 가축 등과 마찬가지로 모두 남자의 소유물이었다. 게다가 사유재산 제도에 질투심까지 더한다면 세상에 생겨나지 않을 비극은 하나도 없게 되는 것이다. 이리하여 당초 자기의 순결한 애정이 침해당하는 것을 막기 위하여 여성 자신에 의해서 완성된 정절의 관념이 오히려 여성 스스로를 옭아매는 굴레가 되었다. 반면에 남자는 축첩과 기방 출입 등의 방식으로 자기들의 집단혼 경향을 위한 욕심을 채울 수 있었으니, 처음과 비교하면 너무나 불공평한 결과가 되고 말았다.

남녀유별의
역사

　번거롭고 복잡한 종법제도宗法制度의 핵심은 종족을 보존하고자 하는 것이고, 그 관건은 오직 적장자에게 혈통을 잇게 하는 데에 있다. 적장자 상속제도가 확립되면서 혈통이 이어지고 종족도 보존될 수 있었다. 종법제도 사회에서는 적장자를 세우는 것이 무엇보다도 중요한 일이었다.

　종족 혈통의 정통을 잇는 후계자를 '적嫡'이라고 한 것은 정실의 아내를 '적'이라고 일컫는 것과 마찬가지로 그 지위가 아버지에 필적한다는 의미가 내포되어 있다. 고대의 예법에서는 종족 혈통의 정통 후계자인 적장자가 죽으면 그 장례가 가장 후하게 치러졌다. 이때는 그 아버지조차도 가장 고급의 상복을 입어야 했다. 이는 적장자의 지위가 아버지에 필적한다는 증거이다.

　적장자의 고귀한 신분은 그 어머니의 지위에서 나온다. 즉 그 어머니가 정실부인이어야 하는 것이다. 그런데 만약 이 정실부인의 아들이 남편과의 합법적인 관계에 의한 혈통이 아니고 혼전에 다른 남자와 사통하여 낳은 사생아라면 문제는 완전히 달라진다. 그런 경우에는 적장자가 될 수 없을 뿐만 아니라 가문에서 쫓겨나거나 심지어 죽음을 당하기도 했다.

상고시대에는 신혼의 아내가 처녀인지 아닌지 하는 문제는 그렇게 중요하지 않았다. 게다가 당시는 성적인 관계가 비교적 자유로웠으므로 이른바 '야합野合'하는 일이 수시로 발생했다. 그래서 많은 신부가 출가하기 전에 이미 많은 남자와 성적 접촉을 가지거나 임신을 했을 가능성이 많았다. 뱃속의 아이가 어떤 남자의 아이인지 근본적으로 알 수 없는 경우도 많았다. 내력이 불분명한 아이는 자기의 자식으로 인정하지 않고, 경우에 따라서는 아이를 밖에 내다버렸다. 이런 방법은 '아들을 버린다'는 뜻으로 '기자棄子'라고 하였다.

'기자'는 상고시대에 유행하던 풍습이었다. 기자 이외에 또 야만적인 풍습이 하나 있었는데 바로 '살수자殺首子'라는 것이다. 이름 그대로 남자가 혼인한 뒤에 아내나 첩이 낳은 자식을 막론하고 가장 처음 낳은 자식은 모조리 죽여 버리는 것이다. 고대 월越나라 동쪽의 어떤 부락에서는 심지어 처음 낳은 자식은 먹어버리는 풍습까지 있었다고 한다. 이러한 풍습이 생기게 된 원인은 간단하다. 즉 갓 시집온 아내나 첩이 대부분 혼전에 다른 남자와 성적 접촉이 있었을 것이므로 처음으로 임신한 아이가 누구의 아이인지 그 내력이 불분명한 경우가 많았기 때문이다. 물론 남편의 아이일 수도 있겠지만 남의 아이일 수도 있었다. 그래서 혹시라도 혈통이 문란해지는 일이 생기는 것을 막기 위하여 차라리 모두 죽여 버리는 잔인한 방법을 썼다.

'기자'와 '살수자'는 잔인하기 짝이 없는 비인도적인 방법이다. 이러한 방법들은 결국에는 사람들로부터 반감을 사게 된다. 뿐만 아니라 '하늘의 뜻'에도 맞지 않는다. 그래서 기자의 전설 속에는 또 신이 그 아이들을 보호했다는 내용이 들어가게 되었는지도 모른다. 사실 하늘의 뜻이란 바로 민심이며 신화도 사람의 마음이 반영되어 이루어진 것이다. 그리하여 하늘의 뜻이 바로 민심이라는 사실을 잘 알고 있던 주周나라 사람들이 이 같은 엄청난 결과를 초래하는 나쁜 풍습들을 그대로 내버려둘 수는 없었다.

종법제도에서 중시하는 것은 바로 적장자가 아니던가? 그런데 만약 아내가 낳은 첫째 아들이 자기의 혈통인지 아닌지도 불명확한 상태에서 이를 버리거나 죽여 버린다면 이는 바로 제 손으로 적장자를 없애는 일이 된다. 따라서 이런 풍습은 그대로 남겨두어서는 안 되는 것이었다.

한편으로는 적장자의 혈통이 깨끗한지 여부도 중요한 문제였다. 어느 면에서 그것은 아들을 버리거나 죽이는 일을 금하는 것보다 더 중요한 문제였다고 할 수 있다. 아들을 버리거나 죽이는 경우에 제 아들을 잘못 버리거나 죽이게 되는 수도 있겠지만, 버리거나 죽이지 않는다면 남의 씨를 자기의 씨로 받아들이는 것이니 버리거나 죽이는 것이 나을지도 모른다. 잘못 버리거나 죽이든 다시 낳을 수는 있지만 잘못 인정한 뒤에는 영원히 돌이킬 수 없게 되기 때문이다.

이렇게 되면 가장 좋은 방법은 오로지 그 근본부터 깨끗하게 하는 것뿐이다. 다시 말해서 혼전과 혼외의 성적 접촉을 일절 금하는 것이다. 그러면 혈통 보전이 안전하고 믿을 수 있게 되며 무고한 생명을 함부로 죽이는 일도 없게 될 것이다. 만약 신혼 때까지 모두가 동정을 유지할 수 있게 된다면 첫째 아이를 낳은 뒤에도 아무런 문제가 생기지 않을 것이다.

　　그러나 이 일이 말과 같이 그렇게 쉽게 실행될 수 있는 것은 아니었다. 혼전의 청춘남녀가 서로 접촉하게 되면 성적 유혹을 뿌리치기가 어려울 뿐만 아니라 당시의 일반적인 풍습이 그것을 대수롭지 않게 여겨 야합하는 일이 예사로 일어났기 때문이다. 『사기』에 의하면 공자孔子조차도 그 아버지 숙량흘叔梁紇이 어머니 안씨顏氏와 야합하여 낳은 자식이라고 되어 있으니 문제가 그렇게 간단하지 않았을 것 같다.

　　야합의 풍습은 상고시대 집단혼 제도의 흔적일 가능성이 많다. 주나라 때까지는 이 집단혼의 흔적이 풍습으로 남아 있다. 당시에는 봄이 되면 모든 남녀가 봄빛이 무르익은 들로 나가 자유롭게 연애를 하고 서로 정을 통할 수 있었다. 그때의 사회와 정부가 이를 허용하였던 것이다. 그중에는 물론 처녀 총각도 있었겠지만 기혼의 남녀도 있었을 것이다. 이런 상황에서는 처녀 총각의 순결성이 믿을 수 없게 될 뿐만 아니라 기혼의 남녀가 야합하는 일도 막기 어려웠을 것이다. 그러므로 적장자가 과연 자기의 혈통을 이어받았는지에 대해서 여전히 의심하지 않을 수 없게 된다.

　　이에 종법제도의 설계자들과 옹호자들은 부득이 한 가지 강력한 방법을 생각해내게 되었다. 그 방법은 바로 남자와 여자를 엄격하게 구분하여 격리하는 것이었다. 그리하여 남녀가 내왕하거나 접촉하지 못하게 하고, 심지어는 얼굴도 마주치지 못하게 하였다. 다시 말해서 그들이 성적 접촉을 할 수 있는 기회를 원천적으로 봉쇄해버렸던 것이다. 이것이 바로 이른바 '남녀유별男女有別'의 확립이었다.

　　『예기禮記』의 「곡례曲禮」 편에는 다음과 같은 상세한 규정이 실려 있다.

한 집안 식구라도 남자와 여자는 뒤섞여 앉을 수 없으며, 같은 옷걸이에 옷을 걸어서도 안 된다. 같은 수건과 빗을 사용하여서도 안 되며, 직접 물건을 주고받아서도 안 된다. 시동생과 형수는 말을 주고받을 수 없다. 아버지의 첩으로 하여금 자기의 옷을 빨게 해서도 안 된다. 서로 다른 집안의 남녀는 중매자가 중매를 하기 전에는 서로 이름을 알아서도 안 된다. 여자는 양가의 혼인을 약속한 뒤에도 출가하기 전까지는 특별한 일이 없으면 남편 될 사람의 집에 가서는 안 된다. 시집간 여자가 친정에 다니러 왔을 때에도 남자 형제들과 한 솥의 밥을 먹어서는 안 된다.

이런 모든 규정은 "남녀는 주고받는 것을 직접 해서는 안 된다[男女授受不親]"는 『맹자』의 한 마디로 요약될 수 있을 것이다.

이와 같은 규정은 오늘날의 관점에서 보면 너무 지나쳤다고 하지 않을 수 없다. 남녀가 신체는 물론이고 눈빛도 마주치지 못하게 하고 말도 못하게 했을 뿐만 아니라 수건이나 옷걸이를 함께 사용하는 것조차도 금지한 것은 정말로 신경과민에 가까웠다고 해야 할 것이다. 그러므로 이런 규정이 실생활에서 그대로 시행되면 그 불편함은 이루 다 말할 수 없을 것이며, 경우에 따라서는 위험한 일도 생길 수 있을 것이다. 그래서 어떤 사람이 맹자에게 이렇게 물었다. "남녀가 주고받는 것을 직접 하지 않는 것이 예법이라면 형수가 물에 빠졌을 때에도 손을 내밀어 구해주어서는 안 됩니까?" 이에 대해 맹자는 다음과 같이 대답했다. "형수가 물에 빠져 곧 죽게 되었는데도 손을 내밀어 구해주지 않는다면 이는 짐승과 다름없다. 그러므로 이때 손을 내미는 것은 특수한 상황에서의 임기응변이라고 할 수 있다." 맹자가 다행히 이 정도의 말이라도 했기에 망정이지 그렇지 않았더라면 그동안 얼마나 많은 여자가 구원을 받지 못하고 죽어갔을지 모를 일이다.

맹자의 임기응변을 통한 양해가 있었음에도 불구하고 '남녀유별'이라는 도덕 관념의 희생자가 된 사람들은 수없이 많았다. 원나라 때에 마馬씨 성을 가진 한 과부가 가슴에 종기가 생겨 치료하지 않으면 생명을 잃게 되는 위급한 상황이 되었다. 사람들은 그녀에게 의사를 찾아가 보라고 권했다. 그때 그녀는 자기가 양楊씨 집안의 며느리로서 차라리 죽을지언정 외간남자에게 자기의 가슴을 보여주지는 않겠다고 고집을 부렸다. 그녀는 결국 치료를 받지 않고 죽었다. 물론 그녀가 죽은 다음에 조정에서는 '절부節婦'라는 칭호와 함께 비석을 세워주었으며 사서에 그 행적을 기록하였다. 당초에 이 예법을 제정한 사람들이 이 소식을 듣는다면 과연 어떤 생각을 할 것인가!

이러한 '남녀유별'의 예법은 의지가 약한 사람들에게는 상당한 효과가 있었다는 점을 인정하지 않을 수 없다. 한 쌍의 남녀가 성적 접촉을 하게 된다는 것은 그렇게 쉬운 일이 아니다. 먼저 서로 만나야 상대에게 성적으로 이끌리게 될 것이다. 성적으로 이끌린 다음에는 또 상대를 유혹하고 이어서 피부 접촉이 생겨야 하며, 마지막으로 비로소 본격적인 성적 접촉으로 들어가게 된다. 그런데 만약 남자와 여자를 아예 만나지도 못하고 말도 못하게 한다면 신체적인 접촉이 있을 수가 없을 것이니 문제가 생길 수도 없을 것이다. 이와 같은 예방조치는 그야말로 그 근원을 막고 뿌리를 잘라버리는 방법으로서 일이 벌어진 뒤에야 추궁하고 징벌을 가하는 것보다 훨씬 현명하다고 할 수 있을지도 모른다.

그래서 역대의 통치자들을 비롯해서 도학자들이나 선량한 대중들까지도 '남녀유별'의 예법을 대단히 중시했다. 그 결과 전통규정을 엄격히 실행하려고 한 것은 물론이고, 나중에는 한술 더 떠서 여러 가지 항목을 새로 추가하기도 했다. 그중에 같은 변소나 욕실을 사용하지 못하게 한 항목도 있다. '남녀가 주고받는 것을 직접 하지 않는다'는 관념은 중국 사람들의 가슴속에 깊이 박혀 오랜 전통으로 전해져 왔다.

전체적으로 볼 때 이는 남녀관계가 야만 상태에서 문명 상태로 나아간 과정이라고 할 수 있으며, 또한 인류의 자연적인 속성을 억압하여가는 과정이라고 할 수 있다. 이 점은 별로 이상할 것도 없다. 문명이란 원래가 야만성을 진압해나간 결과이기 때문이다. 이 진압의 과정에서 두 가지 바람직하지 않은 결과가 나타난다. 한 가지는 야만성을 진압하는 과정에서 소중한 것까지 동시에 파괴되었다는 점이다. 이를테면 열정적이고 자유분방하던 원시시대 남녀관계의 활력이 그 엄격한규제와 함께 사라져버린 것이다. 또 한 가지는 진압에 대한 반항으로또 다른 비문명적인 것이 생겨났으니, 이를테면 매음賣淫과 동성연애가 그것이다.

성 억압과
성 착취

중국 역사를 비롯해 인류 역사에서 제왕과 귀족의 음란함은 끊이지 않았다. 이는 인류의 성 문화 역사에서 가장 황당하고 어두운 단면이다.

후대 사람들은 제왕과 귀족이 이렇게 주색에 빠져 방탕한 생활을 했던 원인을 대부분 개인의 도덕성에서 찾곤 한다. 그러나 이것은 역사적·사회적·문화적·심리적 근원을 가지고 있다.

억압과 착취가 없는 원시공유제 사회가 사유제 사회로 접어드는 것은 전 인류 사회 발전의 공통된 법칙이다. 사유제 사회의 형성은 인류 역사상 거대한 일대변혁이었다. 역사(문자로 기록된 역사)시대가 시작되었고, 일부일처제가 성립되었으며, 사유재산이 대량 출현했다. 이와 함께 생겨난 억압과 착취는 각종 사회관계의 근본을 이루게 된다. 남자는 여자를, 통치자는 수많은 백성을 억압하고 착취하게 된다.

무엇을 억압하고 착취했는가? 과거 사람들은 모두 잉여노동이라고 생각했다. 이러한 인식은 당연히 옳은 것이며, 잉여노동 착취는 물리적 부를 약탈해 마음껏 쓰고 즐기려는 데 있다. 억압과 착취의 주요 내용은 인간의 두 가지 본능적 욕구에서 나온다. '먹는 것'으로 대표되는 물질적 욕구와 '색色', 즉 성욕이다. 인간은 이 두 가지 욕구를 충족하려 하고, 욕구의 수준을 끊임없이 높이려 한다. 어떤 사람은 이를 타인에 대한 강압과 상해라는 토대 위에서 끝없이 광적으로 추구하는데, 이것이 바로 억압과 착취이다.

사유제 사회에서는 소수가 생산수단을 점유하고 있기 때문에, 타인에게 억압과 착취를 행할 수 있었다. 그들은 경제력을 바탕으로 정치력을 세우고, 자신이 하고자 하는 바를 마음대로 할 수 있었다. 인류의 성행위는 군혼과 잡교에서 일부일처제로 발전하며 수많은 도덕규범과 법의 제한을 받아왔다. 남자가 여자를 통치하는 조건 아래에서, 남자는 여자를 노리개이자 수단으로 간주하여 잡교를 실행하고자 했으나, 많은 제한으로 원하는 대로 할 수 없었다. 그러나 제왕은 그렇지 않았다. "하늘 아래, 왕의 땅이 아닌 것이 없고, 모든 땅에 왕의 신하가 아닌 이가 없다"는 말처럼, 그들은 어떠한 제한도 받지 않고 조금의 거리낌도 없이 자신이 하고 싶은 모든 것을 행했다. 제왕은 두 가지 본능적 욕구를 상상을 초월할 만큼 기형적으로 확대하고 발전시켰다.

통치자의 성 억압과 성 착취는 주로 시비侍婢나 첩을 두루 거느리고, 널리 미인을 구해 소수의 사람들에게 향락을 제공하는 데서 나타난다. 동시에 대단히 잔인하고 우매한 방법으로 이 여인들에게 상처를 주고 우롱한다.

역사의 기록에 의하면, 이러한 예의 전형적인 인물로 우선 하夏의 걸왕桀王과 상商의 주왕紂王을 들 수 있다. 하의 걸왕 때부터 궁중에는 여악女樂(궁중에서 연회를 베풀 때 악기를 타고 노래 부르고 춤추는 일을 하는 기녀)과 여자 배우가 3만 명이나 있었다고 한다. 이에 대해 "옛날 걸왕 때에는 여악이 3만이나 되었는데, 새벽부터 주악 소리로 궁궐 문 앞이 시끄러웠고 큰 삼거리 밖에서도 그 소리를 들을 수 있었다"라는 기록이 있다. 하의 걸왕은 또 고기로 산을 만들고 육포로 숲을 이루게 했고, 배가 다닐 수 있는 술 연못을 만들고, 땅은 파서 야궁夜宮을 만들어 남녀를 섞어 놓았다.

걸왕과 주왕의 황음무도함은 물질적 쾌락과 성적 쾌락이 기형적으로 확대된 것이다. 그들은 성적 쾌락을 만족하기 위해 수많은 여자를 욕보였지만 가끔은 총애하는 대상도 하나씩 있었다. 걸왕의 말희妹喜, 주왕의 달기妲己, 주周 유왕幽王의 포사褒姒, 한漢 성제成帝의 비연飛嚥, 합덕合德 등이 그들이다. 이러한 소수의 총애받는 여인들은 출신 성분과 관계없이 실제로 이미 통치계급에 속하여 제왕의 황음무도함과 포악성에 부채질을 하였다. 예를 들어, 상의 주왕은 달기의 환심을 얻기 위해 무고한 사람을 멋대로 죽였고, 산 사람의 인체를 실험대상으로 삼기도 했다. 주 유왕은 포사의 웃음을 얻기 위해 봉화대에 불을 올리는 극단적인 황당함을 보였다. 이 여인들은 국가의 운명이 흔들릴 정도로 제후들을 농락해 신임을 잃더니 결국 모든 인심까지 잃었다. 후세에는 이 모든 책임을 이 여인들에게 돌리고, 그들을 '화근', '요사한 귀신', '만악의 근원'으로 여겼다. 『봉신방封神榜』, 『소양취사昭陽趣史』같은 소설에서는 달기를 여우의 정령이 태반에 들어간 것이라고 했고, 조비연과 조합덕은 제비의 정령과 암여우의 화신이라고 했다. 물론 이처럼 모든 책임을 여자에게 돌리는 것은 불공평한 일이며 실제 역사와도 맞지 않는다. 통치계급에 포함된 여자들은, 한편으로는 착취자로서 수많은 백성들을 착취하는 데 참여했는가 하면, 또 한편으로는 황제의 노리개이자 피착취자였으므로, 황음무도한 근본 원인은 제왕에게 있었다. 하지만 더 깊게 들어가면 그 근원 역시 제왕 개인도 아닌 바로 착취제도 전반에 있다고 할 수 있다.

상나라의 주왕이 "술로 연못을 만들고, 고기를 걸어 놓아 숲을 만들고, 남녀가 나체로 그 속에서 어울려 놀았다"라고 하였는데 남녀가 서로 실오라기 하나 걸치지 않고 뛰어다니며 놀았다는 이 음란한 놀이는 후대의 제왕과 귀족에게도 크게 성행하였다.

『송서宋書』에 기록된 것을 보면, 황제에서 폐위된 유자업劉子業(464~465: 재위기간)은 일찍이 죽림당竹林堂에서 오락을 즐겼으며, 궁녀에게 나체로 춤을 추게 하고 서로 어울려 놀라고 했다. 또 송宋의 명제明帝(465~472: 재위기간) 유욱劉彧은 항상 심궁深宮에서 연회를 열어, 비빈 중에서 아름다운 이를 골라 강제로 옷을 벗게 하고, 흉한 모습을 연기하도록 하며 기뻐했다. 명대 왕汪씨가 증간한『열녀전烈女傳』7권의 기록에 의하면, 송 명제가 한 번은 궁중에서 크게 연회를 열고, 궁녀에게 옷을 벗고 춤을 추라고 했다. 황후가 부채로 얼굴을 가린 채 몸을 돌리고 보지 않았다. 명제는 화가 나서 "이토록 멋진 공연을 그대는 왜 보지 않는가?"고 물었다. 황후는 "천하에 즐거운 일이 대단히 많다지만, 어찌 아녀자의 면전에서 이런 것을 봅니까?"라고 대답했다. 명제는 화가 나서 황후를 쫓아버렸다.

『진서陳書』에 의하면, 진陳나라의 후주後主 숙보叔寶(582~589: 재위기간) 역시 나체 춤 감상을 좋아했다. "후주 숙보는 주색을 좋아해 장귀비張貴妃와 공귀인孔貴人 이하의 아름다운 부인 천여 명과 함께 동이 틀 때까지 술을 마시며 즐겼고, 또 궁녀가 나체로 춤추는 것을 좋아했다"라고 한다.

그러나 여자의 나체 춤을 보는 것만으로 통치자의 음란한 욕구를 완전히 만족시킬 수는 없었다. 북송北宋의 인종仁宗(1022~1063: 재위기간) 조정趙禎은 일찍이 원소절에 선덕문宣德門에서 각종 예인들을 궁 안으로 불러들여 공연토록 했는데, 그중에는 '여인들이 나체로 서로 싸우기' 같은 씨름도 있다. 당시 재상 사마광司馬光은 "청컨대, 나체로 아녀자들이 씨름하며 노는 것은 그만 하십시오"라고 상소를 올렸다.

당대唐代의 목종穆宗(820~824: 재위기간) 이항李恒 역시 천성이 음탕하고 사치스럽고 주색을 탐닉했던 황제였다. 그는 일찍이 특별한 구상을 하며 비빈과 궁녀들의 옷에 음탕하고 농염한 시구를 수놓게 했는데, 이를 일컬어 '운의'라 했다. 이 여인들과 함께할 때 한편으로는 성관계를 맺으며, 또 한편으로는 이 시문을 읊으며 흥을 돋우었다.

또 오대십국 때 민국閩國의 혜종왕惠宗王(926~935: 재위기간) 연균延鈞은 금박으로 아홉 마리 용을 수놓은 안이 훤히 비치는 휘장 안에서 진금봉陳金鳳 황후皇后와 성생활을 할 때, 휘장의 네 귀퉁이에 네 개의 관등을 걸어 휘장 안을 환하게 밝혀서 궁녀와 태감에게 휘장 밖에서 지켜보도록 했다. 때로는 궁녀에게 성행위 때 황후가 내는 신음소리를 모방하게 해, 황후가 한 번 신음소리를 내면 궁녀들도 한 번 내는 등 '대합창'을 시킬 정도로 변태였다.

『금사金史』의 기록을 보면, 금金나라의 황위에서 폐위된 해릉왕海陵王(1149~1161: 재위기간)도 이와 유사한 포악한 방법을 썼다. "혜릉왕이 여인들에게 은혜를 내릴 때마다 반드시 음악을 연주하게 했고, 때로는 휘장을 걷고 그 앞에서 음담패설을 하도록 했다. 일찍이 처녀를 강간하는데, 처녀가 반항하자 원비元妃와 비빈들을 시켜 처녀의 손과 발을 붙잡게 하고 강간했다. 때로는 비빈을 줄지어 앉혀 놓고 처녀와 간음하는 장면을 보게 하고, 또 때로는 사람을 시켜 그 음란한 장면을 흉내 내게 하고는 웃고 즐겼다"고 한다.

만약 정사正史의 기록이 아니었다면 실로 믿을 수 없는 일들이다. 역사상 이렇게 짐승만도 못한 황제들이 있었다. 통치자에 의해 노리개가 되고 능욕을 당한 여인들은 생각보다 훨씬 많았다.

하나라의 걸왕은 여악 3만 명을 두었는데, 하의 총인구는 1,300여만 명에 불과했다. 여자가 총인구의 절반이고, 적령기의 여자들이 전체 여자의 1/5이라면, 여악 3만 명은 여성 인구 중에 얼마나 많은 비율을 차지한 것인가?

츈추전국시대 때 초楚나라 장왕莊王은 성색을 지나치게 추구하여, 왼쪽에는 진秦나라의 미인을 안고 오른쪽에는 월越나라의 여인을 안고 있었다. 제齊나라 경공敬恭이 정권을 잡았을 때는 왼쪽에는 창기를, 오른쪽에는 배우를 끼고 있었다. 위왕魏王이 잔치를 열 때는 초楚나라의 미인이 앞에서 춤을 추고, 오吳나라의 여인이 뒤에서 노래를 하고 월나라의 여인이 왼쪽에서 거문고를 뜯고, 진땅의 미인이 오른쪽에서 쟁을 탔다. 그 작고 작은 오나라도 오왕吳王 부차夫差의 후궁으로 '궁기宮妓 수천 명'이 있었다.

진시황秦始皇은 중국을 통일한 후 6개국에서 약탈한 1만여 명의 궁인, 여악들을 자기 것으로 만들었는데, 여자 창우倡優가 모두 수만 명에 달하고, 음악소리가 울려 퍼지고 방탕함이 끝이 없었다. 『삼보구사三輔舊事』 역시 "진시황은 …… 중외전中外殿에서 145명을 관망하고, 후궁에 1만여 명을 늘어서게 했는데, 그 기상이 하늘을 찔렀다"라고 했다. 진시황은 중국을 통일한 지 11년 만에 죽었다.

각 왕조의 제왕은 궁 안에서 음란과 쾌락을 제공하는 수많은 여인들을 거느렸는데, 적게는 수천 명, 많게는 수만 명이었다. 당대의 궁녀 수는 봉건사회의 절정에 이르는 듯하다.

일찍이 두보杜甫의 "전 황제의 시녀가 8천 명"이라는 시구가 있고, 백거이白居易도 역시 "후궁으로 아리따운 여인 3천 명"이라고 한 시가 있다. 그러나 실제로 당대 궁정의 여성들은 이 수치를 상당히 웃돌았다. 당 태종太宗 때, 이백약李白藥의 상소 중에는 발탁되지 않은 궁인이 항상 수만이라고 했다.

『신당서新唐書』「환자상宦者上」에는 "개원開元 천보天寶 연간에 궁비宮婢가 대략 4만 명에 달한다"라고 했다. 후자는 풍류를 즐기는 성당盛唐 현종玄宗의 재위시절로, 아마도 당대 궁정 여성에 대한 가장 구체적 수치일 것이다. 이에 대해 송대 사람 홍매洪邁는 이때가 한대 이래로 궁정의 비와 첩이 가장 많았던 시대라고 말했다.

당대 말기에 국가가 위태롭고 강산은 파괴되었지만, 여전히 6궁六宮(황제의 기녀들이 머무는 곳)의 처첩들은 1만 명을 넘었다. 이렇게 놀랄 만한 숫자가 얼마나 많은 홀아비와 한 맺힌 여인들을 만들었는지 모를 일이다. 당대 말기의 시인 조업曹鄴은 "천자가 미녀를 좋아하면, 부부는 짝을 이루지 못하네"라고 했다.

제왕들은 수많은 여자들을 소환해 입궁시키는데, 그 방법이 짐승보다 더 흉악했다. 서진西晉의 무제武帝 사마염司馬炎은 미인 후궁들이 수없이 많았는데도, 273년 또다시 조서를 내려 공경대부 이하의 가정집 여인들을 불러들여 육궁에 머물게 했다. 또 미인 선발이 완전히 끝날 때까지는 결혼을 금지하라는, 더욱 황당한 조서를 내렸다. 다음 해에는 또 양가집과 하급 관리 집의 여인 5천 명을 입궁시키고 그중에서 미인을 선발하게 하니, 어미와 딸이 궁 안에서 울부짖는데 그 소리가

궁 밖까지 들렸다고 한다. 또 8년이 지나 오나라를 평정한 후, 손호孫
皓에게 첩 5천 명을 뽑아 입궁하도록 했다.

　어떤 제왕과 귀족은 백성의 여인을 강제로 빼앗고 간음했으니, 도
적떼와 다르지 않았다. 명대明代의 제왕 중에서 가장 황음무도한 이
는 무종武宗, 즉 정덕재正德帝였다. 그는 라마교에 푹 빠져 승려들과
궁 안에서 음란한 행위를 일삼았다. 그는 궁 밖으로 순행 나가기를 좋
아했는데 그가 행차하는 곳이 바로 여자를 유린하는 곳이었다. 선부宣
府에 있을 때, 밤마다 행차를 나가 고래 등 같은 집에 닿으면, 집 안으
로 쳐들어가 술을 달라거나 그 집 여인들을 찾았다. 수레가 이르는 곳
마다 시종들은 양가집 아녀자들을 강탈해서 왕이 데리고 놀 수 있도록
바쳤다. 어떤 때는 수레 몇십 대가 가득 찼고 날마다 죽는 자가 생겨나
니, 측근들 역시 감히 어찌하지 못하고, 오히려 유사有司에게 명하여
음식을 바치게 했다. 이렇게 백성들에게 민폐를 끼치니, 도망가는 백
성들도 많았다. 한번은 무종이 양주揚州에 가는데, 먼저 태감 오경吳
輕을 양주로 보내, 민간의 좋은 집을 제독부提督府로 고쳐 편안한 거
처를 마련하게 했다. 오경이 양주에 도착해 마구잡이로 처녀와 과부를
찾아다니니, 놀란 백성들은 급히 딸을 시집보내느라 혼자 사는 남자를
죄다 끌어다 딸과 맺어주었다. 이렇게 하룻밤 사이에 거의 모든 소녀
들이 시집을 가버렸고, 또 어떤 이는 밤을 틈타 성 밖으로 도망쳐 숨어
버렸다. 오경이 아녀자가 있는 집을 샅샅이 조사한 후 한밤중에 사람
을 보내 갑자기 성문을 열고 황제의 어가가 이르렀다고 전하였다. 큰
길과 작은 골목마다 대낮처럼 불을 밝히게 하고, 관병을 이끌고 이미
조사해놓은 집으로 가서 아녀자들을 강제로 데려왔다. 만약 도망쳐 숨
었다는 사실을 알게 되면, 찾아낼 때까지 집을 부쉈다. 당시 집집마다

곡하는 소리가 먼 곳까지 울려 퍼졌다. 후에 오경은 약탈해온 여자들을 사찰 안에 가두었다. 그중 어떤 여인들은 단식으로 저항하다 죽으니 시체가 곧 절 안에 가득 쌓였다. 오경의 행동은 분명히 무종의 지시와 지지를 얻어 행해진 것이다. 무종은 만약 그가 가려는 그곳의 관원이 사전에 사람들에게 알려 딸들을 모두 시집가게 했거나 숨기도록 했으면, 바로 그 관원을 끌어다가 중벌로 다스렸다.

이 제왕들은 이렇게 많은 여자를 강탈해 음란과 쾌락을 제공하는 도구로 삼았을 뿐 아니라, 마음대로 음란을 일삼을 수 있는 오락 장소까지 만들어 백성의 기력을 소진케 했다.

한편 궁정 안의 여인은 모두 제왕의 노리개이지만 구체적으로 분석해보면, 그 속에는 수많은 복잡한 상황이 있다. 최저 계층에 속했던 많은 궁녀들은 당연히 도구에 불과했고, 성 억압과 성 착취의 대상이었다. 그러나 후비后妃는 이중성을 가지는데, 즉 억압당하고 착취당하는 일면이 있는 반면 또 통치계급의 일원으로 백성을 억압하고 착취하는 일면도 있다. 무측천武則天과 같은 여황제女皇帝는 극히 예외적인 경우이다.

역사서에 기록된 궁정의 '음탕한 여인'들은 사람들의 멸시를 받았음은 물론 영원히 오명으로 남았다. 그러나 만약 남성 중심의 사고를 버린다면, 이러한 여성들은 종종 성 억압 속에서 성의 자유를 추구했음을 볼 수 있다. 따라서 어느 정도 인성 해방을 추구했다고 얘기할 수 있다. 물론 이러한 추구가 반드시 건전하지만은 않으며, 아마 다소 기형적이었을 것이다. 그러나 그것은 음탕한 본성 때문이 아니라, 성 억압에 대한 일종의 반발 작용이었다. 인간의 자연스러운 일에 제재를 가하게 되면 오히려 더욱 심각해지는 결과를 낳고, 심지어 병적인 상태로까지 악화한다. 이 원칙은 그들에게도 적용되었다.

남북조南北朝시대 산음山陰 공주는 송 폐제 유자업의 여동생이었
다. 어느 날 유자업에게 "소첩과 폐하는 비록 남녀의 구별이 있지만,
모두 선제先帝에게서 태어났습니다. 폐하는 육궁의 수만 명의 여인을
거느리지만, 소첩은 부마 한 명뿐이니, 이처럼 불공평한 일이 어디 있
겠습니까!"라고 했다. 유자업이 듣고 그녀의 요구에 응하지 않을 수 없
어 젊고 잘생긴 남자 30명을 골라 후궁에서 머물게 하고 그녀에게 환
락을 제공하게 했다. 이로써 산음 공주는 중국 역사상 유명한 인물이
되었고, 모든 남성들에게 뻔뻔스럽기 그지없다는 이유로 손가락질당했
다. 사실 역사상 황제의 후궁이 300명에 불과할 경우, 역사서에서는 그
를 현명하고 검소하며 맑은 마음을 지녀 과욕하지 않았다고 칭찬할 것
이 분명하다. 그런데 공주 하나가 단지 남자 30명을 거느렸다고 이 야
단이란 말인가? 통치와 피통치, 착취와 피착취라는 관점에서 보면, 산
음 공주의 행위는 잘못이고 죄악이다. 그러나 남녀평등의 측면에서 보
면, 산음 공주는 오히려 전통사상에 도전하는 용기가 있었다고 할 수
있을 것이다.

역사상 음란한 성품을 지닌 후비에 대한 기록을 구체적으로 분석해
보면 다음과 같다. 이러한 음란성은 확실히 천성이 그러한 후비도 있
고, 몇몇의 경우는 모종의 개인적 이익에서 비롯되었지만, 대개의 경
우는 성 억압과 성적 번민에서 유발되었다. 한 성제의 황후가 된 조비
연은 역사상 음탕한 여자로 유명하다. 그녀는 수많은 남자들과 사통했
는데, 그 주요 목적은 '씨 빌리기'였다. 왜냐하면 그녀에게는 아이가 없
어 향후 궁정에서의 지위를 공고히 할 수 없었기 때문이었다. 물론 그
녀의 '음란한 행동'은 자신의 성적 욕구를 감추지 않은 것이기도 했다.
그녀의 사통에 대해, "날마다 10여 차례씩 쉴 틈도 없이 하고, 피로한

자가 있으면 계속 교대했다"라는 기록은 다분히 과장이다. 이렇게 과장한 이유는 남성 중심의 입장과 잣대로 역사를 기록했기 때문이다.

중국 고대 속담으로 "서낭徐娘이 중년을 넘었어도 풍류는 여전히 지니고 있다"라는 말이 있다. 이는 양梁나라 원제元帝 소역蕭繹의 왕비 서소패徐昭佩를 두고 한 말이다. 『남사南史』에 의하면, 그녀는 전제국前齊國 태위太尉의 손녀이고, 양나라의 장군 서곤徐琨의 딸이었는데, 소역이 상동왕湘東王이었을 때 그에게 시집갔다. 그러나 그녀의 결혼생활과 성생활은 전혀 행복하지 못했다. 그녀는 자신이 명문대가집 출신인 것만 믿고, 감히 황제를 조롱하면서 성적 불만을 표현하였다. 소역은 한쪽 눈이 먼 외눈박이 황제였다. 그녀는 황제가 외눈박이임을 조롱하며 황제 앞에서 얼굴 반쪽만 화장하는 '반쪽 화장'을 했다. 또한 그녀는 술을 좋아해 항상 취해 있었고, 황제의 용포 위에 구토까지 했다. 소역은 진실로 그녀를 혐오하여 멀리했고, 3궁 6원(궁녀들이 기거하는 곳)에 마음을 두었다.

서소패는 독수공방하는 와중에도 계속 정부情夫를 찾았다. 그중 조정 안에 미남 계강季江이 있었다. 이때 그녀의 나이는 이미 서른을 넘긴 중년여인이었다. 계강은 "백직柏直의 개는 노쇠했지만 여전히 사냥을 할 수 있고, 소율양蕭溧陽의 말은 늙었지만 여전히 뛰어나고, 서낭은 늙었지만 여전히 정이 많다"라고 했다. 이것이 바로 "서낭이 중년을 넘었다"는 말의 유래이다. 그러나 어찌 사랑하는 사람을 개나 말과 함께 놓고 얘기할 수 있는가. 당시 남자들은 여자는 단지 개나 말처럼 주인에게 바쳐져 쓰이면 그뿐이라 생각했다. 소역은 당연히 그녀의 행위를 용납할 수 없었다. 그래서 끝내 빌미를 잡아 그녀를 강제로 우물에 뛰어들게 했지만, 그래도 여한이 남자 그녀의 시체를 친정으로 보내고 처를 내쫓았다고 공언했다.

봉건사회에서 남자의 기생집 출입은 흔한 일이지만, 여자가 성 문제에 있어 조금이라도 틀을 벗어나면 큰 화를 당했다. 한 무제武帝 때 진황후陳皇后는 총애를 잃자 매우 적막해서, 한 여인을 입궁시켜 자신을 따르도록 하며 그녀에게 남자의 의관을 입혀 마치 부부처럼 생활하면서 스스로를 위로했다 이러한 행위는 결국 성 억압과 성적 번민에서 기인한 것이며, 또한 남자를 구할 엄두가 나지 않아 여자로 근심을 해소하고 스스로를 위장한 경우이므로 마땅히 동정할만 하다. 그러나 한 무제는 이 일을 알고 크게 진노하여 이 여인을 무당이라 단정하여 저잣거리에서 참수시켰다. 또 이 일에 연루된 300여 명을 주살하고, 진황후도 장문궁長門宮으로 쫓아냈다.

물론 궁정의 여인들 중에도 잔인한 방법을 썼던 사람도 있었다. 서진西晉 혜제惠帝의 황후 가남풍賈南風은 자신의 성욕을 만족시키기 위해서 사람을 시켜 밤중에 젊은 남자를 궁 안에 들여 잠자리를 함께 했다. 그러나 소문이 새나가 자신의 명성에 해가 될까 두려워, 동침 후 남자를 죽여서 영원히 매장시켰다. 이러한 현상은 마치 암컷 곤충이 수컷과 교배한 후 바로 수컷을 잡아먹는 것과 같은데, 인간세상에서 이러한 예는 매우 드물었다. 이는 본질적으로 통치자의 잔혹함을 반영한 예이다. 여인이라도 권세욕과 성품이 악하고 강하면 때로는 짐승만도 못한 지경에 이를 수 있음을 보여준다.

역사를 개괄해보면 역대의 태후가 멋스럽게 풍류를 즐겼던 예는 매우 많으며, 이는 주로 성적 번민에서 비롯되었다. 이들은 항상 어린 나이에 나이 든 남자에게 시집을 갔으므로, 황제인 남편이 죽을 때는 막 성년이 되게 된다. 나이 서른을 갓 넘긴 여인의 성욕은 마치 짐승처럼 강렬하여 홀로 헛되이 보내며 긴긴밤을 참고 견디기 힘들다. 동시에 아들이 황제이므로, 태후의 권세는 매우 높아서 하고 싶은 일은 모두 할 수 있었다. 이런 면에서 가장 유명한 이로는 진시황의 어머니 제태후帝太后, 북위北魏의 문성풍태후文成馮太后, 북위 효문풍후孝文馮后, 위魏나라 영靈태후, 오대五代 후당後唐의 장종莊宗 유후劉后, 청대淸代 순치제順治帝의 모친이자 후에 다이곤多爾袞에게 개가한 박이제길특후博爾濟吉特后가 있다.

이 모든 사례를 '음탕한 행위'로 일괄해서 질책할 수는 없다. 인성의 측면에서 보면, 이는 실로 자연스런 욕구이기 때문이다. 남편과 사별한 이 여인들은 아직 젊은 나이였으므로 재혼하는 것이 당연한 이치였으나, 태후라는 지위에서는 불가능했다. 따라서 몇 명의 정부情夫를 찾는 것이 사리에 맞을 수도 있으나, 황실의 명예를 위해 이 모든 것이 비밀리에 진행되었다.

순치황제의 어머니 박이제길특후[어릴 적 이름은 대옥아大玉兒]처럼 그렇게 공개적으로 개가한 사례는 중국 역사상 극히 이례적이다. 물론 이는 당시 그녀와 다이곤의 높은 권세와 분리해서 생각할 수 없고, 또 당시 만주족이 중원에 들어온 지 얼마 되지 않아 유교의 영향을 그다지 크게 받지 않은 것과도 관련지어 생각할 수 있다.

궁정의 여성은 황제의 눈에 들어 은총을 입고 자식을 낳아야 출세한다. 극소수의 여자들만이 이런 '행운'을 얻지만, 이러한 행운은 종종 죽음을 초래할 수도 있었다. 역사상 궁중 안에서 총애와 권세를 다투는 싸움은 매우 잔혹했다.

한 고조高祖 유방劉邦의 아내 여후呂后는 유방이 죽자, 그가 가장 총애했던 척부인戚夫人의 소생인 조왕趙王 여의如意를 살해했다. 또한 척부인의 귀를 멀게 하고 약을 탄 술을 먹여 벙어리로 만든 후, 두 눈을 파내고 손과 다리를 잘라버리고 뒷간에서 꿈틀대며 뒹굴게 내버려둔 채 '인체人彘(사람돼지)'라 불렀다. 측천무후 또한 자신의 정적 왕황후王皇后와 소숙비蕭淑妃의 손과 다리를 자른 후 술항아리에 담아두었다.

각 왕조마다 이러한 일들이 적지 않았다. 수나라의 개국황제인 수문제隋文帝 양견楊堅의 처 독고씨獨孤氏는 매우 총명했지만, 투기가 지나쳤던 여성이다. 그녀는 양견을 도와 많은 정사를 처리했다. 그러나 양견이 다른 여인을 사랑하거나 다른 여인이 그의 아이를 낳는 것은 허용치 않았다. 마약 그런 경우가 발생하면 곧 그 여자를 죽여 버렸다. 따라서 양견의 5남 2녀는 모두 그녀가 낳은 자식이었다. 황제시대에서 이렇게 적자만 있고 서자가 없는 상황은 극히 드물었다. 한번은 양견이 젊은 궁녀에게 호감이 생겨 그녀의 이름을 묻고 그날 저녁 가신들과 함께 술을 먹으며 옆에서 시중을 들라고 했다. 이 일을 알게 된 독고씨는 곧바로 이 가련한 소녀를 혹형으로 고통스럽게 죽여 버렸다.

남송南宋 광종光宗의 황후 이봉낭李鳳娘은 광종이 어떤 비빈을 아끼면 곧 그 비빈을 죽였다. 한번은 젊은 궁녀가 팔보 금동이를 받쳐 들고 손 씻는 것을 시중들었는데, 광종이 그녀의 섬섬옥수를 만져보고 피부가 보드랍고 하얗다고 칭찬했다. 황후가 이를 알고는 궁녀의 양손을 잘라 식기에 담아 광종에게 보냈고, 광종은 그 자리에서 혼절했다. 광종이 황귀비黃貴妃를 총애하자, 황후는 곧 황제가 제천 행사를 위해 제궁齋宮에 머문 틈을 타서 황귀비를 죽여 버렸다. 본래 기가 약했던 광종은 이런 일을 겪으면서 더욱 자극을 받아 정신질환을 앓게 되었다.

비빈妃嬪 사이에는 아이를 낳은 사람이 곧 총애를 얻기 때문에, 총애를 다투는 싸움 와중에 종종 해를 입기도 했다. 진晉나라 혜제惠帝가 태자였을 때, 그 비인 가남풍賈南風이 연달아 네 명의 딸만 낳고 아들이 없었다. 이에 다른 여자가 태자에게 접근하는 것을 허락하지 않았다. 그녀는 임신 중인 두 명의 궁녀 가슴에 호위병이 들고 있던 대죽창을 직접 던져 죽여 버렸다. 이리하여 빈궁들은 모두 감히 태자에게 접근하지 못했다.

후대에도 역시 이와 유사한 상황이 수없이 많았다. 명明 헌종憲宗의 비인 만귀비萬貴妃는 자기가 낳은 아들이 1년도 안 되어 죽은 후 아이를 갖지 못했다. 때문에 다른 후비들이 임신하는 것을 허락할 수 없었다. 임신 사실을 알게 되면 낙태약을 보내거나 낙태를 강요했고, 만약 따르지 않으면 계략을 써 살해했다.

궁정 여인이 황제의 총애를 받을 경우, 비록 총애를 다투는 싸움이 없더라도 또 다른 화가 미칠 수도 있었다. 당唐 선종宣宗은 아름다운 궁녀를 진상받았는데, 매우 총애하여 수일 동안 무수한 상을 내렸다. 어느 날 아침, 그는 문득 근심 어린 목소리로 "현종께는 양귀비 한 명만 있었는데도 천하가 지금까지도 평안치 않으니, 내 어찌 이를 잊으리오!"라 했다. 이에 미인을 불러 "너를 내 곁에 두어서는 안 되겠다"라고 했다. 좌우 측근들이 돌려보내라고 했지만, 선종은 오히려 "만약 돌려보낸다면 내 분명 생각이 날 터이니, 독주를 내리는 것이 좋겠다"라고 했다. 이 가엾은 여인은 이렇게 독살되었다. 선종은 당대 후기의 비교적 견식 있는 황제였음에도 궁녀에 대해서는 이렇게 잔인하여, 마치 아무 생각 없이 개미 한 마리를 밟아 죽이는 것처럼 사람을 죽였다.

역사서에서 웅대한 재략을 가졌다고 평한 한 무제도 역시 호색한이며 잔인했다. 그는 일찍이 "나는 3일 동안 굶을 수는 있지만, 하루라도 여인이 없어서는 안 된다"라고 했다. 그의 애첩 구익鉤弋 부인은 14개월 동안 임신해 아들을 낳았다. 전설에서 옛 성인聖人 요堯 임금도 14개월 동안 어머니 뱃속에 있다가 나왔다 하여, 한 무제는 매우 기뻐했다. 무제는 대단한 사랑을 보이면서, '요모문堯母門'을 건립하였고 그를 태자로 삼았다. 구익 부인의 입장에서 보면 이는 물론 경사이며, 한 무제에게 '큰 공헌'을 한 것이었다. 그러나 무제는 이 어린 태자가 훗날 젊고 똑똑한 어미를 감당하지 못할 것을 염려해, 빌미를 찾아 구익을 꾸짖었다. 구익은 구구절절 변명하지 않고 머리를 조아리며 사죄했으니, 무제의 마음은 이미 죽음을 명했다. 이렇게 해서 아들을 옹립하고 어미를 죽이는 제도가 세워졌다. 이는 실로 야만적이고 잔인하기 그지없는 제도이다. 북위도 이 제도를 모방하였고, 몇 대의 왕조에 걸쳐 계속되었다. 후에 다행히도 선무제宣武帝(499~515: 재위기간) 원각元恪이 불심이 깊어 차마 살생하지 못하니, 황자 원후元詡를 태자로 옹립하면서 그 어미를 죽이지 않았다. 이로써 야만적이고 잔인한 제도가 폐지되었다.

궁정의 여성들 간에는 총애를 다투는 싸움 말고도 권력 쟁탈을 위한 정치투쟁도 종종 일어났는데, 이 역시 잔혹하기는 마찬가지였다.

총애 다툼에 비해 정치투쟁은 너 죽고 나 살자는 성격이 짙다. 당 고종高宗의 왕황후와 소숙비는 측천무후와의 싸움에서 패한 후에 곤장 200대를 맞고 수족이 잘리고 술항아리에 담겨 비참하게 죽었다.

궁정의 여인은 종종 정치 싸움과 불가분의 관계에 있었다. 그들은 종종 정치적 수단이 되었고 통치자는 정치적 목적을 이루기 위해 이들을 마음대로 다루었다. 통치자들은 외교 활동과 개인적인 교류에서 궁정의 여인들을 항상 '고급 예물'처럼 여겨 선물로 주고받았다. 예를 들어 기원전 562년 진晉나라 도공悼公이 군사를 일으켜 정鄭나라를 징벌하려는데, 정나라에서 여악 16명과 예물을 보내 화친을 요구했다. 진도공은 예물을 받은 후, 여악 8명을 공신인 위택魏澤에게 하사해 포상했다. 이로 볼 때 이 여인들은 통치자 개인의 노리개였을 뿐 아니라 모든 통치계급의 노리개였다.

미녀는 또 종종 미인계의 첩자로도 쓰였다. 통치자가 여색을 좋아하므로 역사상 여악과 미녀를 바쳐 상대방의 의욕을 마비시키고, 심지어 상대방을 완전히 무너뜨리는 일도 많았다.

『사기史記』「진본기秦本紀」의 기록에 의하면, 진秦 목공穆公 34년(기원전 626), 목공은 융왕戎王과 현인 유여由余 사이를 이간질하고, 인접 강국인 서융국西戎國과의 싸움에서 이기기 위해, 여악 28명을 보내 융왕을 성적 향락에 빠지도록 유인해 끝내 서융국을 물리쳤다.『좌전左傳』「양공襄公 11년」의 기록에 의하면, 기원전 562년 정鄭나라 사람이 여악과 가종歌鐘(국악기의 하나로 아악을 시작할 때 치는 큰 종)을 함께 진후晉侯에게 예물로 보내 그의 전쟁 의지를 마비시켰다.

『사기』「공자세가孔子世家」의 기록에 의하면, 정공定公 14년(기원전 496) 제齊나라는 노魯나라가 패자霸者(무력이나 권력을 이용하여 천하를 다스리는 사람. 제후들 중의 우두머리)가 될까 겁이 나, 미녀 80명을 보내 수놓은 비단옷을 입히고 '강악康樂'을 추게 했다. 이에 따라 노나라의 통치자 계항자季恒子는 종일 이 여악의 공연을 감상하고 정사를 돌보지 않았다. 이에 국가는 날로 쇠퇴하고 어진 사람들은 모두 동서로 달아났고, 공자조차도 노나라를 떠났다.

중국 고대에는 4대 미녀, 즉 서시西施, 왕소군王昭君, 초선貂蟬, 양귀비楊貴妃가 있었다. 서시와 초선은 미인계의 첩자로 결말은 모두 좋지 않다. 왕소군은 화친을 위한 도구로 '정치예물'로서 변방에 보내졌고, 양귀비는 정치투쟁의 희생물이었다. 하지만 사실상 이들 모두가 정치투쟁의 희생물이었다고 볼 수 있다.

월왕越王 구천句踐은 오왕吳王 부차夫差에게 패하여 신하가 된 후, 한편으론 10년간 군사를 모으고 훈련시켰으며, 또 다른 한편으론 미녀 서시를 부차에게 보내 그의 의지를 마비시키고, 오자서伍子胥와 같은 어진 신하와 부차와의 사이를 이간질했다. 결국 월나라는 오나라를 물리쳤고 일대 공신 서시가 돌아왔다. 그러나 그녀에게는 어떠한 포상도 없었고, 오히려 돌아오는 첫날 구천이 '잠자리 시중'을 들라고 불렀다. 구천의 눈에 여자는 모두 수단이며 노리개였다. 부차가 너를 가지고 놀았는데 승리자인 나 구천이 가지고 놀면 안 될 이유가 있단 말인가. 서시와 범려范蠡는 구천이란 인물은 '환난患難은 함께할 수 있으나, 안락安樂은 함께할 수 없다'는 것을 깨닫고 함께 오호五湖에 배를 띄워 도망갔다.

초선 역시 마찬가지였다. 후한後漢 말의 대신 왕윤王允(137~192, 중국 후한 말의 정치가)이 동탁董卓을 제거하려는데, 동탁에게는 1만 명의 군사로도 대적하기 힘든 용맹한 여포呂布가 호위하고 있어 여간해선 손을 쓸 수 없었다. 이에 왕윤은 미녀 초선을 동탁에게 헌사해 동탁과 여포 사이를 이간질했다. 후에 초선은 성공했고, 동탁은 제거되었다. 그러나 후에 "이 여자는 화근덩어리이니 그녀를 남겨둔다고 무슨 이득이 있겠습니까?"라는 관우關羽의 한마디에 초선을 살해했다.

양귀비와 당 현종玄宗의 관계는 후세의 문인 백거이白居易의 「장한가長恨歌」와 희곡 「장생전長生殿」에 대대적으로 미화되어 있다. 양귀비는 본래 현종의 18번째 아들 수왕壽王 모瑁의 정실이었는데, 현종의 눈에 들었다. 현종은 곧 며느리인 그녀를 손에 넣어 공식적으로 취했다. 이는 인륜을 어지럽힌 행위였다.

궁정의 여인들이 설령 정치투쟁에 개입되지 않았고 또 한때 총애를 받았다고 해도, 그 운명은 결국 황제 한 사람에게 달렸으므로 쉽게 총애를 잃거나 황제에 의해 죽음의 위협을 받기도 한다. 사람이 늙어 아름다움을 잃으면 사랑도 따라 식는 것이 수많은 후비들의 공통된 운명이었다.

왕황후王皇后와 당 현종은 고난을 함께했던 부부로, 그녀는 일찍이 현종과 함께 궁정의 정변에 참여했다. 그러나 현종이 무혜비武惠妃를 총애하면서, 현종은 점점 왕황후를 냉담하게 대하기 시작했다. 그녀는 황제에게 눈물로 호소하며 당초 환난을 함께했던 옛정을 생각해주기 바랐다. 현종은 한때 감동을 받기도 했지만, 끝내 그녀를 서인庶人으로 폐위했다. 여인이 총애를 잃지 않았어도 황제가 죽어 하루아침에 의지할 곳을 잃게 되면, 종종 처량한 신세가 되어 인생을 끝맺는다. 만약 총애를 얻었을 때, 사람들에게 밉보이거나 질시를 받은 이는 황제가 죽은 후 비참한 보복을 당할 수도 있다.

고대 중국의 몇몇 왕조에서는 산 사람을 순장하는 야만적인 제도가 존재했다. 순장은 생순生殉(산 채로 매장, 활매活埋라고도 함)과 살순殺殉(죽어 매장), 두 가지가 있는데, 여성을 순장하는 경우가 많았다. 통치자들은 생전에 여자를 충분히 향유하지 못했다고 여겨, 사후에도 계속해서 향유하려고 했다. 주 유왕의 무덤 안에서 일찍이 100여 구의 시체를 발견했는데 남자 시체 한 구만 제외하고 나머지 모두가 여자였다. 진시황 사후에 진 이세二世 호해胡亥는 총 1만 명의 후궁과 장인들을 순장하도록 했다. 당 무종武宗이 병으로 위독하자 총애하던 왕재인王才人에게 "내가 죽으면 너는 어찌할 것인가?"라고 물었다. 그녀는 "폐하를 따라 구천으로 가고자 합니다"라고 답했다. 무종은 곧 수건을 그녀에게 내렸고, 그녀는 휘장 아래서 목매 죽었다. 선종宣宗은 즉위 후 그녀를 현비賢妃로 추대하여 그녀의 지조를 높이 찬양했다. 사실 이 여인은 어쩔 수 없이 죽었을 가능성이 높다. 만약 폐하를 따라 구천으로 가고자 한다고 대답 안 했어도 죽었을 것이고, 스스로 목을 매지 않았어도 죽었을 것이다.

명 태조太祖 주원장朱元璋이 죽은 후 46명의 비빈과 궁녀를 순장했다. 이처럼 궁정의 여인은 제왕뿐만 아니라, 때로는 자신이 섬겼던 주인을 위해서도 순장되어야 했다.

이를 테면, 당 예종이 아끼는 여인 동창공주同昌公主가 죽은 후, 예종은 재상 유첨劉瞻의 간언은 고려하지 않은 채 동창공주의 유모와 보모 등을 모두 순장했으니, 실로 처참하지 않을 수 없다. 이러한 야만적인 순장제도는 궁정 안에만 존재한 것이 아니라 수많은 귀족 가정에서도 따라했다. 이처럼 순장제도는 중국 역사상 면면히 이어지다가 청나라 초기에 이르러 비로소 완전히 철폐되었다.

궁정 안에서는 일반 궁녀들의 지위가 가장 낮으므로, 그들이 받은 박해와 고통은 매우 심각했다. 한번 궁녀로 뽑혀 들어가 자유를 상실하게 되면, 대부분 변변치 못한 의식衣食과 누추한 거처에서 죽을 때까지 고역을 치렀고 부모와도 만날 수 없었다. 복잡한 예절과 엄격한 규칙, 때를 가리지 않는 능욕으로 인해 그들은 거의 햇빛을 볼 수 없었다. 병이 나도 제대로 된 치료를 받지 못했다. 명대에는 "궁빈 이하의 사람이 병이 나면, 의사가 들어가 진찰하고 처방할 수 없다"는 규정이 있었다. 궁빈이 이러한데, 궁녀는 말할 것도 없다.

『명궁사明宮史』에 다음과 같은 기록이 있다. 금오옥동교金鰲玉蝀橋 서쪽과 영성문欞星門 일대 북양방北羊房 골목(오늘날 양봉養蜂 골목이라고 불림)에 내안락당內安樂堂이 있는데, 이곳을 관장하는 관리 20~30명이 있었다. 궁인이 늙고 병들었거나 혹은 죄를 지었을 때 우선 이곳에 보냈다가, 오랜 시간이 지나면 다시 밖에 있는 완의국浣衣局(세탁 담당 부서)으로 보낸다. 이는 곧 궁인이 병이 나거나 혹은 나이가 들면, 죄를 지은 사람과 같은 곳에 보내져, 죽을 때까지 자신의 생명력에 의지해 구차하게 연명하도록 한다는 말이다.

궁녀들은 이 어둡고 깊은 궁궐 안에서 일생의 청춘을 매장당했는데, 이런 만성적인 시달림은 그들의 마음을 더욱 괴롭혔다. 중국의 봉건왕조 가운데 청조에는 궁녀 퇴직 제도가 있어 황제가 거두지 않은 상태에서 나이 22세가 되면 궁 밖으로 퇴출되어 혼례를 할 수 있었다. 그러나 이런 경우를 제외하면 역대의 궁녀들은 대부분 종신제로서 죽을 때까지 궁궐 안에서 시집도 가지 못하고 늙어 죽었다. 따라서 당대 시인 원진元稹(779~831, 당나라 중기의 문학가)은 「행궁行宮」이라는 시에서 "쓸쓸한 옛 행궁에, 붉은 꽃송이 적막하게 피었네. 백발의 궁녀가 한가로이 앉아 현종 이야기를 하네"라고 했다. 백거이의 「장한가」에도 '초방椒房의 젊고 아름다운 아감阿監(궁정에서 시중드는 7품의 여관女官) 궁녀가 늙어가네'란 구절이 있다.

이 궁녀는 나이 16세에 입궁했으니, 말 그대로 이팔청춘에 얼굴은 연꽃 같고 가슴은 옥같이 아름다웠다. 그러나 궁중에서 몇십 년의 청춘을 헛되이 보내며 한평생 독수공방했고, 또 몇십 년 후 늙어 흉하게 변해버렸다. 황제는 궁중에서 가장 나이 많은 그녀에게 상서라는 칭호를 내렸다. 작은 신, 꽉 끼는 옷, 검푸른 먹으로 그린 가늘고 긴 눈썹을 바깥사람이 보지 못했으니 망정이지, 보았더라면 천보 말년에 유행한 화장이라고 비웃었을 것이다. 이 일생을 회고해보면, 무슨 재미가 있었겠는가?

이처럼 궁녀의 인생을 그린 이야기 말고도 또한 궁궐에 대한 원망을 나타낸 이야기도 있다. 당 현종 때, 변방 군인에게 하사할 솜옷을 궁중에서 제작했다. 어떤 병사가 옷 속에서 시 한 수를 얻었다. 시를 보면 다음과 같다.

> 사막의 병사, 추운 밤잠을 청하려 애쓰네
>
> 수공으로 만든 군복, 누구에게 돌아갈지 알 수 없네
>
> 마음 모아 꼼꼼히 바느질하고, 정성 들여 솜을 더 얹었네
>
> 현세는 이미 지났으니, 원컨대 내세의 인연으로 맺어지길

시를 본 병사는 대장에게 보고했고, 대장은 또 황제에게 아뢰었다. 당 현종은 이 시를 후궁에게 돌려보게 한 후, 만약 자신의 행위임을 밝힌다면 죄를 묻지 않겠다며 누가 썼는지를 조사하게 했다. 한 궁녀가 시인을 하며 만 번 죽어 마땅하다고 말했다. 현종은 연민의 정이 일어 "내 너에게 현세의 인연을 맺어주겠다"며 시를 본 병사에게 그녀를 시집보냈다.

이 사건은 매우 감동적으로 보인다. 이것이 실제 일어난 사건인가의 여부는 알 수 없지만, 설사 사실이라고 해도 역시 아주 드문 일일 뿐이다. 모든 궁녀의 해방을 제왕의 일시적 측은지심惻隱之心에 기대할 수는 없다. 제왕이 잠시 기쁜 마음이 생겨 궁녀 한 명을 자유롭게 할 수

는 있지만, 후궁에 있는 수만 궁녀를 모두 그렇게 할 수는 없다.

궁녀는 비천한 신분이었기 때문에 종종 터무니없는 죄명으로 죽일 수 있는 초개같은 목숨이었다. 예를 들어 당 문종文宗은 양현비楊賢妃의 모함을 믿고 태자를 죽였는데, 후에 이를 매우 후회하면서도 자신의 어리석음을 탓하지 않고 오히려 궁인 장張 아무개 등에게 '나의 태자를 모함한 이는 모두 너희 무리들'이라며 질책했다. 이에 이 궁녀들은 모두 죽임을 당하였다. 궁인 두추杜秋는 당 목종穆宗 때 황자皇子의 보모였는데, 황자가 모함을 받자 그녀 역시 연루되어 고향으로 돌아갔다. 늙어서는 배고픔과 가난 속에서 홀로 외로이 지냈다. 두목杜牧(803~853)은 이를 가슴 아파하며 유명한 '두추낭杜秋娘'이라는 시를 지어 그녀의 타고난 운명을 슬퍼했다.

물론 지나친 억압은 반항을 불러일으키기도 했다. 반항의 형식은 갖가지인데, 그중 하나가 자살이었다. 한악은 『미루기』에서 수양제 때 비빈 후부인侯夫人이 목매 죽은 일을 적었다. 사람들이 그녀의 시신에 달려 있는 비단 주머니 속에서 시 몇 수를 찾아냈는데, 그중 '자감自感' 3수, '간매看梅' 2수, '장성妝成' 1수 그리고 그녀의 절명사絶命詞인 '애상哀傷'이라는 시가 있다.

애초에 밝은 해(황제)를 받들러 입궁해

깊이깊이 미왕궁未央宮으로 들어왔네

장문궁長門宮에 머문 지 칠팔 년째 군왕은 보지도 못했네

군왕의 성은은 실로 멀어졌고, 소첩의 마음은 괜시리 방황하네

집에 어찌 가족이 없을쏘냐, 양친은 북당에 계신데,

여기에 날개 없으니, 무슨 수로 높은 담장을 벗어나리?

목숨은 실로 소중한 것, 버림받음 실로 가슴 아프다

붉은 기둥 위에 비단 걸어놓으니, 속이 끓어오르는구나.

목을 드리우니 또 스스로 안타깝고, 마음에 걸리는 것 그래도 있다네.

의연하게 죽음으로 나아가 저승으로 돌아가려네!

이 시는 그녀가 궁중에서 가졌던 원망과 한, 생활에 대한 절망감을 충분히 나타내고 있다. 일설에 의하면, 수양제는 이 시를 보고 계속 마음 아파하며, '이미 죽었지만 복사꽃처럼 아름답다'라고 했다 한다. 그리고 허정보許廷輔라는 관리에게 이렇게 아름다운 여인을 어찌 추천하여 '미루迷樓'로 보내 황제가 간택하도록 않았냐며 심히 질책하고 자결할 것을 명했다. 양제는 또한 악부에 명하여 후부인의 시를 노래하게 하니, 이로써 시 몇 수가 매우 유명해졌다. 이를 보면, 양제가 그런대로 깊은 감동을 받은 듯하지만, 사실 그는 복사꽃처럼 아리따운 노리개를 잃어 상심한 것에 지나지 않았다.

두 번째 반항은 도망이다. 옛사람들의 글에 따르면, 일찍이 정월 보름날에 당 중종中宗과 황후가 미복을 하고 궁을 나가 저잣거리를 이리저리 배회하며 구경하고 놀았는데, 이때 궁녀들도 나가 놀게 했으나 모두들 도망가고 돌아오지 않았다고 한다. 이는 자신을 해방시킬 기회를 잡은 것이었다. 물론 이러한 기회는 그다지 많지 않았고 수많은 궁녀들은 역시 그런 짓을 할 수 없었다.

세 번째 반항은 황제를 살해하는 것이다. 궁녀가 감히 황제를 살해한다는 것은 천지가 놀랄 일로, 중국 역사상 단 한 번 있었다고 한다. 명나라 가정제嘉靖帝는 궁녀들에게 매우 가혹했다. 추호의 잘못이라도 있으면 번번이 회초리로 때려 목숨을 잃은 자가 많게는 200명에 이르렀다. 이에 가정 21년(1542) 10월, 10여 명 남짓의 궁녀들이 가정제를 목 졸라 죽이려 했던 사건, 즉 '임인년壬寅年의 궁정 변고'가 일어났다. 연약한 궁녀들이 그 가녀린 손으로 황제에게 폭력을 행사해 죽이려고 했으니 정말 역사상 보기 드문 사건이다. 온갖 억압을 당해 마치 벼랑 끝에 선 심정이 되지 않았다면 그녀들이 이렇게 죽기를 각오하고 시도했을 리 만무하다. 그러나 경험이 부족한 탓에 결국 황제를 죽이지 못하고, 10여 명 남짓의 궁녀들만 모두 능지처참됐을 뿐이었다.

잔혹한 풍속, 전족

중국 고대에는 성에 대해 세 가지 기현상이 있었는데 바로 창기, 환관, 여성의 전족이다. 그중 창기와 환관은 다른 나라에도 있었지만, 전족은 중국 고대의 독특한 현상이었다. 그래서 과거 서양인들이 중국인을 '동아시아의 병부病夫'로 간주할 때, 중국 남성의 긴 변발과 여성의 작은 발은 늘 중국의 우매함과 후진성을 상징했다.

여성의 전족은 매우 고통스러운 것임에 틀림없다. 여자가 창기로 전락하는 것은 매우 고통스럽고 비참하지만 그래도 소수에 지나지 않는다. 과부가 수절하며 청춘을 썩히는 것 역시 일부의 여인들에게만 해당된다. 반면 여성의 전족은 훨씬 보편적이었다. 전족은 봉건사회가 여성들에게 성 억압을 행하는 중요한 표현 중의 하나였다. 그것은 성욕, 즉 남자들의 성적 취향 만족과 매우 깊은 관계가 있었다. 전족이라는 사회현상 위에서 중국 고대의 금욕과 종욕은 기형적으로 병존하고 통일되었다.

여성의 전족이 언제 시작되었는지에 대해서는 견해가 일치하지 않는다. 비교적 다수를 차지하는 견해는, 첫째, 육조六朝시대에 시작되었다고 본다. 『남사南史』에 기록되기를, 제나라 동혼후東昏侯 소보권蕭寶卷이 애첩 반귀비潘貴妃를 위해 금붙이를 두들겨 연꽃, 즉 금련화金蓮花를 만들어 땅에 붙이고는 그녀에게 그 위를 걸어가게 하고, 이를 일러 걸음걸음마다 연꽃이 피어난다고 했는데, 어떤 이는 이것이 전족의 시작이라고 한다. 또 육조 악부樂府 「쌍행전雙行纏」에서 "새 비단실로 전족신에 수놓으니, 발은 봄의 새싹 같구나. 다른 이들은 좋다고 하지 않지만, 나만 홀로 사랑스러움을 아네"라 하고, 당 한악韓偓의 「극자屐子」에 "육촌 길이의 동그란 살 고운 빛 나고, 흰 비단 수놓인 나막신 붉은 받침대 안에 있네. 남조의 천자는 풍류가 부족해, 금련金蓮(전족을 뜻함)은 중히 여기고 푸른 치아는 경시하네"라고 한 것 역시 당시 이미 전족이 있었음을 말해준다.

둘째, 오대 때 여성의 전족 풍속이 시작되었다는 견해도 있다. 남당南唐 후주後主에게는 빈嬪 요낭窅娘이 있었는데, 가냘프고 춤을 잘 추었다. 이에 높이 6척의 금련을 만들어 진귀한 보물로 장식하고 구슬로 치장하고 그 안에 갖가지 색깔의 서련瑞蓮을 만들게 했다. 그리고 요낭에게 흰 비단으로 발을 감싸고 끝을 구부려 초승달 모양으로 만들게 한 후 비단 버선을 신고 연꽃 안에서 춤을 추게 하니 그 모습이 구름을 넘나들 듯했다. 이후 이 풍조가 궁 안에서 궁 밖으로 전해졌다. 어떤 이는 이것이 여성 전족의 시작이라고 여긴다.

어찌 되었건, 송대宋代에 이르러 여성의 전족은 더욱 확산되었다. 『묵장만록墨莊漫錄』에는 "부녀자들의 전족은 근세에 시작했다"라고 하고, 『철경록輟耕錄』에 "원풍元豊(송 신종神宗 때의 연호) 이전에는 발을 싸매는 것이 적었지만 송 말에는 큰 발을 수치로 여겼다"라고 했다. 북송 서적徐積의 「영채가부咏蔡家婦」의 시에는 "사지를 잡아맬 줄만 알았지, 두 다리를 싸매는 것은 알지 못하네"라고 했다. 이상은 모두 송대 부녀자들이 전족을 하기 시작했다는 증거이다.

명대에 이르러 전족을 하는 기풍은 더욱 유행했다. 그러나 청대에 이르러서는 여성의 전족을 낡은 풍속이라고 여겨 금지했다. 순치 원년 효장孝莊황후는 전족을 한 채 입궁한 여자는 참형에 처하라고 분부했고, 그 다음 해에는 백성에게 여자아이의 전족을 금한다는 조서를 내렸다.

그러나 강희康熙 17년에 왕희王熙가 이 전족 금지 규정을 없앨 것을 상소해 민간의 여성들은 또다시 공개적으로 전족을 하게 되었다. 결국 청대 여성의 전족 금지는 그 효과가 미미했다. 때로는 일괄적으로 금지했고, 때로는 궁정에서만 금지하고 민간은 금지하지 않았고, 때로는 만주족 여성들만 금지하고 한족 여성들은 금지하지 않았다. 하지만 이후 많은 만주족 여성들까지 잇달아 전족을 흉내 냈다.

여성의 전족이 '천하의 천한 남정네에서 시작되었다'는 생각은 상당히 일리가 있다. 남자가 여성을 통치하던 사회에서 여성의 전족은 확실히 남자들의 필요에 의한 것인데, 그중에서도 성과 깊은 관계가 있다.

남자가 여성들에게 지아비를 위해 정조를 지킬 것을 요구한 이상, 그녀의 행동을 제한하고 외부와의 빈번한 접촉을 막고 다른 남자와 왕래하는 기회를 박탈해야만 했다. 전족은 이를 위한 하나의 '묘책'이었다. 『여아경女兒經』에 다음과 같은 말이 있다. "왜 발을 감싸야 하는가? 구부러진 발이 보기 좋기 때문이 아니라 그녀가 방문을 쉽게 뛰쳐나갈까 두려워 꼭꼭 감싸서 구속하는 것이니라!" 이렇게 해야 아내는 오로지 '내실을 편히 여겨' '안사람' 노릇을 하며 순순히 남편 시중을 들

수 있었다.

그러나 전족하는 가장 중요한 원인은 여전히 남자의 관능적인 느낌과 성적 기호, 성적 욕구의 만족을 위해서이다. 일반적으로 여성이 남성의 정욕을 가장 잘 불러 일으킬 수 있는 곳은 밖으로 드러난 부위가 아니라 숨겨져 있는 부위이다. 예를 들어 옷 속에 감추어진 유방과 신발 속에 숨어 있는 두 발이 여기에 해당된다. 옛사람들은 한 손아귀도 안 되는 여인의 작은 발을 어여쁘다고 생각했다. 왜냐하면 남자들은 여자들이 작은 발로 몸을 살랑살랑 흔들며 아름답게 걸어가는 모습을 보고 끊임없이 온갖 상상을 떠올리기 때문이다. 과거 중국의 미인들은 두 가지 유형이 있었다. 하나는 한대의 성제가 총애했던 조비연으로 '가녀린 형'이고, 또 하나는 당 현종이 총애하는 양귀비로 '풍만한 형'이다. 그들이 대표하는 유형은 비록 다르지만, 둘 다 사람을 미혹시킬 한 쌍의 작은 발을 가졌다는 점은 같다. 남자들은 여성의 작은 발을 편애하게 되었지만 정작 선천적으로 그렇게 작은 발은 보기가 어려웠다. 따라서 후천적인 '가공'의 도움을 받아야 했다. 이는 공자진龔自珍의 『병매기病梅記』에 서술된 것처럼, 자연스런 매화 가지를 구부러지게 묶어놓은 격이다. 또 현대 여성들이 유방을 볼록하게 수술해 더욱 섹시하게 만드는 것과 같다.

가장 이상한 것은 여성의 작은 발이 남녀의 성생활 중에서 '성감대'로 작용한다는 점이다. 현대의 성 과학에 의하면, 여성이 성적으로 민감한 부분은 주로 입술 부위와 유방 부위와 음부에 집중되어 있고 발을 언급하는 경우는 드물다. 그러나 중국 봉건사회 후기에는 여성의 작은 발이 남녀관계에서 남자의 성욕은 물론 여성의 성욕도 자극시킬 수 있다고 하였으니, 이는 지금 사람들로서는 상상하기 어려운 일이다. 이러한 상황은 고대 성 소설 중에 많이 반영되어 있다.

청대 사람이 지은 『고아사鼓兒詞』에는 다음과 같은 내용이 있다. "아가씨 누각을 내려오면 동동동, 계집애가 누각을 내려오면 쿵쿵쿵. 똑같이 치마 입은 여잔데, 왜 발소리는 다를까?" 이 역시 같은 의미이다.

'작은 발 한 쌍에, 눈물 한 항아리'라고 한 것처럼 전족은 엄청난 고통을 감수해야 했다. 기록에 의하면, 전족은 약 4~5세부터 시작한다. 전족에 열의를 보이는 사람들은 8월 24일을 택해 이날 아이의 발을 싸맨다. 청대 고철경顧鐵卿은 『청가록淸嘉錄』 8권에서 "(8월) 24일, 찹쌀과 팥을 끓여 경단을 만들어 제사를 지내는데, 이를 점단黏糰이라고 한다. 집집마다 어린 여자아이들은 모두 이날을 택해 발을 싸매는데, 인절미, 경단을 먹고 발을 싸매야 뼈를 연하게 할 수 있다"라고 했다. 발을 싸맬 때는 먼저 엄지발가락을 제외한 네 발가락을 발바닥 쪽으로 구부리고 흰 백포 띠로 꽉 매는데 빡빡하게 매어 쉽게 느슨해지지 않도록 한다. 발 모양이 고정되기를 기다렸다가 '끝이 뾰족한 신'을 신는데, 낮에는 집안사람들이 그를 잡고 다니며 피가 나게 하고, 밤에는 과각포裏脚布를 실로 칭칭 감아 풀어지는 것을 방지한다. 7~8세가 되면 다시 발가락뼈를 구부려 과각포로 단단히 밀봉하고, 이후 하루씩 좀 더 단단히 매서 발을 변형시킨다. 끝내는 엄지발가락에만 의존해서 걸어 다니게 된다. '작고 가녀리고 뾰족하고 구부러지고 향기 나고 부드럽고 바른 상태'가 되어야 비로소 성공한 것이다.

이처럼 고통스러운 전족은 여성에 대한 성적 학대임에 틀림없다. 이에 대해 옛사람 중에는 이미 회의적인 태도를 보인 사람도 있었고 심지어 진보적인 사상가들은 반대와 비판까지 표현했다. 청대 대학자인 원매袁枚(1716~1797)는 『독외여언牘外餘言』에서 다음과 같이 말했다.

풍습은 사람마다 다른데 처음에는 물들게 되고 오래되면 천성으로 뿌리박힌다. 심지어 식욕과 성욕의 문제 역시 부화뇌동하여 마음속에 독창적인 견해가 없는 것은 심히 괴이한 일이다. (……) 여성의 발이 작다고 어찌 아름다운 구석이 있을까? 온 세상이 미친 듯이 이를 따라한다. 나는 어린아이의 수족을 해쳐서 아름다움을 구하려고 하는 것을, 부모의 유골을 불태워 복을 구하는 것과 같다고 생각한다. 슬프도다!

광서 23년, 양계초는 『변법통의變法通儀』 「여성의 배움을 논함」이란 상에서 또다시 전족의 폐단을 소리 높여 비판했다.

(……) 그뿐 아니라 저것은 곧 사람의 사지를 상하게 하고 피와 살을 썩게 하여 불구로 만드니 고문이나 다름없는데, 오히려 이것으로 자기 한 몸의 눈과 귀와 기호를 즐겁게 하고 있으니, 어찌 글을 알고 학문에 종사하도록 할 수 있겠는가? 이 때문에 전족이 하루라도 변할 날이 없고, 여성의 학문이 세워진 날이 없다. 순치 말엽 전족을 금하도록 했으나 오래 받들어 행하지 못하고 구습이 여전했다. 군주 한 사람의 힘으로는 많은 어리석은 이들의 마음을 고치지 못한다. 강한 남자의 머리는 약한 여자의 발만도 못했다. 이 잘못된 씨를 남기니 이것이 점차 퍼져나가 만연되고 날마다 성행했다. 안으로는 성명聖明의 법을 위반하고 밖으로는 이민족의 웃음거리가 되었다. 쓰라린 고통을 낱낱이 드러내고 종족의 아픔을 은밀히 배태했다. 오호라! 맑은 하늘은 어찌 우리 백성들에게 재앙을 내리고 이 화근을 남겨 질곡이 되게 했을까? 아니면 역시 천하를 다스리는 사람들이 여기에 뜻을 두지 않아서인가?

이러한 추악하고 기형적인 현상은 20세기까지 계속되다가 점차 사라져 과거의 황화黃花(황색의 섣달 매화로, 후에 처녀의 고상한 품행과 순결한 마음을 비유하는 말로 쓰임)가 되어버렸다. 그러나 그것은 역사상 오랜 세월 동안 존재했던 문화 현상으로 사람들의 뇌리에 남아 있고 끊임없이 사고하게 만들었다. 그래서 중국 고대 문화를 연구하는 사람들은 모두 이러한 기형적 현상에 주의하여 그 몇 가지 이유를 묻지 않을 수 없다.

서양학자로서 중국 고대 성 문화 연구의 권위자로 추앙되며, 유명한 『중국고대방내고中國古代房內考』 등의 저서를 쓴 네덜란드 반 훌릭은 일찍이 다음과 같이 지적했다.

송대부터 뾰족하고 작은 발은 미녀들의 필수조건 중 하나였다. 또 작은 발을 감싸는 것은 발과 신발을 연구하는 특수 학문을 형성시켰다. 여인의 작은 발은 그녀의 신체에서 가장 은밀한 부분, 가장 여성적이고 가장 매력적인 부분으로 간주되기 시작했다. 송대와 송 이후의 춘화는 여인을 적나라하게 그리고 있는데, 음부까지도 정밀하게 그려내고 있다. 그러나 춘화에서나 책에서나 나는 과각포로 싸매지 않은 작은 발 그림을 본 적이 없다. (……) 남자가 여성의 발을 만지는 것은, 전통 관념에 의하면 이미 성관계의 첫 단계에 해당한다.

(……) 한 남자가 끝내 자기가 사모하는 여인과 무릎을 맞대고 앉았을 때, 여성의 마음을 분명히 알고자 하면 절대로 육체적 접근으로 상대방의 감정을 헤아리려고 해서는 안 된다. (……) 만약 상대방이 자신에 대해 친근한 말과 친절한 반응을 보인다면, 그는 일부러 젓가락 또는 손수건을 땅 위에 떨어뜨려 그 물건을 집으려고 허리를 굽히는 순간 상대방의 발을 쓰다듬는다. 이것이 마지막 시험인데, 만약 그녀가 화를 내지 않는다면 구애는 성공한 것이므로 그는 곧바로 어떠한 육체적 접촉, 포옹이나 입맞춤 등도 할 수 있다. 남자가 여자의 유방이나 팔

을 스치는 것은 그래도 간과할 수 있는 문제이고 우연한 실수로 여겨진다. 그러나 여성의 발을 스치는 것은 항상 심각한 문제를 야기할 수 있고, 여기에 해명을 해도 도움이 되지 않는다.

여성의 작은 발이 왜 일종의 '성감대'로서 성욕을 자극하는지에 대해, 국내외의 학자들이 생리적 측면에서 연구를 한 적이 있다. 일본학자들은, 전족한 후 잘 걷도록 하려면 허벅지와 골반의 근육이 항상 긴장해야 하므로 음부의 근육이 비교적 팽팽하게 되어 성관계를 가질 때 처녀와 성관계를 갖는 느낌이 있다는 사실을 발견했다. 중국에서 40년을 산 영국 사회학자인 나지오 로저 또한 이러한 견해를 가지고 있다.

청 말 중국학자 고홍명辜鴻銘은 "발을 감싸면 피가 위로 흘러 엉덩이를 풍만하게 하여 성적 매력을 낳는다"라고 했다. 그는 유럽 여인들의 하이힐과 전족이 모양은 달라도 그 기능은 같다고 여겼다. 현재 국외에서 활동하는 의학박사이자 금련 연구가인 장혜생張慧生은 다음과 같이 말한다.

전족은 여성의 신체에 대해 영향을 줄 수 있다. 살랑살랑 걷는 모양은 남성의 주의를 끈다. 작은 발을 감싼 채 여인이 걸을 때, 그녀의 하체는 긴장상태에 있게 된다. 때문에 그녀의 대퇴부 피부와 근육, 또 질의 피부와 근육이 더욱 조여진다. 이렇게 걸은 결과, 작은 발을 한 여인의 엉덩이는 커지고 남성에 대해 성적 매력을 갖추게 된다. 이것이 중국 고대의 남성들이 작은 발을 싸맨 여인을 아내로 맞는 것을 좋아한 이유였다.

또한 전족이 여성의 성욕을 증가시킬 수 있다고 여기는 사람도 있다. 19세기 중국의 주 러시아 대사인 손모한孫慕漢은 『신보申報』 기자의 취재를 받으면서 다음과 같이 말했다.

> 여자의 발이 작으면 작을수록 질 근육은 더욱 예민해진다. 여인의 발이 작을수록 성욕은 더욱 증가한다는 옛말이 있다. 따라서 발을 가장 잘 싸맨다는 대동大同 지역 여성들의 결혼 연령은 다른 지방보다 어리다. 다른 지역의 여인들도 인위적인 방법으로 이와 비슷한 질 근육을 만들 수 있다. 그러나 오직 전족만이 질의 근육을 집중적으로 발달하게 만든다. 전족을 통해서 질 벽의 주름 조직이 한층 더 두꺼워진다.

그러나 이 문제에 대한 견해가 결코 일치하는 것은 아니다. 반 훌릭은 삼촌금련三寸金蓮(전족)이 남자들을 매료시킨다고 하지만 어떤 생리학적 근거는 없다고 본다. 그는 이것은 단지 심리적 작용으로, 신발에 대한 집착과 관련이 있다고 한다. 그러나 반 훌릭은 생리학자가 아니므로 생리학적 각도로 다른 학자들의 논거를 부정하기는 매우 어렵다. 동시에 왜 중국 고대의 그렇게 많은 남자들이 신발에 대해 집착하는 고질병을 가지게 되었는지, 그것을 해석하기도 매우 어려웠다.

그러나 중국 국내외 많은 학자들의 삼촌금련에 대한 생리적 분석이 사실에 가깝다 해도, 이 역시 얼마나 소름 끼치는 일인가! 그것은 중국 고대의 남자들이 자신의 성욕을 만족시키기 위해 여성을 얼마나 핍박하고 왜곡시켰는가를 충분히 폭로했다. 이상의 수많은 학자들의 분석을 귀납해보면, 전족은 분명 여성의 엉덩이를 크게 만들어 남자들의 성적 감각을 증대시켰고, 또 질의 근육을 수축시켜 남자들이 성관계를 맺을 때 더욱 편안하도록 만들었다. 이 모두는 여성을 보다 효과적으로 남성의 성적 도구로 만들기 위함이었다. 손모한이 말한 대로 전족이 여성의 성욕을 증가시킨다는 점은 긍정할 수 없을 듯하다. 그는 옛날 산서 대동지역의 전족이 가장 훌륭하다고 했는데 이는 사실이다. 대동의 옛 풍습은 전족에 매우 정성을 쏟아, 명절이 되면 여자들이 서로 발을 견주어보는 것이 성행할 정도였다. 그러나 이것과 여성들의 성욕 증가는 아무런 관계도 없다. 그들의 결혼 연령이 낮은 것은 남자들이 그들의 작은 발을 좋아하여 급한 마음에 기다리지 못하고 하루 빨리 희롱하려 했기 때문일 것이다.

이상과 같이 중국 사회에서 전족을 숭상한 원인은 다음의 몇 가지로 정리할 수 있다.

첫째, 여성을 규방에 가두기가 용이했다. 여성들의 활동 범위를 엄격히 제한함으로써 '삼종지도三從之道(어려서는 아버지를 따르고, 시집가서는 남편에게 순종하며, 늙어서는 아들을 따라야 한다는 덕목)'의 예교를 따르게 하고, 결국 남성들의 욕망에 따라 정조를 독점하려는 목적을 이루는 것이다.

둘째, 전족을 함으로써 여성의 몸매와 성의 생리적 변화를 유발하여 대를 잇는 출산의 도구로서의 역할을 더 잘하게 하려는 의도였다. 전족을 한 후에는 발의 형태가 기형이 되어 발이 땅에 닿을 때 전신의 중량이 발꿈치에 집중된다. 다시 말해 전족 후의 여성은 발꿈치로 걷게 되는 것이다. 때문에 걸음을 걸을 때마다 엉덩이를 흔들게 되고 이것이 오래 지속되면서 여성의 엉덩이 부분이 발달하고 골반에 영향을 끼치게 된다. 그리하여 여성의 성과 출산에도 영향을 주는 것이다.

셋째, 봉건시대 사대부의 변태적 심미관으로 인한 것이다. 오대五

代 이전에도 전족을 했다는 기록이 있다. 예를 들면, '살금살금 가늘게 내딛는 걸음' 등의 기록이 그것이다. 그러나 이들은 아마도 발을 싸매어 조금 작게 함으로써 걸음걸이를 가볍고 우아하게 만들고 춤을 출 때 아름답게 보이도록 하는 정도였을 뿐 뼈가 구부러질 만큼 단단히 싸매어 발 모양을 활처럼 휘도록 하는 정도는 아니었을 것이다. 봉건시대 많은 문인 사대부들은 여성을 노리갯감으로 보고 발이 작을수록 아름답다는 변태적 심미관을 추구했다. 더욱 변태적인 것은 기생의 신발로 술을 마시는 것이었는데, 이 풍습은 원元나라 때 생겨서 청대淸代에 이르러 성행했다. 이러한 변태적 심미관은 여성을 남성이 원하는 노리갯감으로 만들었고 이로 말미암아 전족은 보편적 악습으로 널리 자리 잡았다.

넷째, 여성 자신에게 원인이 있었다. 중국의 여성은 오랫동안 남존여비男尊女卑 사상과 까다로운 예교禮敎 아래에서 살았기에 자신의 독립적 인격을 자각하지 못했다. 그래서 그들은 남성을 기쁘게 하기 위해 기꺼이 전족을 하며 작은 발을 자랑스럽게 여겼다. 당시의 여성들은 발이 크다는 소리를 듣는 것을 큰 수치로 여겼다. 신혼 첫날밤 신랑이 신부에게 "발이 크다"라고 말하면 창피해서 얼굴을 들고 다닐 수 없었으며 이 때문에 신부들은 늘 발을 싸매야 했다.

이와 같은 전족은, 남자들을 위해 정조를 지키는 것이나 몸을 팔아 남자에게 성을 제공하는 것과 마찬가지로, 중국 고대 여성들의 지위를 말해준다. 중국에서 전족의 악습을 완전히 몰아낸 것은 불과 70년 정도밖에 되지 않았다. 지금까지 남아 있는 전족을 한 할머니들은 이 악습의 마지막 피해자 세대들이며 중국여성들의 길고 긴 세월을 대변하는 산증인이기도 하다.

창기의
기원과 역사

'기녀妓女'는 '창녀娼女' 또는 '창기娼妓'라고도 한다. 또한, '기妓는 여악女樂'이라는 해석이 있는 것으로 보아 중국의 기녀가 여악에서 비롯되었음을 알 수 있다.

원시시대에서 남녀 두 성의 관계는 아직 군혼群婚(원시 사회에서의 집단적 혼인 형태의 하나)이나 난혼亂婚(원시 사회에서 일정한 부부 관계가 없이 아무하고나 무질서하게 맺는 성적 결합)의 상태에 머물렀으며 정절녀貞節女라든지 기녀의 구분은 없었다.

그러나 노예 사유제가 생기면서 배우자를 정하는 개념이 생기고 노예와 창기가 나타나기 시작했다. 중국에서는 상왕조 때부터 가무와 여색을 제공하는 여악창우女樂倡優가 등장했다. 고대 서적에도 이와 관련한 많은 기록이 남아 있으며 현대에 와서 발굴된 고대 무덤과 문물을 통해서도 사실로 입증되고 있다. 1950년 하남河南 안양무관安陽武官 촌에서 상나라 귀족의 무덤이 발굴되었는데 관을 놓은 방의 서쪽에서 여성의 유골 24구가 발견되었다. 곽화균郭和鈞의 「1950년 춘계 은허殷墟 발굴 보고」에 따르면 이 여성들은 모두 무덤 주인이 생전에 거느렸던 여악들이다.

춘추전국시대에 가무와 여색을 즐겨 여악창우를 두는 풍조가 상류사회에서 널리 유행하면서 천자와 제후뿐 아니라 관료귀족과 사대부들도 요염하고 아름다운 첩으로 방을 채우고 많은 여악창우들을 두었다.

중국 기녀는 그 기원과 서비스 유형과 방식, 기생업의 유형과 경영 관리 등에서 모두 다원화 형태를 보였다. 예를 들어 기녀는 서비스 형식에 따라 미모가 뛰어나고 가무가 출중하지만 몸은 팔지 않는 예기藝妓, 젊고 아름다워 몸을 파는 것을 주요 업으로 삼는 색기色妓, 가무와 여색을 모두 갖추어 노래와 춤도 보이고 성적 서비스도 제공하는 기녀로 나누어졌다. 기녀의 소속과 서비스는 대상에 따라 궁기宮妓(궁녀), 관기官妓(관영 기생업 공창), 가기家妓(귀족과 권세가들이 집에 둔 기녀), 사기私妓(사적으로 성을 파는 것을 업으로 하는 기녀) 등으로 나뉘었다.

창기란 돈을 받고 다른 남자에게 육체로써 성적인 봉사를 제공하는 직업여성을 말한다. 돈을 벌기 위하여 여자가 여러 남자에게 육체로써 성적인 봉사를 제공하는 이런 형태의 직종은 상고시대에 이미 존재했다고 짐작된다. 그러나 현재 남아 있는 사료에 의하면 춘추시대 초기에 처음 등장한 것으로 되어 있다. 춘추오패春秋五霸(중국의 춘추시대 때에 천하를 제패한 다섯 임금. 오패는 제의 환공, 진晉의 문공, 초의 장왕, 오왕 합려, 월왕 구천이라는 설도 있고, 오왕 합려, 월왕 구천 대신 송의 양공과 진秦의 목공이라는 설이 있다)의 하나였던 제齊 환공桓公 때 '여려女閭'라는 이름의 창관娼館이 설립되었다. 이는 재상

인 관중管仲이 건의하고 환공이 승인하여 설립한 것으로 일종의 공창
公娼이다. 이 '공창'은 궁문 앞에 세워졌으며 7백여 명의 창기를 보유할
정도로 대단한 규모였다.

관중이 '공창'을 설립한 데에는 여러 가지 목적이 있었다. 우선 국가
의 재정수입을 확충하고, 다음으로 여자의 수요와 공급이 불균형을 이
루고 있던 당시의 사회적 문제를 해소하겠다는 것이었다. 그리고 외
국의 인재를 끌어들이는 의미도 있었으며, 또 외국의 사절들을 창기와
어울리게 하여 정보 수집을 꾀할 수도 있었다. 당시는 천하의 제후들
이 서로 힘을 겨루던 시대로 모사謀士(책사, 모의에 참여하는 사람)와
사절들이 늘 빈번히 오갔으므로 아마 이런 시설이 필요하였을 것이다.
공자는 일찍이 관중이 훌륭한 사람이었다고 칭찬하였는데, 과연 이런
일을 알고서 그런 말을 하였는지 의심스럽다.

제나라의 '여려'가 여러 가지 효과를 거두는 것을 보고 다른 나라에
서도 앞을 다투어 그것을 모방하게 되었다. 그보다는 훨씬 후대의 일
이지만 춘추시대 말기에는 월왕越王 구천句踐이 오吳나라를 정벌할
때, 장수와 병사들이 집을 그리워하여 군대의 사기가 저하된 것을 보
고 여성 위문단을 조직하여 전선으로 보냈다. 이것은 아마 중국 최초
의 '종군위안부從軍慰安婦'가 아닌가 생각된다.

종군위안부는 한漢 무제武帝 때에 이르러 일종의 제도로서 정착되
었다. '군영軍營의 기생'이라는 의미에서 그 이름을 '영기營妓'라고 했
다. 이 '영기' 제도가 만들어지기 이전에 종군위안부를 둔 것은 일종의
임시방편으로 그 배정이 상황에 따라 일정치 않았다. 그래서 나중에는
죄인의 아내나 딸들을 강제로 군사들에게 짝지어주는 제도도 생겨났
다. 그러나 이런 경우에도 문제가 있었다. 즉 군대 내부에서 저마다 가

족을 구성하게 되면 군대가 너무 비대해져 통솔과 이동에 어려움이 있었으며, 반대로 군사들에게 짝지어줄 여자가 적으면 분배가 공평하지 못하여 내부에 갈등이 생길 수 있었다. 여기서 생겨난 것이 바로 '영기' 제도였다. 이렇게 하여 군대 내의 모든 군사들은 공평하게 여자를 접할 수 있었으므로 그만큼 불만이 줄어들었다.

한나라 때에 시작된 '영기' 제도는 그 뒤 위魏나라 때 크게 성황을 이루었고 당나라와 송나라 때에도 여전히 쇠퇴하지 않았다. 그러나 그 성격은 이미 변질되어 군사를 위로하는 데에서만 그치지 않았다. 통일 왕조였던 당과 송은 전쟁이 비교적 적어 실제로는 종군위안부가 그렇게 많이 필요하지 않았지만, '영기' 제도는 유사시를 대비하여 전시와 다름없는 체제로 시행되고 있었다는 것이 문제였다. 그 결과 '군복을 입으면 군대를 지휘하고, 군복을 벗으면 백성을 다스리던' 지방장관들이 자기 관할 지역 안에 있던 영기들을 마치 사유물처럼 차지하는 일이 예사로 생겨났다. 그리하여 영기의 성격은 "군사들의 사기를 진작시킨다"는 본래의 취지에서 벗어나 관료에게 봉사하는 존재로 변질되고 말았다. 이렇게 되자 여러 가지 '황당한' 일도 많이 일어났다. 예를 들면, 지방장관이 이임하고 부임하면서 업무의 인수인계를 할 때에 자기가 차지하고 있던 영기도 인수인계의 대상에 포함시켰다. 당나라 때의 이요李曜라는 사람은 흡주歙州에서 근무할 때 소광詔光이라는 영기를 대단히 사랑하였다. 그가 다른 곳으로 이임할 때 소광을 데리고 가고 싶었으나, 영기가 법적으로는 개인 소유물이 아니었으므로 그렇게 할 수는 없었다. 그래서 아까운 마음에 후임자에게 자기가 사랑하던 영기를 넘겨주니 잘 데리고 있으라고 당부하는 시를 써주었다. 그러나 그 후임자는 이에 답하는 시에서 소광은 이미 전보다 자색이 못해졌을 것이므로 자기는 더 좋은 영기를 구하겠다는 뜻을 밝혔다. 또 두회杜晦라는 사람은 이임할 때에 사랑하던 영기와 서로 부둥켜안고 통곡하였다고 한다. 그 소식을 들은 군수郡守 이첨李瞻은 "하찮은 영기 하나 때문에 관리가 체통 없이 그런 꼴을 보이는 것은 어이없는 일이다"라면서 두회로 하여금 그 영기를 데리고 가게 하였다.

지방의 장관이나 관리들이 이렇게 영기와 놀아나고 사랑에 빠져 있었다는 것은 정말로 체통을 잃은 행동이었다고 하지 않을 수 없다. 그런데 그보다도 더 체통을 잃은 행동도 있었다. 영기 하나를 사이에 두고 관리나 장수들이 서로 질투하고 싸움까지 벌인 일이 자주 일어났다. 그중에는 그 일을 소속 장관에게 호소한 사람도 있었고 심지어는 상대를 죽이는 일도 있었다. 이러한 일들은 정부의 이미지를 나쁘게 만들었으며 군대의 단결에도 좋지 않은 영향을 미쳤다. 이 때문에 송나라 때에는 그 개선책으로 지방장관이 연회석상에 영기를 불러서 춤을 추고 술을 따르게는 할 수 있어도 잠자리를 함께하지는 못한다는 규정을 만들었다. 그러자 이로 말미암아 또 많은 사건들이 생겨났다. 예를 들어 북송 때 왕안석王安石은 항주태수杭州太守 조무택祖無擇이 영기 설희도薛希濤와 사통하였다고 탄핵한 적이 있으며, 남송 때 주희朱熹는 천대군수天臺郡守 당중우唐仲友가 엄예嚴蘂라는 영기와 관계가 깨끗하지 못하다고 고발한 일이 있었다. 이 일들은 순식간에 큰 사건으로 비화되어 한때 조정이 소란스러웠다. 결국 두 사건은 영기들이 목숨을 걸고 자백하지 않음으로써 별 문제 없이 수습되긴 했지만, 그 사태의 심각성을 충분히 짐작할 수 있을 것이다.

명나라 초기에 태조 주원장朱元璋은 건도교乾道橋와 무정교武定橋 두 곳에 관영 기원妓院, 즉 공창을 두었다. 얼마 뒤에는 관리들이 기생을 데리고 자는 것을 엄격히 금지하여 이를 어기는 자는 중벌에 처했다. 당시의 형법에 따르면 살인에 버금가는 중죄로 다스렸다고 한다. 주원장의 이러한 조치는 송나라의 멸망이 관리들의 부패에서 비롯된 것이었음을 절감하고 관리들의 기강을 바로잡기 위해서였다. 그리고 백성들에게 조정과 관리에 대한 좋은 인상을 심어주기 위한 뜻도 있었다. 그러나 이러한 일은 위에서 정책을 시행하면 아래에서도 나름대로 대처하는 방법이 있기 마련이다. 예를 들면, 남의 눈에 띄게 기원에 들어가는 것은 곤란하였지만, 그 대신 기생을 다른 술집이나 여관 등으로 불러서 함께 놀 수 있었다. 또 개인적으로 친한 민간인의 집에 기생을 불러서 밀회를 즐길 수도 있었다. 그밖에 만약 기생과 연관된 사건이 생길 경우에는 사건에 대한 조사를 핑계로 기생을 밀실로 불러 잠깐 즐길 수도 있었을 것이다. 명나라 때에 이러한 일은 실제로 대단히 성행하였다. 심지어 명나라 전기에 재상을 지낸 양영楊榮, 양사기楊士奇, 양부楊溥 등 이른바 '삼양三楊'조차도 기생을 끼고 술을 마신 일이 있었다고 하니 그 나머지는 충분히 짐작할 수 있겠다.

물론 황제의 칙명을 어느 누구도 공개적으로 어길 수는 없었으므로 관리의 출입이 통제된 관영 기원의 수입은 상대적으로 줄어들 수밖에 없었다. 이에 기원도 수입 증대를 위하여 일반 대중에게 개방되었다. 이렇게 되자 나중에는 굳이 더 이상 관기官妓를 둘 필요가 없어졌다. 그래서 청나라 초기에 이르러서는 마침내 조정에서 명을 내려 관영 기원의 문을 닫도록 하였다. 이때가 강희康熙 12년(1673)이었다. 결국 2천여 년이나 명맥을 이어오던 관기는 이로부터 중국에서 자취를 감추고 더 이상 존재하지 않게 되었다. 이리하여 창기는 사기私妓, 즉 사창私娼만 남게 되었다.

앞에서도 잠깐 언급하였지만 사창은 상고시대에 이미 존재했던 것으로 보인다. 그때의 사창은 명실공히 개인 사업으로서 그 규모가 크지 않아 하나둘씩 따로 돌아다니며 영업을 한 것 같다. 이런 소규모 사업이 제대로 된 규모를 갖추게 된 것은 당나라 때부터였다.

당나라 때의 창기사업은 대단히 발달했다. 궁중에서도 창기들을 모아 놓고 가무단을 조직하였으며, 때때로 일부 낭만적인 황제는 친히 그 단장을 맡기도 했다. 현종 이융기李隆基를 비롯하여 오대십국五代十國 때 전촉前蜀의 왕연王衍이나 남당南唐의 이욱李煜 등이 그 대표적인 예이다. 궁중에서도 이러하였으니 민간의 홍등가紅燈街는 당연히 셀 수 없을 만큼 많았을 것이다.

당나라 때에는 또 하나의 흥미로운 습관이 있었다. 매번 과거가 끝나면 진사에 급제한 사람 가운데에서 젊고 용모가 빼어난 두 사람을 뽑아서 성 안을 돌아다니게 하고 마음에 드는 기생을 고르도록 하는 것이었다. 이 활동에 선발된 급제자를 일러 '두 거리를 돌아다니며 꽃을 찾는 사신'이란 뜻으로 '양가탐화사兩街探花使'라고 하였으며, '꽃을 찾는 젊은이'란 뜻으로 '탐화랑探花郎'이라고도 불렀다. 탐화랑이 이르는 곳에는 온 성 안의 사람들이 다 몰려나와 입추의 여지가 없을 정도로 붐볐으며, 선발의 대상이 되었던 기생들도 모두 창가에 기대어 쉴 새 없이 탐화랑에게 추파를 던졌다.

송나라 때에도 '민영民營 기업妓業'이 대단히 발달하였다. 게다가 이전 시대보다 한술 더 떠서 민간에서는 기생을 대상으로 하는 미녀선발대회까지 열렸다. 이런 활동을 가리켜 '꽃을 품평하는 방'을 만든다는 뜻으로 '평화방評花榜'이라고 불렀다. 즉 기생의 등급을 매긴다는 뜻이다. 이런 행사는 대개 기원에 자주 드나드는 명사나 한량들이 주최하고 그 심사를 맡았다. 여기에 참여하는 명사나 한량들은 주로 과거에 낙방한 선비들이거나 불우한 문인들이었다. 그렇지 않으면 부귀공명을 헌신짝처럼 여기거나 "시 천 수로 만호후 앞에서도 오만하다"라고 호기를 부리던 자칭 '도시의 은자隱者'들이었다. 그들은 인생을 우습게 여기고 세상만사를 냉소적으로 보며 나름대로 자유롭게 살아갔다.

명나라 때에도 여전히 기생을 대상으로 하는 미녀선발대회가 있었으며, 기생 문제를 연구한 전문 학술서적들도 나왔다. 이러한 책들은 대부분 『표경嫖經』이라는 이름으로 출간되었는데, '경經'이라는 글자가 붙은 것이 눈길을 끈다. 원래 '경'이란 극히 신성하고 권위 있는 책에만 붙이는 글자였다. 유가儒家의 서적 가운데에는 '시경詩經', '서경書經', '역경易經', '예경禮經', '악경樂經', '춘추경春秋經' 등 권위 있는 것에만 '경' 자를 붙이고 그 나머지 책에는 '전傳' 자를 붙였다. 불가佛家의 서적 가운데에서는 물론 『육조단경六祖壇經』과 같은 예외도 있기는 하지만, 일반적으로 오직 부처의 말씀을 담은 것에만 '경' 자를 붙였다. 그런데 명나라 때에 와서는 기생과 어울려 노는 일을 적어 놓은 책에 감히 '경' 자를 붙였으니, 지식인들의 타락상이 어느 정도였는지 가히 짐작할 만하다.

청나라 초기에는 한때 매음賣淫을 금지시킨 일이 있었다. 그러나 건륭乾隆 이후에는 다시 성행하여 더 이상 금지시키기 어렵게 되었다. 이때는 관기가 이미 없어졌고 대신 사창이 곳곳에서 성행했다. 19세기 중엽에는 태평천국太平天國(1851~1864)의 난이 일어나면서 그 관할지역 내의 매음 행위를 일체 금지시켰다. 그러자 기생들은 모두 상해上海로 몰려들었고 십리양장十里洋場에서 그들의 '현대화' 대장정大長征을 시작하였다. 1864년 전후에 상해 조계租界의 인구가 모두 50만 명이었는데 기원의 수는 668군데나 되었다고 하니 사창사업이 얼마나 번성했는지 짐작할 수 있다.

관중이 '여려'를 설치한 이후 2천 6백여 년 동안 지속되어온 매음사업은 중화인민공화국이 건국되면서 금지되었다. 이 2천여 년 동안에 발생한 문제들은 이루 다 말할 수 없을 정도로 많았을 것이다.

다음은 기원妓院(청루靑樓)의 기능에 대해 소개하고자 한다. 앞에서도 언급했듯이 중국 고대의 기생은 전체적으로 볼 때 크게 두 종류가 있었다. 하나는 '예기藝妓'라는 것이고 하나는 '색기色妓'라는 것이었다. '예기'는 말할 것도 없이 예술적인 재주로 오락을 제공하는 기생을 가리키고, '색기'는 바로 육체를 밑천으로 '매음'을 주로 하는 기생을 가리켰다. 창기의 발전 과정을 살펴볼 때 선진시대부터 남북조시대까지는 대체로 예기가 많았고, 당송唐宋시대에는 두 가지가 병존하였으며, 명明·청淸시대에는 예기는 찾아보기 어려웠고 색기가 대종을 이루었다. 어쨌든 예기와 색기는 그 성격이 달랐다.

예기와 색기는 그 봉사 내용도 달랐지만 그들 자체에도 아속雅俗의 구별이 있었다. 일반적으로 말해서 예기가 될 자격을 갖추려면 우선 용모가 아름다워야 했고, 다음으로 예술적인 재주도 있어야 했다. 특히 예술적인 재주는 천부적인 소질도 타고나야 했지만 후천적인 훈련이 무엇보다도 중요하였다.

이러한 예기 가운데에는 '예술가'의 경지에 이른 사람도 많았다. 예를 들어 북위北魏의 서월화徐月華는 아주 훌륭한 공후箜篌 연주가였다. 사서의 기록에 의하면 그녀가 공후를 타면서 노래를 부를 때 그 애절한 소리가 너무나 멀리까지 퍼져나가 지나가던 행인들도 모두 발걸음을 멈춘 채 감상하였다고 한다. 당연히 그녀의 집 앞에는 언제나 사람들로 붐볐다.

예기에 비하면 색기에게는 물론 이와 같은 품위와 매력이 상대적으로 적었다. 그들 중에서 비교적 인기 있는 경우에는 젊음과 미모를 밑천으로 가만히 앉아서 오는 손님을 골라가면서 맞아들일 수도 있었다. 물론 질이 떨어지는 색기들은 대개 문 앞에 서서 오가는 손님을 유인하거나 억지로 잡아끌기 일쑤였다. 이렇게 종일 문 앞에 서서 손님을 끄는 행위를 가리켜 '참관站關'이라고 했다. 명·청 이후에는 "창기가 온 천하에 가득하다"라는 말이 있었는데, 이는 바로 이러한 색기를 가리킨다고 보아야 할 것이다.

기생에게 예기와 색기의 구별이 있듯이 기원도 고하의 등급이 있었다. 그중에서 가장 고급의 기원을 '청루青樓'라고 했다. '청루'라는 말은 원래 호화롭게 잘 지어진 누각을 가리켰으며, 때에 따라서는 행세하는 가문을 지칭하기도 하였다. 예를 들어 옛날 시에 자주 등장하는 '남으로 붉은 문을 열고, 북으로 푸른 누각을 바라본다'에서의 '푸른 누각'이 바로 그것이다. 남북조시대에 이르러 이 말은 점점 변질되기 시작하더니 당나라 때에는 거의 순전히 화류계를 지칭하는 말로 쓰이게 되었다.

물론 어느 정도의 규모와 수준을 갖추어야 청루라고 부를 수 있었다. 그런데 중국인들은 과장을 좋아하는 특징이 있어서였는지는 몰라도 나중에는 보통의 기원까지도 모두 '청루'로 부르게 되었다.

제대로 된 규모를 갖춘 청루의 기녀들은 일반적으로 예기가 대부분이었으나, 그중에는 재색이 함께 뛰어나 예기와 색기의 두 가지 기능을 겸하는 경우도 있었다. 그러나 어떠한 경우를 막론하고 시를 읊고 악기를 연주하며 노래를 부르고 춤을 추는 것이 그들에게는 역시 가장 중요한 일이었으며, 그것이 또한 청루의 가장 큰 수입원이었다. 따라서 예술적인 흥미와 수양이 없는 손님은 대개 이런 곳에 잘 오지 않았다. 와본들 별로 재미를 느끼지 못하고 돈만 많이 쓰게 되기 때문이었다.

중간 등급의 기원은 '주루酒樓'라고 불렀다. 이곳에 오는 손님들은 주로 '먹고 마시는 즐거움'을 찾으려는 경우가 많았다. 이러한 곳은 요리는 말할 것도 없고 그릇이나 술잔까지도 아주 신경을 써서 갖추었으며, 화려한 옷차림에 젊고 예쁜 아가씨들이 술시중을 들었다. 그리하여 먹고 마시고 떠드는 소리가 밤늦도록 끊이지 않았다. 물론 위층에는 별도의 밀실도 갖추어 다른 용도에 제공되었다.

청루의 주요 고객은 비교적 여유 있는 문인이나 사대부 계층이었다. 물론 개중에는 비교적 고상한 취미를 갖고 있는 상인이나 무인武人도 있었다. 그들 고객은 주로 심신의 긴장과 피로를 풀고 좋은 술과 음식을 즐기며 기녀들의 가무음률이나 시문 등 예술적인 재능을 감상하기 위해서 이곳을 찾았다. 여기서 밤을 새우는 일이 있더라도 성적인 목적만을 위한 것은 아니었고, 그 자체가 하나의 좋은 휴식이 되었다. 이곳에서는 예쁘고 상냥한 기녀들의 접대를 받으면서 잠시나마 번잡한 정무나 세속의 명리 따위를 모두 잊어버릴 수 있었다. 그러므로 조금이나마 행세하는 사람들은 모두들 이런 곳을 즐겨 찾았다. 실제로 청루는 바로 이와 같은 목적에 맞추어 생겨났다.

이와 함께 역시 가장 중요한 것은 이곳에 있는 아가씨들이 모두 다 재색을 겸비했다는 사실이다. 이곳의 아가씨들은 타고난 용모 말고도 모두가 특수한 훈련을 받아 모든 동작이 사람의 마음을 사로잡을 만했다. 물론 그들도 몸을 팔기는 했지만 결코 가볍게 몸을 바치지는 않았다. 게다가 비록 기녀이지만 타고난 기질과 높은 교양을 갖추어 근엄함이 우러나왔으므로 손님들도 함부로 대하지 않았다.

북송 말기의 풍류 황제였던 휘종徽宗 조길趙佶과 당대의 명기 이사사李師師의 이야기는 그 좋은 예가 될 것이다. 휘종이 처음 이사사의 집을 찾아가서 그녀의 얼굴을 한번 보기까지에는 상당히 많은 절차를 거쳐야 했다. 도착하자마자 먼저 차가 나왔고, 차를 다 마시자 다시 과일이 나왔다. 과일을 먹고 난 뒤에는 산보를 하면서 사방을 둘러보았다. 그 다음에는 시장해져서 다시 야식을 먹었다. 야식 뒤에는 향을 섞은 물에 목욕을 했으며, 목욕을 끝내고 한참 동안을 쉬고 나서야 이사사가 나타났다. 그러나 이사사를 만나고 나서도 휘종은 그녀와 잠시 대화를 나누고 노래를 한 곡조 들었을 뿐, 이사사의 손가락 하나 만져보지도 못하고 궁궐로 돌아와야만 했다. 그런데도 휘종은 이와 같은 이사사와의 만남이 대단히 즐거워 만족스러워했다고 한다.

전통사회에서의 청루는 심신을 편안하게 해주는 휴식공간이었을 뿐 아니라 예술을 감상할 수 있는 문화 공간이기도 했다. 사실 오늘날의 극장 등과 같은 문화 공간이 없었던 과거에는 청루가 중요한 예술무대로서의 구실을 톡톡히 했다. 물론 옛날에도 궁중이나 고관대작의 저택에는 상당한 규모의 가무단이 있어서 자주 공연을 하였지만, 그것을 즐길 수 있는 사람은 황제를 비롯한 극소수에 불과했으며 일반 대중은 감히 얼씬도 하지 못했다. 그러므로 일반인들은 바로 이 청루에 와서 그러한 문화적인 욕구를 충족시켰던 것이다.

청루는 또 중요한 사교 장소이기도 했다. 중국인의 사교에는 일반적으로 술이 따르기 마련이고, 술자리에서는 예쁜 아가씨가 시중을 들어야 제격이었다. 청루는 바로 이 같은 사교의 요건을 만족시켜주는 곳이었다. 엄격한 훈련을 받은 청루의 여자들은 노래와 연주와 춤은 물론이고 온화한 태도와 뛰어난 언변으로 손님의 비위를 잘 맞출 수 있었다. 따라서 전통사회의 사교활동은 청루에서 이루어지는 경우가 많았다. 이런 사교활동을 원활하게 하기 위해서 때에 따라서 청루의 여자들에게는 아름다운 용모보다도 오히려 활달한 성격과 숙련되고 재치 있는 언변이 더 요구되었다.

또한 풍류문인과 기녀의 만남은 청루의 풍경을 아름답게 연출하는데에 톡톡히 한몫을 했다. 풍경이란 언제나 아름다운 법이지만, 역대의 수많은 풍류문인들이 설계하고 묘사해낸 풍경은 더욱더 아름다웠다. 그러나 겉이 아름답다고 해서 속까지 아름다웠던 것은 물론 아니다. 이 아름답고 낭만적인 풍경의 이면에는 우리가 차마 눈뜨고 보지 못할 추악하고도 비참한 모습들이 숨겨져 있다.

우선 금전상의 문제가 있을 수 있다. 중국 역사상 특수한 목적을 위한 기원, 즉 관기나 영기를 제외하고 그 나머지는 국영 기원이나 민영 기원을 막론하고 모두가 돈을 벌기 위한 목적으로 운영되었다. 근본적인 것을 따지고 보면 오락과 문화의 공간을 제공한다는 것은 구실에 불과하고, 돈을 버는 것이야말로 가장 중요한 목적이었다고 할 수 있다. 중화인민공화국 정부가 들어서면서 폐지될 때까지 2천여 년이란 오랜 세월 동안 기원이 존속해왔던 것도 그것이 그만큼 큰 돈벌이가 되었기 때문이다.

앞에서 잠깐 언급한 명나라 때의 『표경嫖經』은 "청루를 찾는 손님과 기녀의 사이에 결국에는 금전적인 매매 관계만이 남을 뿐"이라고 기록하고 있다. 따라서 손님으로부터 돈을 뜯어내기 위해서 기녀들은 수단과 방법을 가리지 않고 온갖 추악한 작태를 다 벌였다. 특히 기녀들의 뒤에는 그들을 관리하고 조종하는 이른바 포주와 기둥서방이 도사리고 있었으며, 이들로부터 당하는 기녀들의 고통은 이루 말로 다 표현할 수 없을 정도였다. 기녀들은 그들로부터 신체적 자유를 박탈당했을 뿐만 아니라 재물을 착취당하고 온갖 비인간적인 대우까지도 감내해야만 했다.

기녀의 역사를 더듬어보면 기녀가 되는 경로를 대략 다음과 같이 정리할 수 있다. 우선 고대에는 죄인의 가족이나 전쟁포로로서 선택의 여지가 없이 기녀가 되는 경우가 많았다. 그리고 나중에는 일반 양민으로서 생활이 곤궁한 나머지 어쩔 수 없이 기녀가 되는 경우가 있었다. 이밖에 남의 꾐에 빠지거나 납치되어 기녀로 팔리는 경우도 적지 않았다. 어쨌든 어느 경우를 막론하고 스스로 좋아서 기녀가 된 사람은 거의 없었고, 대다수가 핍박에 못 이겨 그 길로 들어섰던 것이다. 결국 이렇게 여자를 청루로 몰아넣는 것은 인권을 박탈하고 인격을 모독하는 것이며 인간성을 유린하는 것이다.

기녀에게 무엇보다도 견딜 수 없었던 것은 그들이 정상적인 인격체로서 인정받지 못했다는 사실일 것이다. 역사상 한 시대를 풍미하다가 역사에까지 그 이름을 남기면서 후세의 사람들로부터 칭송을 받는 명기도 적지 않았다. 그러나 이러한 명기는 전체 기녀 가운데에서 극소수일 뿐이었다. 게다가 사람들이 겉으로는 그들을 동정하고 그들의 행적을 칭송한다고 하지만, 마음속 깊은 곳에서는 그들을 결코 정상적인 사람으로 여기지 않았을지도 모를 일이다. 그만큼 사회적으로 인격적인 존엄성을 완전히 상실한 존재가 바로 기녀였다고 보아도 좋을 것이다.

결국 역대로 그렇게 많은 시인들이 시로써 청루를 미화하고 기녀의 자태를 마치 선녀처럼 묘사했음에도 불구하고 기녀의 생애는 겉으로 드러나는 그들의 화려한 모습과는 전혀 딴판으로 결코 행복하지 않았다. 관기는 권세의 억압을 받아 인격적인 삶을 포기해야만 했고, 사기

私妓는 또 금전의 노예가 되어야만 했으므로 그야말로 상품과 노리개 그 자체였다. 그러므로 그들의 목숨조차도 파리 목숨과 크게 다르지 않았다. 당나라 때 금릉金陵에서는 한 무리의 젊은 난봉꾼들이 한 명의 영기를 희롱하면서 놀다가 죽여 버린 다음 불을 질러 그 시체를 태워버린 일이 있었다. 영남嶺南에서는 어느 영기가 연회석상에서 손님에게 사소한 실수를 저질렀다가 그 지방장관으로부터 그 자리에서 곤장형을 받았다. 곤장을 맞고 난 기녀의 몰골을 보고 지방장관은 문학적인 재능을 십분 발휘하여 "녹색 비단 치마 밑으로 곤장을 세 대 치니, 붉은 분칠한 뺨 위로 눈물이 두 줄기 흐르네."라고 시를 읊었다. 이같은 행위는 너무나 악랄하고 비열한 행동이다. 어쨌거나 정부에서 관할하는 기녀가 이 정도의 대접을 받았으니, 일반 기녀들의 운명이 어떠하였는지는 쉽게 짐작할 수 있는 일이다.

기녀가 당한 학대는 육체적인 고통도 컸지만 정신적인 것은 그 이상으로 심각했다. 그들은 오랫동안 인격적인 대우를 받지 못했으므로 마음속에는 언제나 굴욕감과 열등감, 고독감, 허탈감 등으로 가득 차 있었을 것이다. 게다가 아무 의지할 것도 없는 데에서 오는 불안감과 막막한 장래에 대한 공포감까지 있었을 것이다. 이러한 심리는 언제 어디서나 내면으로부터 그들을 괴롭혔음은 말할 것도 없다. 그들은 화려한 주위 환경과 좋은 음식, 좋은 옷으로 한때나마 호사를 누리는 것 같지만, 그것으로 내면의 고통을 만 분의 일이라도 메울 수는 없었다. 이러한 고통을 조금이나마 잊기 위하여 그들은 더욱 취생몽사醉生夢死(술에 취하여 자는 동안에 꾸는 꿈속에서 살고 죽는다는 뜻으로, 아무 하는 일 없이 한평생을 흐리멍덩하게 살아감을 비유적으로 이르는 말)의 생활방식을 취했을지도 모른다. 그리고 이런 생활이 오래 지속되다

보면 그들 자신도 '이 세상에 과연 사람 사이의 참된 정이 있을 수 있을까?' 하는 의문도 생기지 않을 수 없었을 것이다. 그들 중의 대다수는 결국 그렇게 늙어가고, 나중에는 아무 감정과 인정도 없는 시체와 같은 사람으로 변하여 외롭게 살다가 죽어갔을 것이다.

이상과 같이 중국 기녀의 역사는 상왕조 때부터 남성에게 향락을 제공한 창기들이 궁정, 귀족, 호족들 사이에서 자생한 후로 시작되었다. 그 후 시대가 변하고 사회가 바뀌며 수천 년이 흘렀지만 중국의 기녀는 비정상적인 방식으로 퍼지며 당·송·원·명·청을 거쳐 근대에 이르렀다. 기녀는 일부 여성들의 특수한 생존방식으로 전해지며 역사와 함께 발전해 왔다. 깊이 들여다보면 중국 기녀(창기)들의 몇 가지 독특한 점을 다음과 같이 정리할 수 있다.

첫째, 중국 기녀는 노예창기에서 비롯되어 초기에는 노래와 춤을 제공하는 것이 주된 역할이다가 후에 가무와 여색을 제공하는 대상으로 변했다. 한위漢魏시대부터 기생업이 성행하여 파생 발전되며 여색을 제공하는 역할 위주로 변모하면서 몸을 팔지 않고 기예만 보여주는 일부 기생들을 제외하고 대부분 성적 서비스만을 제공하는 모습을 갖추게 되었다.

둘째, 중국의 봉건 예교가 엄격해질수록 기생업은 더욱 왕성하게 발전했다. 고대 중국여성 중 사회가 규정한 성 역할, 생물학적 성 역할, 그리고 개인이 인식하는 성 역할의 세 가지를 통일한 것은 대부분 기녀들뿐이었다. 그녀들은 가무와 여색을 제공하는 것을 업으로 삼았으니 자연히 '정절녀'의 영예로운 호칭에 연연할 필요도 없었고 여자로서, 며느리로서, 어머니로서의 갖가지 족규와 윤리에 사사건건 얽매일 필요도 없었다. 그녀들은 순전히 여성 모습으로만 남성 앞에 서서 더욱

시적이고 낭만적인 관계를 갖고 자신의 성적 매력을 발산하여 남성들을 매료시켰다. 그녀들은 음탕하다는 손가락질을 걱정할 필요가 없었다.

봉건 예교와 윤리가 엄격해질수록 남성들의 성생활도 제한받게 되었다. 물론 여전히 처첩을 여럿 두었지만 처첩을 들이는 조건이 제한되어 그 목적이 우선 대를 잇는 것이어야 했고 당사자인 남성이 마음대로 할 수 없었다. 때문에 고대 중국에는 "처는 첩만 못하고, 첩은 기녀만 못하고, 기녀는 몰래 정을 통하는 것만 못하다."라는 말이 유행하기도 했다. 기생과 즐기고 몰래 정을 통하며 남성들은 자신의 성적 쾌락을 추구했다. 그들은 기녀와 즐기는 순간 모든 윤리를 잊고 무거운 예교의 옷을 벗어 던져버렸으니 부인과의 관계에서 지켜야 하는 금기가 기녀와의 관계에서는 존재하지 않았다. 때문에 제왕과 권세가들도 은밀한 관계를 맺고 즐기기를 주저하지 않았다.

기녀들이 기꺼이 부권父權 사회에서 남성의 성적 즐거움을 만족시키기 위한 존재로 남게 하기 위해 그들은 한편으로 부도婦道와 정절의 관념을 들어 대부분의 여성들을 속박하고 현모양처의 관념을 제창하며 기녀를 비천한 사회계층으로 배척하면서도, 다른 한편으로는 그녀들에게 물 쓰듯 돈을 써 그녀들로 하여금 계급은 비천하지만 귀족 부럽지 않은 생활을 향유하여 심리적인 만족을 얻게 했다. 그리하여 호화로운 생활을 동경하며 가난에 찌든 여성들은 기꺼이 기생의 길로 뛰어들었다.

셋째, 중국여성문학의 관점에서 볼 때 역대 기녀의 문학적 소양과 시부의 수준은 평범한 일반 여성을 뛰어넘었다. 이들은 개성·사상·정신적인 면에서 비교적 자유롭고 개방되어 있어 정해진 틀에 구속받지 않았으며, 문인·선비 등 귀족과 교류할 기회가 많았기 때문에 시를 짓고 문학을 논하는 데 능한 사람이 많았다.

기녀들 가운데 시문에 탁월한 재능을 보인 이가 많으므로 시문에 능한 것은 양갓집 여자의 모습이 아니며 "여자는 재주가 없는 것이 덕이다"라는 편견이 생겨나기도 했다 이에 반해 양갓집 여성들은 정신에서 육체에 이르기까지 모두 엄격한 속박을 받았으며 설사 문예적 재능이 있다 하더라도 규방에 갇힌 채 마음속 깊은 곳에 묻어두어야 했으니 자신의 감정을 표현할 기회가 거의 없었다. 이리하여 중국 특유의 기녀문화가 형성되면서 적지 않은 명기들이 우수한 작품을 많이 남겼다. 이 작품들은 기녀들의 애환을 담고 있어 소홀히 할 수 없는 중국 정통 문화의 부분이 되었다.

중국여성들 중에서도 기녀들은 특수한 계층으로 태생에서부터 병태적 모습을 하며 널리 자생했다. 그녀들은 봉건 예교와 윤리강령의 억압 속에서 인격을 잃고 살아야 했던 대다수 중국여성들과 마찬가지로 또 다른 생존방식으로 남자에게 의지하며 인격의 존엄을 잃은 채 살았다. 그녀들은 때로는 향락을 탐닉하고, 때로는 자립을 꿈꾸며 몽롱한 고통 속에 잠긴 채 몇천 년간 중국여성사의 한 페이지를 장식했다.

열녀는 만들어진다

제 3 장

중국 전통사회의
이혼관과 재혼

　신혼 남녀에 대해 사람들은 '백년가약'이니 '영원한 일심동체'니 '검은 머리 파뿌리 되도록' 하면서 축하를 해주곤 한다. 그러나 이러한 아름다운 축원이 어느 때는 실현되지 못하고 부부가 중도에 갈라서는 수도 있다. 중국 사람들은 이전부터 '합슴'을 중시하고 '이별離別'을 금기시하여 이혼은 아주 나쁜 일로 여겼다. "이혼하는 사람 중에 좋은 사람 없으며, 좋은 사람은 이혼하지 않는다"라거나, "사당 10개를 부숴버릴지언정, 부부 한 쌍을 갈라놓지 않는다"는 말이 오래도록 내려온 것은 바로 이런 인식을 증명한다.

　그러나 "이혼하는 사람 중에 좋은 사람 없다"는 말은 오로지 여자에게만 편중된다. 이혼한 남자들은 명성에 어떤 영향도 받지 않는 반면, 이혼한 여자들은 몸값이 땅에 떨어지고 남을 볼 낯이 없는 것처럼 되어버렸다. 고대 상당 기간 동안 이혼은 남자 특유의 권리였으며 여자에게는 이혼할 자유가 없었다. 고대 중국에서 일부일처제 가정이 성립된 후에, 여자들은 출가하면 남편의 집이 자신의 집이 되었으니, 그래서 이혼을 '나가다出'로 불렀다. 이 말은 가정에서 버려진다는 뜻으로 아내에게만 쓰이던 용어이다. 이혼을 또 '버리다棄'라고도 불렀는데, 이것은 '남편에게 버림받는다'는 뜻이며 남편에게만 한정되는 용어다. 이러한 것으로 볼 때 이혼 문제에서도 남녀가 불평등했음을 알 수 있다.

이러한 불평등이 결코 고대부터 줄곧 그러했던 것은 아니다. 당나라 이전에 이혼은 때에 따라 '절혼絕婚', '귀歸', '내귀來歸', '이혼離婚' 등으로 불렀는데 이들 용어는 모두 중성적이다. 예를 들면, 『좌전左傳』 「문공文公 12년」의 기록에 "기杞나라의 환공桓公이 찾아왔는데 노나라의 문공이 즉위한 후에 처음 있는 일이었다. 문공은 찾아온 김에 부인 숙희叔姬와 이혼하고 다른 공녀公女를 부인으로 맞이하여 인척관계가 끊어지지 않게 해줄 것을 원하니 공은 그의 소원을 들어주었다"라는 기록이 있다. 또 『예기禮記』 「내측소內則疏」에는 "부인 강씨가 제에서 이혼하다", "염백희가 이혼하다"라는 말이 있다. 『세설신어世說新語』에 "가충의 전처는 이풍李豐의 딸인데 이풍이 주살당하자 이혼하고 변방으로 갔다"라는 말이 있다. 어떤 시대에는 율령상 '이離', '쌍방 합의 이혼兩願離'의 표현법이 있었는데, 이는 현대의 '이혼'이라는 용어에 상응한다.

사실상 이혼 문제에서 남녀 불평등과 경시는 봉건시대 중기 이후에 생겨났으며, 중국 노예사회와 봉건사회 초기에서는 이렇지 않았다. 한대 주매신朱買臣의 "말 앞에서 물을 뿌리다"라는 유명한 이야기가 있는데 주매신의 아내가 주체적으로 이혼을 요구한 것이지만 사회적으로는 경시의 대상이 되지 않았다. 전설 속의 강태공 역시 아내가 주체적으로 이혼을 요구했다고 하는데, 『설원說苑』 「존현尊賢」에서는 "태공망의 노부인이 남편을 쫓아냈다"라고 적혀 있다. 남편이 쫓겨나도 전혀 창피한 일이 아닌 듯하다.

당대에는 여자의 이혼이나 혹은 남편 사후의 재가는 아주 보편적인 풍조를 이루었고 여론의 질책을 받거나 하는 일은 없었다. 『신당서新唐書』 「공주전」의 기록에 의하면, 당대 전체에 걸쳐서 재가한 공주는 23명이었는데 그중에는 세 번 결혼한 공주도 세 사람이나 되었다. 귀족 관료에서부터 평민 백성들까지도 이러하였다. 가령 엄정지嚴挺之의 아내는 이혼 후에 자사刺史인 왕염王琰과 재혼하였고, 나중에 왕염이 죄를 범하자 엄정지는 그를 구해준다. 또 당대唐代의 거유巨儒였던 한유韓愈(768~824)의 딸도 처음에는 이한李漢에게 시집을 갔다가 이혼 후에는 또 번중의樊仲懿에게 시집을 갔지만, 사람들은 이를 가문의 수치라고 여기지 않았다.

돈황敦煌의 석굴에서 발견된 자료 가운데 『방처서放妻書』는 바로 이혼서이다. 이 책 역시 당대 돈황 사람들의 이혼에 대한 태도를 보여주는데, 이혼을 '방처放妻(아내를 놓아주다)'라 부르는 데서 배척이나 비난의 뜻이 덜한 것을 볼 수 있다. 예를 들면, 그 일련 번호 돈황 문서 0343의 『방처서』에 다음과 같은 기록이 있다.

모모인 이갑李甲이 삼가 방처서를 쓰다.

일반적으로 부부의 인연은 사랑이 깊고 의가 중하다고 한다. 모두 이렇게 말하는 까닭으로 굳은 서약을 맺는다. 부부의 인연은 전생에서 맺어진 인연으로 비로소 이승에서 부부로 맺어진다. 만일 인연이 합치되지 않으면 이것은 부부간의 끊을 수 없는 악연으로 서로 간에 원수가 된다. 아내가 한마디만 하면 남편은 반목하고 싫어하게 되니 마치 고양이와 쥐가 서로를 미워함과 같고, 양과 늑대가 함께 있는 것과 같다. 기왕에 두 마음이 함께하지 않으니 한 뜻이 되기 어렵다. 빨리 여러 친척들을 모아놓고 각자 본래의 길로 돌아갈 것을 말해야 한다. 원컨대 부인께서는 서로 이혼한 후에 매미 날개처럼 아름답게 머리 올리고, 아름다운 의복에 예쁘게 화장하고, 요조숙녀의 자태를 드러내어, 고관의 남편을 선택하기 바라오. 이제 원한을 푸니 다시는 서로 미워하지 말기 바라오. 헤어지면 넓은 두 갈래의 길이 있으니 각자 인생의 즐거움이 있을 것이오. 모년 모월 모일에 삼가 이혼서를 쓰다.

위의 글로 볼 때 부부 쌍방의 성격이 맞지 않으면, 즉 "두 마음이 서로 같지 않아 한 뜻이 되기 어려우므로" 그래서 "각자 본래의 길로 돌아간다", "서로 길을 따르니 각각 즐거움이 있다"라고 하니 이유는 충분한 듯하고 단순히 한쪽에 죄를 덮어씌우는 일은 없다. 남편은 아내에게 오히려 아름다운 말로 "원컨대 부인께서는 우리가 헤어진 후 매미 날개처럼 아름답게 머리 올리고, 아름다운 의복에 예쁘게 화장하고, 요조숙녀의 자태를 드러내어, 고관의 남편을 선택하기 바란다"라고 축원의 말까지 해주고 있다. 그러므로 그 후 쌍방의 관계는 곧 '원한을 푸니 다시는 서로 미워하지 않게' 된다. 이러한 이혼은 비교적 문명화되어 '좋게 헤어지는 경우'이고, 현대에 있어서 이혼하면 곧 각자 다른 길을 가는 것이니 서로 반목하고 원수로 삼는 것보다는 훨씬 세련됐다 하겠다.

또 돈황문서 6537의 『방처서』에는 다음과 같이 쓰여 있다.

듣건대 부부의 정은 깊고, 부부의 의는 중하다고 한다. 깊은 사랑과 합환의 즐거움으로 동거의 즐거움을 누린다. 부부가 서로 대하는 것이 마치 원앙 같으니 쌍쌍이 날고 무릎을 나란히 하고, 아름다운 얼굴로 함께 있으니 두 사람의 덕이 아름답고, 두 몸이지만 한 마음이로다. 한 침실에서 같은 침상과 베개를 쓰고, 죽어서도 같은 관에 한 무덤에 묻히게 되니, 삼세의 인연으로, 즉 부부가 서로 화목하다. 3년의 원한이 있으면 곧 원수가 된다. 지금 이미 화합하지 않으니, 아마도 전생의 원수였나 보다. 반목하고 원망하고 미워함이 점점 심해지니 인연을 다하지 못하고 이로써 헤어지게 된다. 두 분의 친척을 모아놓고 이별을 구하니 구색을 갖추어 글로 쓴다. 서로 헤어진 후에는 더욱 높은 관직의 남편을 만나서 뜰 앞에서 노닐며, 아름다움을 드러내며 금슬이 합운하는 자태를 누리시오. 두려움을 풀고 맺힌 것을 버리오. 다시는 서로 이야기할 수 없으니 천만 마디 이별의 말은 즐거움을 펼치라는 것이오. 삼 년간의 의복과 양식은 걱정 없이 해주겠소. 엎드려 바라건대 그대는 천추만세를 누리시오. 때는 모년 모월 모일에 모 마을의 백성 모 갑甲이 방처서를 쓰다.

위의 글 역시 먼저 부부란 얼마나 조화롭고 아름다운지를 서술한 후, 쌍방이 성격과 감정상 서로 화합하지 못함을 말하고, 그럴 때는 할 수 없이 헤어져야 한다고 말하고 있다. 그 다음에는 남편이 아내에게 보내는 이별 후의 축원을 담고 있다. "엎드려 원하건대 부인께서는 천추만세하시오"라는 말은 사람을 상당히 감동시킨다. 주의해 보아야 할 것은 『방처서』 가운데 "3년의 원한이 있으면 즉 원수가 된다", "지금 이미 화합하지 못하니, 아마도 전생의 원수였나 보다"라는 말이다. 이 말은 그들이 헤어지는 이유가 일시적 충동이 아님을 설명하고 있으니, 3척의 두꺼운 얼음이 하룻밤 추위에 생기지 않는 것과 같다. "3년간 의복과 양식은 걱정 없이 주겠다"는 이혼 후에도 남자 측에서 여자 측에게 3년간 의복과 식량을 부담함을 설명하고 있으니, 이는 모두 이혼하는 데 신중을 기하고 책임을 지는 태도이다.

물론 그 시대를 너무 이상적으로만 볼 수는 없다. 비록 한대나 당대에는 혼인과 성 방면에서 비교적 개명한 편이지만, 그 시대는 결국 봉건사회이며, 남성 위주 사회로 혼인상에서의 불평등은 이미 첨예하게 보인다.

예를 들면, 『당률소의唐律疎義』에서는 다음과 같이 말하고 있다.

> 부인은 남편을 따라야 하니 마음대로 할 수 없다. 비록 형제라도 보내고 맞는 것이 도를 넘으면 안 된다. 만일 마음으로 화합할 수 없고, 뜻이 떠나 있어 남편을 배반하고 마음대로 행하면 다른 뜻이 있음을 의심하여 처첩은 각각 징역 2년형에 처한다. 마음대로 집을 나가면 곤장 100대에 처하고 남편 집에서 팔아버릴 수 있다. 그 처가 도망가서 개가하는 자는 교살형에 처할 것이다.

이것은 남편은 아내를 임의로 버릴 수 있으나 아내는 이혼을 요구할 권리가 없음을 말한다. 만일 아내가 이 결혼에 불만족하거나 남편의 학대를 참지 못하고 마음대로 떠난다면 곤장 100대를 맞은 후 다시 남편 집으로 돌려보내지고 가축처럼 팔아넘겨질 수도 있다는 것이다. 만일 '도망가서 개가하는 자'는 더 말할 필요도 없이 참수형에 처해지게 된다.

심지어 남편이 아내를 버리고 말도 없이 가버려 부득불 다른 의탁할 곳을 찾아갔더라도 역시 곤장을 맞아야 한다. "남편이 아내를 버리고 도망간 후 3년 이내에 관아에 신고하지 않으면 그 도망간 자는 곤장 80대에 처한다. 마음대로 개가한 자는 곤장 100대에 처한다"라고 되어 있다.

한편 이혼 문제에는 남자가 여자의 흉한 생김새를 탓하는 경우도 발생했는데, 이런 형상은 송대 중기 이후로는 더욱 기형적으로 발전하게 된다. 이 현상은 성금고, 여자의 전족, 지나친 여성 정절의 제창과 더불어 봉건 예교의 전부로 여겨지면서 함께 발전되었다.

당시 일부 이학가나 봉건 위정자들은 대대적으로 '삼종사덕', '일부종사', "남편이 재취의 뜻이 있으면 여자는 어떤 이유도 달 수 없으니, 그래서 남편은 하늘이라 한다"는 등의 말을 고취시켰으니 황당하기 그지없다. 최초로 "굶어죽는 것은 작은 일이나, 절개를 잃는 것은 큰일이다"라고 제창한 송대의 이학가理學家(이학이란 중국 남송南宋의 주희朱熹가 집대성한 유학의 한 파로, 이기설理氣說과 심성론心性論에 입각하여 격물치지格物緻知를 중시하는 실천 도덕과 인격과 학문의 성취를 역설하였다) 정이程頤는 심령과 인의를 말한『성리대전性理大典』에서 '부인을 버리는出妻' 것에 대해 의문을 제시했다. 묻기를 "아내를 버릴 수 있나요" 하자 정자가 대답했다. "아내가 현숙하지 않아서 버리는데 무슨 해가 되리? 일찍이 자사子思 같은 이도 아내를 버린 적이 있다. 오늘날에서야 세속에서 아내를 내쫓는 것을 악행으로 여겨 감히 행하지 못할 뿐 이전 사람들은 이렇지 않았다"라고 하였다. 이것으로 비추어 볼 때 아내를 버리는 것은 여전히 남자의 고유한 권리였음을 알 수 있다. 그 후 민간에서는 여전히 '남편이 아내를 원치 않으면 한 장 종이로 해결되지만(이혼서), 아내가 남편을 원치 않을 경우는 죽음밖에 없다'는 말이 있었으니 여성은 완전히 이혼의 권리를 상실했다.

물론 옛날 사람들은 '위로는 종사를 모시고 아래로는 후세를 잇는' 혼인제도를 중시하여 남자라고 해서 멋대로 혼인과 가정을 파괴하는 것은 사회적 각도에서 볼 때 찬성하지 않았다. 그래서 이 방면에 대한 규칙이 정해지게 되었는데, 이것이 바로『예기』에 규정된 '칠거지악'으로 즉 남편이 아내와 이혼할 수 있는 일곱 가지 이유다.

① 부모에게 순종치 않음은 덕을 거스르는 것이다.

② 아들이 없음은 후대를 끊기게 하는 것이다.

③ 음란함은 종족을 문란케 하는 것이다.

④ 질투는 가정을 어지럽히는 것이다.

⑤ 나쁜 병이 있으면 함께할 수 없고 전염이 된다.

⑥ 말이 많음은 친척을 이간질한다.

⑦ 도적질은 의에 반하는 것이다.

이 밖에 소위 '삼불거三不去(칠거지악을 범한 아내라도 버리지 못하는 세 경우)'가 있으니, 즉 '일찍이 부모의 3년상을 입었으면 아내를 버릴 수 없으니 은혜를 잊는 일이다. 가난했다가 후에 부자가 되었으면 버릴 수 없으니 덕을 위반하는 것이다. 돌아갈 곳이 없으면 버릴 수 없으니 막다른 곳에 내몰지 않는 것이다'라는 규정이다. 이것이 소위 '가난할 때의 사귐은 잊어서 안 되고, 조강지처糟糠之妻(지게미와 쌀겨로 끼니를 이을 때의 아내라는 뜻으로, 몹시 가난하고 천할 때에 고생을 함께 겪어온 아내를 이르는 말)는 내쫓을 수 없다'는 것이다. 당시의 조정은 바로 이러한 규정을 두어서 가볍게 하는 이혼을 제한하였다. 이것이 바로 사회적 억제인데 만일 혼인과 가정이 온전하지 않으면 사회도 온전할 수 없기 때문이다.

바로 이러한 원인 때문에 '칠거七去(일곱 가지 이혼할 수 있는 경우)'와 '삼불거'는 법률에 삽입되었는데, 일찍이 한대의 율령에도 있었다고 하지만 지금은 고증할 수는 없다. 당의 율령에는 "모든 부인들이 칠거지악이 없는데도 이혼을 당하게 되면, 처를 내치는 자는 징역 1년 반에 처한다. 비록 칠거지악을 범했더라고 삼불거가 있는데 이혼하는 자는 곤장 100대에 처한 후 다시 부인을 데리고 와야 한다. 만일 악질 병이 있거나 간음을 한 자는 위의 율령을 적용받을 수 없다"라고 되어 있다.

또 청률淸律에도 "부인과 이혼해선 안 될 상황인 데도 이혼을 하였으면 곤장 80대에 처한다. 비록 칠거지악을 범했더라도 삼불거가 있는데, 처를 내쫓은 자는 2등을 감면하고 다시 살도록 한다"라는 규정이 있다.

물론 고대 중국의 이혼에 대한 통제가 매우 합리적이었다고 할 수는 없다. 우선 '칠거지악' 규정 자체가 불합리하다. 만일 '부모에게 순종치 않아서' 버린다면, 부모가 이치에 맞지 않아도 순종해야 한단 말인가? 가부장적 절대 통치사회에서는 시부모가 며느리를 마음에 들어 하지 않으면 곧 '부모에게 순종치 않는다'는 죄명을 달아서 아들에게 이혼을 강요할 수 있다.

『예기』「내측內則」에서는 "아들이 그 처가 몹시 마음에 들어도 부모가 기뻐하지 않으면 버릴 수 있다. 아들이 그 처를 마음에 들어 하지 않아도 부모가 며느리로 인정하면, 아들은 부부의 예를 갖추어 종신토록 변하지 않는다"라고 적혀 있다. 이것이야말로 전제와 억압이 아니고 무엇인가. 만일 아들을 낳지 못해 내쫓긴다면 이것은 정말이지 원통한 일이다. 왜냐하면 아들을 못 낳는 것이 남자 쪽의 문제일 수도 있기 때문이다. '음탕', '질투', '말이 많은 것'에는 구체적인 척도가 없기 때문에 고의로 결점을 찾아내거나 죄를 덮어 씌우기가 용이하다. 병이 있어서 쫓아내야 한다면 이것이야말로 설상가상으로 사람을 사지로 몰아넣는 것이나 다름없다.

'칠거지악'은 내용이 불합리하고 동시에 구체적으로 파악하려 해도 그 임의성이 아주 크다. 만약 죄를 뒤집어 씌우려 든다면 죄가 되지 않는 것이 없기 때문이다. 모든 것이 남자들이 말만 하면 그만이고 여자는 말참견할 여지조차 없다.

예를 들면, 『후한서後漢書』「포영전鮑永傳」에는 "포영鮑永은 계모를 모심에 효성이 지극하였다. 아내가 일찍이 어머니 앞에서 개를 꾸짖으니 포영은 이에 아내를 내쫓았다"라고 기록되어 있다. 이렇게 개를 꾸짖은 것만 가지고도 내쫓길 수 있다.

『후한서』「열녀광한강시처전烈女廣漢姜詩妻傳」에는 "강시姜詩는 어머니를 모심에 효성이 지극하였는데, 그의 처는 더욱 순종하고 매우 성실했다. 그의 어머니는 강물 마시기를 좋아했지만 강은 집에서 6~7리나 떨어져 있었다. 그의 처는 늘 그 강을 거슬러 올라가 물을 길어오는데, 그날은 바람을 만나서 제때에 돌아오지 못하였다. 어머니가 목말라하자 강시는 처를 꾸짖고는 처를 내보냈다"라고 되어 있다. 겨우 이만한 일 때문에 '아내를 버린다'는 것은 정말이지 말도 안 되는 일이다. 포영이나 강시 같은 인물은 본래 이름도 없는 사람들이었지만 어머니께 효성하기 위해 아내를 버린 일로 일약 유명해졌으니, 그들은 그야말로 수단 방법을 가리지 않고 명예를 얻은 효과를 본 셈이라고 할 수 있다.

『후한서』「응봉전應奉傳」의 주석에도 역시 이와 비슷한 기록이 있다. 시어머니가 며느리와 아들을 학대하여 며느리를 내쫓은 이야기다. 고대에 처를 버리는 이유 중에는 부모의 억압도 있지만, 대개의 경우는 남편이 주요 원인이었다.

위나라 때 유훈劉勳이라는 평로장군平虜將軍이 있었는데, 그의 아내 이름은 송왕宋王이었다. 결혼한 지 20여 년이 지난 후에 유훈이 산양 지역의 사마司馬씨의 딸에게 반하게 되자, 송왕에게 아들이 없다는 이유로 그녀를 내쫓았다. 송왕이 유훈에게 시집온 지 20여 년 동안 유훈은 아들이 없다는 것을 트집 잡지 않았는데 돌연히 이런 이유로 그녀를 내쫓은 것이었다. "새사람을 좋아하니 옛사람이 싫어진다"는 경우는 고대 남자들이 이혼하고, 처를 내쫓는 중요한 동기였다.

고대 중국에서는 아내를 버리면서 그 원인이 무엇인지 밝힐 수 없는 경우도 있었다. 남편들이 감히 스스로의 추악한 동기를 폭로할 수 없기 때문이 아니라, 그들이 '미쳐서' 아내를 아주 하찮은 물건으로 보고 마음대로 내버렸기 때문이다. 『공자가어』의 기록을 보면, 위魏나라에 공문자孔文子라는 사람이 있었는데 태숙질太叔疾에게 아내를 버리도록 조종하고 자신의 딸을 태숙질에게 시집보내고 자신은 또 태숙질의 본처를 맞아들였다. 『사기史記』「진승상세가陳丞相世家」에는 어느 부인이 단지 "시동생이 하나 있는데 차라리 없는 게 낫다"라고 불평 한마디 했다고 남편에게 쫓겨났다. 『한서漢書』「왕길전王吉傳」에는 "소싯적에 장안에 살았는데, 주인집 대추나무 가지가 왕길의 정원으로 넘어와 왕길의 아내가 대추를 따서 그에게 먹게 했다. 나중에 이를 알고는 아내를 버렸다"라고 기록하고 있다. 옆집의 대추나무 가지가 왕길의 집에 넘어와서 아내가 몇 알 따서 왕길에게 주어 먹게 한 것이 무슨 그리 죄지을 일이란 말인가. 그러나 왕길은 아내의 품행이 방정하지 못하다 하여 아내를 쫓아내기에 이른 것이다. 이런 행동을 다르게 해석하기는 어렵고 가장 큰 가능성은 아마도 왕길이 청렴을 표방하는 사람이라서 가련한 아내가 희생품이 된 것이리라. 그래서인지 『한서』에서는 그의 전傳까지 쓰고 있지 않은가. 『한비자韓非子』「설림상說林上」에 이런 기록이 있다.

위나라 여자가 아들에게 시집오니 그를 가르치면서 말하길 '사심을 갖고 돈을 모으면 며느리가 내쫓김을 당하는 일이 자주 있었으니 만약 같이 살 수 있다면 그냥 행운이다'라고 했다.

그 자식이 사적으로 돈을 모으니 그 시어머니는 며느리가 영악하다고 여겨 그녀를 내쫓았다.

'걱정이 많은' 어머니는 딸이 시집갈 때 딸에게 약간의 비상금을 주게 되는데, 이것으로 인해 '내쫓김'을 당하는 경우는 얼마든지 볼 수 있다. 비상금은 한때의 위급함을 구할 수도 있으나, 딸은 생각지도 않게 이 비상금 때문에 시어머니에게 쫓겨나는 것이다. 『예기』「내칙」에 "며느리는 개인 재물, 개인 저축, 개인 기물이 있어서는 안 되고, 개인으로 빌려서도 안 되며 개인으로 주어서도 안 된다"라고 기록되어 있다. 여자가 시집가는 것은 마치 몸을 파는 것과 같아 자신이 다른 사람의 노예가 되는 거나 다름없는데 어떻게 개인 재산이 있을 수 있겠는가? 게다가 만일 개인 재산이 있으면 도둑으로 몰려 곧 내쫓기는 운명에 처하게 되기 때문에 더욱 가질 수 없었다.

여자가 버림을 받거나 내쫓기거나 이혼을 당하면 당연히 고통스럽다. 그래서 수천 년 이래로 『기부사棄婦詞』, 『출부사出婦詞』 등의 작품이 아주 많은데 『시경』「패풍邶風」 중의 '곡풍谷風', 『시경』「위풍衛風」 중에서 '새사람이 웃는 것을 보고, 옛사람이 우는 것을 듣는다'라는 말이 있으니 아마도 많은 여성들이 한이 되었을 것이다.

이혼 문제에서 여성을 억압하는 불합리한 현상은 후대의 진보적 사상가들로부터 회의와 반대의 여론을 이끌어낸다. 명초에 태조 주원장을 보좌하여 천하를 다스리고 박학다식한 이로 알려진 유기劉基는 '칠거지악' 중에 '질병이 있거나', '자식이 없는 것'은 몹시 불합리하다고 여겼다. 그는 "질병이 있거나 아들이 없는 것을 어찌 사람의 욕망으로 마음대로 할 수 있단 말인가. 얻고자 해도 얻지 못하면 그 불행 역시 크다. 그런데도 내쫓는다면 참을 수 없는 일이다"라고 하였다. 청대의 대학자인 전대흔錢大昕도 이혼의 자유를 주장하고, 이혼한 여자를 경멸하는 것을 반대하였다. 그는 다음과 같이 말하였다.

> 무릇 부자 형제는 천륜으로 합해진 것이고 부부는 인륜으로 합해진 것이다. 천륜으로 합해진 것은 천지간을 벗어날 수 없지만, 인륜으로 합해진 것은 제도와 의로써 제거할 수 있다. 선왕께서 본받을 만한 의를 세우셨으니 화합하면 머물되, 화합하지 못하면 곧 떠나라는 것이다. 능히 부도를 지키게 하는 것은 하나만을 섬기는 뜻을 지키는 것이다. 그렇지 않으면 부부의 사랑을 갈라놓을지언정 골육의 은혜는 상하게 말지어다. 그러므로 시집갈 가嫁 자를 돌아갈 귀歸라 하고, 출出 자 역시 귀歸라 한다. 이로써 백성이 효를 두려워하고 처자를 가련히 여긴다. 아내를 버리는 뜻은 모두 남편에게만 있지 않으니, 여염집 부인들을 보호해야 한다. 후세의 세간의 부인들은 시부모에게 사랑을 잃고, 시숙 시누이한테 비방의 말을 듣고 억울해서 죽는 자도 있다. 혹은 그 남편이 흉악무도하고, 첩한테 빠져 지내므로 죽는 자도 있다. 고대의 예에 준하면 반드시 버려야 하는 의義인데, 또한 어째서 여전히 부인을 속박하고 부인을 묶어두고 사지에 이르게 한 후에 기뻐하는가.

명·청 시대에는 중국 봉건사회가 쇠퇴의 길로 접어들고, 신흥계급을 대표하는 진보사상이 나타나 인성人性의 서광이 조금씩 비치기 시작했다.

다음은 재혼에 대해 이야기해보자. 군혼시대에 남녀는 저녁에 만났다가도 아침에 헤어질 수 있었으니, 결혼을 하든 이혼을 하고 다시 재혼을 하든 상관없었다. 그러나 개체혼이 생겨나고 결혼 예식이 날로 복잡해지면서 재혼에도 제한이 생겼다.

중국의 기나긴 봉건사회에서 남자가 다시 아내를 들여 일부다처하는 것은 당연한 것으로 받아들여졌지만 여자가 재가하는 것은 커다란 흠으로 여겼다. 일찍이 전국 시대에 이미 "정숙한 여자는 두 지아비를 섬기지 않는다", "평생토록 한 지아비만 따른다"는 말이 있었다. 『예의禮儀』「상복喪服」에서는 재가를 '재초再醮'라고 칭했는데 이는 그 뜻을 폄하한 것이다. 여성의 재가는 미풍양속을 해치는 부끄러운 일로 인식되어 왔고 여성 자신조차도 재가하는 것은 수치스러운 일이며 스스로를 더럽히는 일이라 여겼기 때문에 "차라리 죽을지언정 재초녀가 되지는 않겠다"고 생각하는 경우가 대부분이었다.

송대 이전 여성의 개가를 두고 여러 비판이 있었지만 이것이 예에 어긋나는 것이라 여기지는 않았다. 아직 엄격한 사회풍속이 형성되지 않았던 시기였기 때문이다. 그럼에도 "정숙한 여자는 두 지아비를 섬기지 않는다"며 여성의 개가가 부도를 위반하는 것이라 여기고 정절을 표창해야 한다고 주장하며 여성의 수절을 독려하는 사람도 있었다. 많은 여성들이 이러한 관념의 영향을 받아 수절하였다. 동한東漢시대 여류시인 서숙徐淑은 남편이 타지에서 관리를 지내다 객사하였다. 당시 서숙은 젊고 아름다웠기 때문에 그녀의 형제들은 모두 그녀에게 재혼할 것을 권했다. 그러나 그녀는 절대로 재혼하지 않겠다는 뜻을 분명히 했다.

남조南朝 양나라의 위경유衛敬瑜의 아내 왕씨는 겨우 16세에 남편을 여의었다. 그녀의 부모와 시부모는 모두 그녀에게 재혼을 권했지만, 그녀는 뜻을 굽히지 않았고 자신의 귀를 잘라 결심이 변하지 않을 것임을 보여주었다.

이러한 사례들로부터 많은 여성들이 정절을 숭상하여 절대로 재혼하지 않았음을 알 수 있지만 동시에 모든 가족들이 재혼을 권유했다는 대목에서 당시 여성의 재혼이 사회적으로 인정되었음을 알 수 있다. 역사적으로도 여성의 재혼에 관한 사실史實기록이 많이 남아 있다.

그러나 송대 후기부터 원·명·청이래 여성의 재혼은 대역무도한 일로 여겨지기 시작했다. 원대의 통치자는 정절관을 널리 제창하고 여성을 속박하는 각종 예교와 서훈을 중시했다. 명대에 이르러 정주리학자들은 정절관을 더욱 중시하여 명나라 역사 속에서 이름을 남긴 '열녀'들이 만여 명에 이른다. 수절을 숭상하고 여성의 재혼을 질타하는 것이 이미 사회적 분위기로 자리 잡았던 것이다. 명·청 시대 통치계층은 정절을 지킨 여성을 표창하고 그 본가의 부역을 면제해 주었으며 패방을 세우고 사당을 지어주었다. 이에 이르자 중국에서 여성의 재혼은 이미 미풍양속을 해치는 부끄러운 일로 치부되었다. 남성들은 여러 처첩을 거느렸지만, 여성들은 평생의 행복을 한 사람에게 맡기고 '출가외인出嫁外人'이라는 꼬리표를 단 채 평생을 수절해야 했다. 그녀들은 결혼에서의 자주성을 잃고 봉건시대 결혼관의 희생양으로 전락했다.

하지만 현재 중국의 여성들에게 재혼은 이미 법률적 보호를 받는 정당한 일이다. 이는 수천 년에 걸친 불평등한 결혼의 속박에서 중국여성들이 해방되었음을 보여주는 것이다.

명대의
절부와 열녀

명대明代(1368~1644)는 중국 봉건사회의 후기에 속하며 고도의 경제발전으로 새로운 생산요소는 자본주의의 맹아를 출현시켰다. 그러나 구시대의 자연경제는 여전히 통치 지위를 점하고 있었다. 이학理學(유학)은 관학官學으로 받들어졌지만 이지李贄, 진확陳確 등과 같은 사상가는 봉건 전통사상과 이학에 대해서 반격과 비평을 가했다. 그러나 유가사상은 오히려 시종일관 통치지위를 점하였다. 사회적 모순은 몹시 첨예하였으며 농민봉기도 끊이지 않았다. 그러나 총체적으로 볼 때는 여전히 중앙집권 전제통치의 봉건대제국이었다. 근 300년 기간의 명대는 봉건전제 집권통치가 진일보 강화되고, 동시에 봉건제국이 쇠퇴의 길로 접어드는 시기이다.

중국 역사를 통해 우리는 명대의 오색찬란한 여성들의 모습을 볼 수 있다. 거기에는 농민봉기의 영수였던 당새아唐賽兒, 명 부흥운동의 조직자였던 유여시柳如是, 황제를 시해하려 했던 궁녀 양금영楊金英, 당시 사회를 반영한 문학작품 속에서 울고 웃는 두십낭杜十娘과 증오할 만한 반금련潘金蓮과 같은 인물도 있다. 또한 봉건 예교의 희생자인 수절守節하고 순절殉節한 수많은 여성이 있다. 거기에 봉건 전제주의의 여성에 대한 가장 심한 야만스러운 통치가 있었다.

수절부인守節節婦이란 절개가 높은 부인을 말한다. 중국 봉건시대에서는 서른 살 이전에 남편이 죽었거나 재가하지 않고 쉰 살 이상 살아온 부인을 일컫는다. 열녀란 매서운 절개를 지닌 여성을 말하는데, 기혼과 미혼을 막론하고 남편을 위하여 순절했거나 개인의 존엄과 정절을 위하여 희생된 여성을 일컫는다.

중국 역대 왕조 대부분은 수절부인과 열녀를 표창하였으며, 그중 명대가 가장 심하였다. 이학의 영향 아래에 있던 명대 전제집권 통치 때, 여성의 수절과 순절 문제의 중대성과 여성의 사회적 지위, 그리고 당시에 수절부인과 열녀의 표창이 가장 많았던 이유에 대해 설명하고자 한다.

(1) 명 왕조는 유가의 정절관을 여성 윤리도덕의 최고준칙으로 삼아 수절부인과 열녀에 대한 표창 제도를 만들었다.

명대에 있어서 전통의 종법 사상인 삼강(군위신강君爲臣綱, 부위자강父爲子綱, 부위처강夫爲妻綱), 오상(인의예지신仁義禮智信), 삼종三從(시집가기 전에는 아버지를 따르고, 시집가서는 남편을 따르고, 남편이 죽어서는 자식을 따른다), 사덕四德(덕德, 언言, 용容, 공功)은 집중적으로 여성의 정절관을 강조한다. 특히 여성은 반드시 '죽을 때까지 따르라'는 것을 강요하고 있다. 즉 "남편이 다시 첩을 들일 뜻이 있으면 부인은 다른 말을 할 수 없다"는 것이다. 반드시 『예기』「효특성

效特性」의 요구에 따라서 "한번 함께하면 종신토록 고칠 수 없으며, 그러므로 남편이 죽어도 재가할 수 없다." 이것은 곧 남편의 생전 시에 복종하고, 따르라는 것만이 아니라 남편의 사후에라도 고칠 수 없다는 것이다. 이것은 부인을 남편의 부속물로 보는 것이며, 한 여인을 한 남성에게 영원히 예속시키는 것이다. 더구나 정부가 대대적으로 제창하고 제도화하여 관리하니, 이는 바로 정교政敎합일의 방법으로 민중들로 하여금 서로 본받도록 한 것이다. 명 태조 주원장은 개국 초에 법령을 반포하길 "민간의 과부로 서른 이전에 남편이 죽고 개가하지 않고 쉰을 넘긴 자에게는 열녀문을 세워주고 그 집의 노역을 면제하도록 하라"라고 하였다.

류효부가 있었는데 남편이 죽고 나서도 그 시어머니 모시기를 극진히 하였다. 시어머니가 병이 들자 자신의 살을 베어서 봉양하였다. 시어머니가 돌아가시자 시아버지의 무덤에 합장하려고 하였으나 거상할 능력이 없어 5년이나 통곡하였다. 명 태조가 이를 듣고서는 관리를 파견하여서 의습을 하사하고 20정의 돈을 하사하였으며 장례를 치르고 정문旌門을 세우도록 하였다.

종씨鐘氏가 있었는데 동성지방의 도용의 처였다. 도용이 죽으니 그 아들 계유는 아직 나이가 어려 머리를 깎고 두문불출하였다. 후에 계유 역시 죽으니 그 아내 방方씨는 나이 스물일곱이었다. 그 아들 량亮은 두 살이었다. 그 형이 이를 가엾이 여겨 개가할 뜻을 물으니 방씨는 죽음으로써 이에 답하였다. 명대 종경태宗景泰(1450~1456) 연간에 량亮이 죽으니 그 처인 왕씨는 스물여덟이고, 첩인 오씨는 스물둘이었는데 모두 자식이 없고 몹시 가난하였다. 그 친척들이 개가하기를 권하니 두 사람은 울면서 말하기를 "어찌 수절을 모를 수가 있는가?" 하면서 함께 길쌈으로 자급자족하였다. 26년이 지난 후 현령 진면이 상소하니 황제는 칙령을 내려서 정문을 세워 3대를 기리니 사람들이 여기를 사절리四節里라 하였다.

초낭맹은 운남의 맹련 장군의 아내였는데 나이 스물다섯에 남편이 죽으니 평생 28년간을 수절하였다. 명 효종孝宗 홍치 6년 9월(1493), 운남도 지휘사가 그 일을 상주하였다. 황제는 "짐은 천하를 집으로 하니 예교로써 오랑캐를 교화하려 한다. 그 예의가 이미 넘치니 어찌 그를 표창하지 않을 수 있단 말인가. 초낭맹은 정절이 아름다우니 열녀문을 세워 이를 표창하고 이로써 먼 오랑캐들을 교화하도록 하라"라고 말하였다.

『부양현지富陽縣志』의 기록에 의하면 명·청 양대의 지방정부는 매년 관리를 파견하여서 마을의 수절열녀들의 사적을 수집하도록 하였다. 수절한 시간과 순절한 원인에 의거하여 정절의 비문을 정하였다. 더구나 문인명사를 초청하여 열녀들을 위한 책도 만들었다. 왕세정王世貞(1526~1590)은 명대 중기의 중요한 문학 유파인 '후칠자後七子'의 대표적 인물이며 이를 집대성하였다. 『왕세정년보』에 의하면, 만력 원년(1573)에 사인 왕석제의 부인 유씨는 남편을 따라서 순절하였다. 이에 왕세정이 『왕열부전』을 지었다. 이처럼 수절열녀의 눈물과 피로 그 집안은 신성시되고 영광의 편액을 받으며 전기를 쓸 수 있게 되는 것이다. 바로 왕권이 예로써 사람을 죽이는 것을 보여주는 증명인 것이다.

한편 『명사明史』 「열녀전서烈女傳序」에서 작자는 전대의 모든 열녀전을 중시하면서 후대에도 과거의 열녀전만이 "수절과 순절만을 귀하게 여기는 것은 아니다"라고 설명하고 있다. 동시에 명대 수절열녀가 많아진 주요 원인은 "명이 흥하게 되자 규칙과 조례를 중히 여기게 되고 순찰사들이 그 일을 많이 알리게 되었기 때문이다. 크게는 사당을 내리고 작게는 방표坊表를 세워 마을과 고을에 알리니 벽지에 사는 여인들도 모두 정절을 중히 여겨 실록과 군지郡誌에 기록된 자가 만여 인에 가까웠으니, 수절열녀의 많음이여! 오호라! 실로 많도다. 어찌 성인의 가르침에 염치의 분명함이 없을 수 있겠는가? 그러므로 명예와 절조를 중히 여기고 의로써 분연히 일어섰도다. 오늘날 그 이름을 열거하기 어렵다. 그러나 이름 없이 인멸된 자 역시 그 수를 헤아리기 어려운 바다. 전하는 것은 열에 하나니 다 나타내기 어렵도다"라도 하였다. 이처럼 명대는 수절과 열녀의 수가 전대의 수를 대대적으로 초과하고 있으며 근본적으로는 황제 및 각급 정부의 제창으로 인하여 정절은 제도화되었다. 또한 정부는 매년 지방에 자료를 요구하고, 그런 후에 '사적事迹'의 참혹한 정도에 근거하여 각기 다른 등급을 매겨서 표창했다. 위로는 황제, 아래로는 지방관리의 표창과 장려를 거쳐서 일종의 강대한 여론 압력과 윤리도덕의 구속의 역량을 형성하게 된 것이다.

그렇다면 과부의 재가 문제에서 법률은 과연 어떠한 규정을 하고 있었을까? 역대의 법률, 명대의 법률을 포함하여 여자의 개가에 대하여 원칙상 모두 명확히 금지하거나 반대한 조문은 없다. 원대元代의 제도를 답습한 명·청의 율령은 여전히 여성이 남편과 자식에 의하여 봉해진 자는 재가를 허용치 않고 만일 준수하지 않으면 받은 바의 봉호를 뺏고 단죄하고 이혼한다.

원元 무종武宗 지대至大 4년(1311)의 규정에 "부인이 남편이나 자식에 의하여 군현郡縣의 봉호를 받은 자는 만일 남편이나 자식이 불행히 사망하면 본 부인은 재가하는 것을 불허하니 이것을 법식으로 삼는다"

라는 기록이 있다. 그러나 실제 정황은 오히려 법률 규정과 거리가 있었다. 그 주요 원인을 규명해보면 중국의 봉건사회에서 예와 법은 함께 병용되고 있었으며, 법률이 규정한 형刑 이외에는 모두 예에 기준한 것이었다. 즉 윤리교화의 원칙에 의해 행사되었던 것이다. 유가는 사회의 안정은 도덕과 형벌에 의거해야만 된다고 여겼다. 그러나 이 두 가지를 서로 비교해볼 때 도덕은 더욱 중요하고 더욱 근본적인 의의를 갖고 있었다. 그래서 혼인가정에 관계되는 예는 실제 생활 중에서 법보다 더욱 보편적으로 운용되었다. 더구나 봉건전제 독재통치의 명대는 법의 지위와 작용은 비교적 낮았지만, 황권의 임의성이 '예'의 이름 아래 무한히 확대되어 여성에 대한 참혹함은 극에 달했다. 당시 '예'를 지키기 위해 여성이 순사해야 하는 제도야말로 참혹함을 가장 잘 보여준 잔인한 제도라고 할 수 있다.

소위 순장제도라는 것은 황제의 사후에 궁녀나 비빈을 산 채로 그를 위해 함께 매장해 주던 것을 말한다. 일찍이 야만제도라 하여 폐지된 이러한 제도는 명 태조 사후에 다시 부활되었다. 황제를 보지도 못한 한 무리의 청춘 소녀들이 순장제도용으로 선발되어 강요된 자살로 황제를 위해 순장되었다. 이러한 제도는 명대의 다섯 황제에게 계속되었다. "처음에 태조가 붕어하시자 궁인들은 황제를 따라 죽었다. 성조와 인종, 선종을 거치며 모두 순장제도가 있었다. 영종에 이르러 비로소 황제의 뜻에 따라 그 제도를 버리도록 하였다." 영종 종통 원년 8월에 선종 때에 순장지낸 궁인들에게 귀비, 현비 등을 추증하기도 하였다. 책문에 "자신의 몸을 꺾어 의를 밟으니 홍제를 따라 상빈으로 되다. 그 아름다움을 칭해 이를 표창한다"라고 쓰여 있다. 실제로 그들은 곧 명대 전제집권 제도 아래 전문적으로 황제를 위해 순절한 '열녀烈女'들인 것이다.

(2) "하늘의 이치를 보존하고 사람의 욕망을 없앤다"는 사상을 여성교육의 핵심으로 삼아 유가의 여성 정절관을 극치로 밀고 나갔다.

유학이라는 봉건종법 사상이 2천여 년간의 긴 역사 속에서 서로 다른 왕조를 거치면서도 여전히 중국전통 사상 문화의 주류를 이루며 통치 지위를 점한 것은, 거기에 강렬한 봉건종법의 정신이 있기 때문이며, 서로 다른 시대의 모습을 구비하고 있어서 봉건 종법 사회의 수요를 만족시킬 수 있었기 때문이다. 유가사상의 전통적인 여성교육과 부녀정절관은 옛날부터 이미 있어왔다. 그러나 봉건사회가 말기로 접어들면서, 그리고 종법제도의 강화에 진입하고부터는 "하늘의 이치를 존재케 하고 사람의 욕심을 멸한다", "굶어 죽는 것은 작은 일이고, 절개를 잃는 것이 큰일이다" 등의 윤리사상이 명대 여성교육과 정절관의 핵심 사상이 되었는데, 이같은 당시의 상황을 이해하기 위해서는 우선 중국 종법사회의 혼인제도에서부터 여성 정절관에 대하여 고찰할 필요가 있다.

『설문해자』의 해석에 의하면, "혼婚은 처가다. 인姻은 시가다. 처갓집의 무리들은 혼형제가 되고, 시가집의 무리들은 인형제가 된다."『예기禮記』「혼의昏義」에서는 "혼례라는 것은 예의 근본이다"라고 하였다. 예의 제도가 숭상되던 고대사회에서는 혼인을 아주 중요한 사회 행위로 간주하였다. "혼인婚姻은 인륜의 근본이며, 집이 여기서 시작되며, 나라가 여기서 시작되며, 사회의 모든 제도가 여기에서 시작되지 않는 것이 없다. 중국 고대 혼인 관념의 또 하나의 커다란 특징인 것이다."

혼인제도는 모든 종법제도의 근간으로서 존재했다. 혼인의 목적은 『예기』「혼의」의 규정에 의하면, "두 성의 좋은 것을 합하는 것이며, 위로는 종묘를 섬기고, 아래로는 후세를 계승하는 것"이다. 삼자가 상호 관련되어야지 하나만 빠져도 안 된다. 종법사회에서 가족의 대권은 아버지와 할아버지에게 있다. 부모가 계시니 곧 시부모를 모셔야 되고, 시부모가 돌아가시면 곧 종묘를 모셔야 되고, 제사를 받아들여야만 한다. 생존해서는 모시고 돌아가시면 제사지내는 것이 세세대대로 내려오는 전통이며 효이다. 남녀가 결합하여 혼인하면 위로는 선조를 계승하여 제사를 지내며 아래로는 후세를 이어야 한다. 만일 후사가 없으면 곧 혈손은 끊어지고 마니 곧 제사도 폐하게 된다. 그래서 맹자가 "불효에는 셋이 있으니 후사가 없는 것이 가장 크다"라고 하였다. 더구나 종법사회에서 두 성이 합하여 좋아진다는 것은 남성 가족을 위주로 한 것이다. 주나라 제도에는 또 "아들과 적자로 세운다"라는 제도가 있었다. 그래서 맹자가 "후사가 없는 것이 가장 크다"라고 지적한 후사는 곧 혼인관계 중의 남성 가족의 후대인 것이다. 동시에 이러한 후대가 반드시 남성이라면 어떻게 후세를 이어서 영원하게 할 수 있단 말인가? 이를 위하여 배우자인 여성은 반드시 남편의 가족을 위하여 남자 아이를 낳아야만 되며 동시에 반드시 혈통이 순수한 적자를 낳기를 요구받았다. 남의 아내가 되어서 만일 사내애를 낳지 못하거나, 혹은 남편의 적자가 아니면 모두 그것은 '아이가 없거나' 혹은 '음란함'이라는 죄명을 받고 이혼당하게 되는데, 이것이 바로 남자 한쪽만이 제출할 수 있는 이혼제도인 '칠출七出', 즉 칠거지악七去之惡(① 아들이 없거나, ② 음탕하거나, ③ 시부모를 모시지 않거나, ④ 말이 많거나, ⑤ 도둑질을 하거나, ⑥ 질투를 하거나, ⑦ 질병이 있는 것)의 유래 역시 여성의 정절관에만 치우치는 것이다.

　이학의 집대성자인 주희는 "하늘의 이치와 사람의 욕망은 함께 설 수가 없다"라고 하였다. "하늘의 이치를 보존하면 곧 사람의 욕망은 없어지고, 사람의 욕망이 존재하면 하늘의 이치는 곧 멸한다"라고 여겼다. 자신을 완전하게 할 수 있는 도덕은 반드시 '하늘의 이치를 다하고 사람의 욕심을 멸하는 것'으로 하늘의 이치로서 사람의 욕망을 극복하고, 도덕적인 마음으로 사람의 마음을 주재하려 하였다. 이학가인 이정二程(정호程顥·정이程頤, 송대의 두 유가)은 "인심, 사욕은 고로 위험하다. 도심, 천리 고로 정미하다. 사욕을 멸하면 곧 하늘의 이치가 밝다"라고 하였다. 여성에게 응용한 봉건적 정절관을 하늘의 이치로 화한 것이다. 어떤 사람이 정이에게 묻기를 "혹시 청상과부가 가난하고 의탁할 곳이 없는데 재가가 가합니까?"라고 하니, 정이가 대답하기를 "굶어 죽는 것은 작은 일이고, 정절을 잃는 것은 큰일이다"라고 말하였다. 정이가 볼 때에 청상과부가 굶어 죽는 것이 두려운 것은 곧 '사람의 욕망'이며, 이것은 하늘의 이치로서 수용될 수 없는 것이다. 전통의 여성교육인 삼강오륜의 윤리는 최고 무상의 절대성, 영원성과 보편성의 정도까지 확대되었다.

한편 명대 정程씨의 『여교女敎』편은 위의 사상을 더욱 극명하게 보여주고 있다. "하늘의 이치를 있게 하고 사람의 욕망을 없앤다"라는 사상에 세뇌된 여자들은 다음과 같이 변하게 된다.

남편이 죽으니 부인은 그 하늘을 잃도다. 남편이 죽고 아들이 없다는 것은 예부터 있어온 말이다. 몸이 변하지 않으니 마음도 변하지 않는다. 삼가 밤에 울지 말 것이며, 삼가 화장을 하지 말 것이며, 삼가 손님을 접대하지 말 것이며, 삼가 예물을 주지 말 일이다. 불행히 아들이 없으나 역시 그 절개를 다 한 것이다. 견고하기가 칠석과 같고 순결하기가 송백과 같다. 혹은 그 시어머니에게 의지하고 혹은 그 딸을 따른다. 혹은 가난하면서도 사나, 혹은 목을 매어 죽기도 한다. 태산이 변한다 해도 이 마음은 변하지 않는다. 시퍼런 칼날을 밟는다 해도 이 뜻은 굽히지 않는다. 완전한 아내가 되도록 지키니 죽음으로써 맹세한다. 진나라의 순채는 스스로 목을 매었다. 유씨는 우물에 빠져 몸을 버리니 그 이름이 만세에 기록되도다.

이것은 곧 사람의 물질 욕망을 제한하는 것일 뿐만 아니라 더욱 중요한 것은 여자의 도덕 신앙과 가치 관념을 규범한 것이다.

노자의 '청심과욕(마음을 깨끗이 하여 욕심을 줄임)淸心寡慾'과 불가佛家의 '금욕禁慾'과 전통의 봉건 여성 정절관을 하나로 융합하여 여성에게 소위 '천리天理'라는 것을 가지고 정욕을 없애도록 요구한 것이다. 더욱이 부녀에게 자살의 수단을 사용하여 자신의 몸을 없앨 것을 요구하고 있다.

조일풍이라는 자가 병들어 일찍 죽게 되었는데 부인 우尤씨는 몹시 아름다웠다. 그가 죽기 전에 부인의 눈에 대고 "아름다움이 오래 가기를 원하나 어찌 오래갈 수 있으리오" 하였다. 부인이 이를 듣고 그 밤에 석회를 눈에 넣으니 많은 피가 흘렀다. 지아비의 장례가 끝나자 스스로 자진하였다. 혹은 돌에 이마를 부딪쳐서 지아비의 관을 따라가는 도중에 죽었다고도 한다.

사史씨라는 이가 있으니 시집도 가기 전에 지아비가 죽게 되자 따라서 순절하려 하였다. 그 어머니가 이를 허락지 않으니 딸은 7일간 아무것도 먹지 않았다. 그 어미가 억지로 차를 먹이려 하는데 한 쌍의 나방이 찻잔 속에 빠져 죽었다. 딸이 그것을 보며 "미물도 내 마음을 아는데 어머니가 어찌 내 마음을 빼앗으려 하시오" 하면서 자진하였다.

손孫 열부는 집안이 가난하였는데, 집 가까이에 바닷물이 들어오니 상서에게 그 해결 방법을 물으러 갔다. 상서는 그녀에게 왜 개가하지 않느냐고 묻자 그녀는 의연히 대답하기를 "굶어 죽는 것은 작은 일이

오, 절개를 잃는 것은 큰일입니다"라고 대답하였다. 더욱 심한 것은 홍안에 두 여자가 있었는데, 수해 중에 남자의 벗은 몸을 보게 되자 그것이 자신의 음탕한 행동이라고 파도 속에 뛰어들어 죽었다.

이상과 같은 수절과 순절한 여성은 『명사明史』「열녀전烈女傳」 중에 헤아릴 수 없이 많다. 대량의 수절부인과 열녀들의 기록을 볼 때, 가장 심각하게 느끼게 되는 것은, 이러한 젊은 여자들이 이미 자신의 미래에 대한 동경을 잃고서, 아름다운 혼인가정에 대한 바람과 추구에 대하여 오히려 '굶어 죽는 것은 작은 일이며, 절개를 잃는 것이 큰일이다'라는 생각을 신조와 계율로 삼아 일종의 헌신적 정신으로서 윤리도덕의 자아실현을 추구하였다는 것이다. 그리하여 수절과 순절은 여전히 그들이 실현할 수 있는 인생의 궁극적 목표이자 도달할 수 있는 최고 정신의 경지에 이르는 노정이었다. 그들은 사람의 정당한 인성, 정욕을 사악과 타락으로 여기고, 자신의 육체와 미모를 죄악의 원천으로 생각하였다. 정절과 절개를 지키기 위하여 끝내는 일반인을 초월한 역량으로서 모든 것을 무릅쓰고 각종의 잔인한 방법을 동원하여 자살함으로써 정신의 해탈과 영혼의 승화로 바꾸고자 하였다. 이것은 그 얼마나 잔혹한 사실인가. 이학理學의 여성에 대한 폐해와 잔인함은 확실히 최고조에 달했다.

봉건사회의 소위 일부일처제一夫一妻制란 실제상으로는 전적으로 여성에게만 향한 말이었다. 남성은 여전히 일부다처제를 실행하고 있었고, 더구나 법률로서 인가된 형식으로 고정되어왔다. 귀족, 관료, 지주를 막론하고 모두 일처다첩一妻多妾을 두었으니 평민 백성 역시 첩을 들일 수 있었다. 명明『호율戶律』「혼인婚姻」의 규정에는 "친왕은 첩을 열을 둘 수 있고, 세자 군왕은 첩을 넷을 둘 수 있고, 장자와 각 장군들은 첩을 셋을 둘 수 있고, 각 중위들은 첩을 둘을 둘 수 있고, 서민들은 첩을 하나를 둘 수 있다"라고 규정하고 있다.

명대 봉건전제의 독재자인 황제는 금욕과 인간의 욕망을 멸하는 최고 창도자임과 동시에 욕망을 조장하고 여성을 유린하는 죄인의 괴수였다. 독재와 부패는 마치 일란성 쌍둥이와 같은 존재로서 황제는 부단히 사람을 억제하고 사람의 욕망을 멸하는 동시에 그들 스스로는 날마다 더욱 끊임없는 방종과 부패로 나아갔다.

수녀秀女(명·청 시대에 궁중으로 뽑혀 들어간 여관女官)를 뽑는 제도는 명대의 가장 나쁜 정치 중의 하나였다. 명조의 제도는 모든 천자 친왕의 후비와 궁빈들은 양가집의 여성에서 선발하였기 때문에 후비는 민간에서 많이 나왔다. 새 왕이 등극할 때마다 민간에서는 수녀를 선발하여야만 했다. 『명무종외기明武宗外記』의 기록에 의하면, 명 무종 정덕(1506~1521) 연간에 황제가 수녀를 뽑는다는 풍문이 돌자 민간에서는 커다란 소동이 일어나게 되었다.

> 민간이 흉흉하니 여자들은 홀아비로 배우자를 삼고, 하루 밤새 죽기도 한다. 야반도주하여 숨어버리는 자도 많다"라고 되어 있다. 명 목종穆宗 "융경隆慶 2년(1568)에 숙녀를 점고한다는 것이 와전되어 일시에 남녀가 서로 배필을 만들었으니, 노소와 빈천을 가리지 않고 모두 머리를 틀어 올리고 젖비린내 나는 자를 지아비로 하고 청상과부 역시 재가하였다. 악공은 밤이 다 되도록 쉬지 못하고 고기와 과일의 가격이 폭등하니 달이 지나서 비로소 잠잠해졌다. 후에 혼인이 불륜이라며 왕왕 송사가 끊이지 않게 되었다.

명 말 숭정(1628~1644) 때 『오현지吳縣志』에는 "바야흐로 조정에서 오지방의 여자를 선발하여 입궁시키라는 명령이 있게 되자 민간에서는 다투어 혼인의 배필을 찾게 되니 드디어 인륜을 잃게 되도다"라는 기록이 있다.

이로써 수녀 선발 제도가 얼마나 악랄하고 피해가 컸었는지를 알 수 있다. 심일관沈一貫(?~1616)은 융경 2년의 진사다. 관직이 중급 전학사에 이르러 『관선숙녀觀選淑女』라는 시 한 수를 지었는데 거기에 다음과 같은 기록이 있다.

어찌하여 하늘은 좋은 짝 찾는 것을 보지 못하게 하는가. 세상의 거칠고 문란함이 언덕을 이루는 것 같다. 관리가 등본을 갖고 집에 이르니 원수와 같고, 아버지는 엉뚱하게 벽을 허물며 화를 삭인다. 부모는 꿇어앉고 형수는 울며 천금으로써 관리에게 뇌물을 주려 한다. 분분히 살찐 말과 짐수레가 오니 길옆에는 눈물로 큰 개울을 이루었네. 인간 천상에 성한을 격하고 하늘에 어찌 신선궁이 있을까. 아아, 하늘에 어찌 신선궁이 있을까?

민중의 눈에는 여자를 뽑아 입궁시키는 것은 마치 마귀가 지옥으로 떠미는 것 같은 것이었다. 사실이 그러하였다.

『중국기행中國紀行』에 의하면 명 궁녀는 1만 2천 명에 달했다고 한다. 명 목종 융경 3년(1569)에 조서를 내려 "민간 숙녀 중 열한 살에서 열여섯에 이르는 자를 300명 뽑아 올려라"라고 하였다. 궁중의 사정이 누설되는 것을 막기 위하여 홍무洪武(1368~1398), 영락永樂(1402~1424) 연간에는 입궁한 지 오래된 궁녀가 고향에 돌아가거나 혹은 재난을 만나 고향에 돌아가는 것을 제외하고는 일률적으로 출궁을 금하였다. 나이 들면 스스로 죽음을 기다렸다. 그들과 친척들은 영원히 두 번 다시 보지 못하며, 비록 묘령의 나이라고 하나 배우자를 얻을 수 없고 완전히 정상적인 혼인가정 밖으로 내던져진 것이다. 황제의 방탕을 위하여 수천수만의 여성들이 사람의 칠정육욕을 끊어가면서 황권의 희생양이 된 것이다.

더욱 심한 것은 명 세종(가정제嘉靖帝 1522~1566)은 장장 40여 년의 황제생활 중 성정이 방탕하고, 생활이 사치스럽고, 늘 장생을 원하였으나 죽음에 이르러서 유서로, 자신은 "병이 많았던 연고로 장생을 추구하니 미혹함에 이르렀다"라고 하나, 실은 그 자신이 불로장생의 약을 만들기 위하여 늘 동녀를 강간하는 수단으로 '원료'를 만들어 내었던 것이다.

가정嘉靖 21년(1542) 양금영 등 16명의 궁비들은 연합하여서 명 세종이 깊이 잠든 틈을 타서 그를 목을 졸라 죽이려 하였다. 그러나 유감스럽게도 그녀들은 성공하지 못하였고 오히려 모두 죽음을 당했다. 이것은 의심의 여지가 많은 사건인데, 아마도 강간당한 동녀들과 황제의 가혹행위와 관계가 있지 않았나 생각된다. 이상과 같은 사실은 명대 사상가 이지李贄(1527~1602)가 『속분서續焚書』 2권 『삼교귀유설三教歸儒說』 중에서 폭로한 이학의 허위성인 "겉으로는 도학이면서 속으로는 부귀를 누린다. 유아儒雅라는 고상한 의복을 걸치고서 행동은 마치 개와 같다"라고 말한 것과 같다.

(3) "하늘의 이치를 있게 하고 사람의 욕망을 멸한다"는 사상을 핵심으로 하여 명대의 여성교육에 광범위하고도 철저하게 전파하였다.

중국 봉건 통치자는 줄곧 여성의 교육을 중시하였는데, 당연히 현대 여자교육의 원칙과는 구별되는 것이다. 그것은 예교를 기본 사상으로 지도하는 것이며, 또 전문적으로 여자와 윤리도덕 교육을 말하는 것이다. 명대의 여성교육은 다음의 두 가지 특징으로 귀납해볼 수 있다.

우선은 황권이 위에서 아래로 내려오면서 대량으로 여성교육서가 인쇄되었다. 개국 시에 명 태조 마馬황후와 명 성조 서徐황후는 모두 친히 여교서인 『내훈內訓』을 편찬하였다. 서황후는 『권선서勸善書』, 『정열사실貞烈事實』, 『권선감응勸善感應』 등을 쓰기도 하였다. 그 후에 세종의 어머니인 장태후, 헌종의 왕황후 역시 『여훈女訓』, 『여감女鑑』 등을 지었다. 명 태조 홍무 중에는 특별히 유신들에게 명하여 『여계女誡』를 편찬하도록 하였고, 명 성조 영락 중에는 한림학사 해진 등에게 명하여 『고금열녀전古今烈女傳』을 짓도록 하였다. 소위 "가정교육은 반드시 조정의 교육에서 원류한다"라는 것이다. 명대 여성교육은 공전의 보급과 발전이 있었는데 그것은 바로 황제의 제창과 황후의 노력과 떨어질 수 없는 것이었다.

명조는 역대의 여성교육서 중 『여계女誡』, 『여논어女論語』, 『내훈內訓』, 『여범첩록女範捷錄』 등 네 권을 선정하여 여자교육 교과서로 삼았는데 이것을 『여사서女四書』라 부른다. 『여계』는 동한의 반소가 지은 것인데 중국 최초의 여자교육 윤리서로 여성이 저작한 첫 번째 여성교육 책이다. 명 신종의 모후는 이 책이 '족히 만세에 여성의 규범이 될 만한 책'이라고 여겨서 유신들에게 주석을 가할 것을 요구하였다.

『여범첩록』은 명 말 유학자인 왕상의 어머니 유씨의 작품이다. 그녀는 유학의 삼강오륜의 윤리는 '정내지의正內之儀'라고 여겨서 일반적인 설교 이외에 특별히 대량으로 역대의 정절과 효녀 등을 전범으로 삼아, '여성은 개가하지 말아야 한다', '종신토록 바꿀 수 없다'는 것 등을 강조하였다.

『여논어』는 당대 여학사인 송약신宋若薪이 편찬한 저서로 여자에게 어떻게 해야만 현숙한 부인이 되는가를 가르치는 책이다. 『내훈』은 명 성조의 서황후가 궁중의 부녀들을 교육하기 위하여 쓴 것으로 만력萬曆 8년(1580) 신종이 인쇄를 반포하고 '서민의 집에서 자녀를 교훈하도록' 하였다. 왕상은 전통적 유가사상을 『여논어』에 넣고 거기에 또 주석을 달았다. 명 희종 천후 4년(1624)에 교방다문당에서 합각한 『규각여사서집주閨閣女四書集注』가 있다.

통계에 의하면 명 일대에 쓰인 여자 교육서는 수량으로 대략 50여 종에 달하며, 이것은 중국 역사상에서 찾아볼 수 없는 기록이다. 여교서女敎書는 서로 다른 신분, 서로 다른 연령의 여성이 어렵지만 알기 쉽게 이해토록 통속적으로 비교적 이해하기 쉬운 그림 퍼즐과 같은 방식으로 인쇄되어 출판되었다.

예를 들어 외계 범씨 두 여자가 있었는데, 어려서부터 책 읽는 것을 좋아하여 『열녀전烈女傳』에 통달하였다. 후에 지아비가 죽으니 두 여자는 수절하면서 높은 담을 쌓고, 우물물을 길어다가 논에 물을 대고, 이러기를 30년, 죽은 후에 합장해주고 그 친척들이 사당을 세워 제사를 올렸다.

장씨 열녀는 어려서부터 『열녀전』 읽기를 좋아하니 나중에 단양의 강사진이라는 이에게 시집갔는데, 남편이 죽으니 몇 번이나 스스로 죽으려 하였으나 아버지에 의해 구해졌다. 아버지의 명으로 계속 유향의 『열녀전』을 보았지만, 후에는 물독에 머리를 파묻고는 죽었다. 이런 종류의 사실들은 『명사』「열녀전」에 수도 없이 많이 등장한다. 또한 이와 같은 기록들을 통하여 명대 여성교육서의 파급 효과가 얼마나 심각한지를 알 수 있다.

둘째, 명대 각종 여성교육서들의 공통적인 특징은 모두가 지나칠 정도로 집요하게 시종일관 '부녀의 정절관'을 강조한다는 것이다. 각종 읽을거리는 계속적으로 몇 번씩 '정절관'을 강조하고 있으며, 대대적으로 '수절'과 '순절'한 사적들을 열거하고 있다. 어떤 것은 도해가 그려져 있거나, 연속되는 그림 형식으로 되어 있으니 읽기 쉬울 뿐만 아니라 대단한 감염력도 있었던 것이다.

예로 모곤이 증보한『고금열녀전古今烈女傳』은 사람들로 하여금 "그 문장을 읽으며 그 문장으로부터 뜻을 알 수가 있다. 그 그림을 보면 그림으로부터 마음을 알 수 있다"라는 평판을 받았다. 50여 종류의 여자 교서敎書 중에서 전문적으로 정절을 주제로 한 것은 서황후가 쓴『정열사실貞烈事實』, 풍미의『정절록貞節錄』, 진약의『효절록孝節錄』, 우원의『절부록節婦錄』, 허유곡의『고금정열유풍십古今貞烈維風什』과 장덕경의『정록貞錄』등이 있다. 또한 수절부인 스스로 쓴 것이 있는데, 예를 들면 왕정부王貞婦가 쓴『청풍록淸風錄』이 있다. 설령 전문적으로 정절을 선양하기 위한 목적으로 쓴 것이 아니라 하더라도 그 내용에는 정절관을 강조하는 내용이 포함되어 있었다.『개량여아경改良女兒經』에는 "여인은 덕이 있고 화평하여야 하며, 여인의 제일은 정절이다. 출가하면 만일 불행이 있다 하더라도 두 남편을 섬길 수 없다"는 등이다.

여곤(만력 2년 진사, 형부우시랑을 역임했다)과 같은 조정대신은 그가 편찬한『규원도설閨苑圖說』에서 역시 정절열녀를 선양하고 있다. 왜냐하면 "천리天理를 있게 하고 사람의 욕망을 없앤다"라는 사상의 핵심으로 정절관념을 강화하던 것이 명대 여성교육의 커다란 특색이었기 때문이다. 그것은 이미 정절 문제 자체에 멈추어 있지 않고 오히려 여성 가치관을 끌어다가 심지어는 여성의 도덕품행의 유일한 표준으로 삼았기 때문이다.

명대의 개국황제로부터 마지막 황제까지 극력히 제창한 여자 교서敎書의 광범위한 확대와 정절관의 강화는 확실히 전체 백성들을 세뇌시켰다. 명대 수절과부와 열녀의 수는 점진적으로 증가하였으나 그중에는 어쩔 수 없이 그렇게 된 자도 많이 있었다. 자각적으로 정절의 길을 선택하였어도 혹자는 피와 생명으로서 대가를 치렀고, 긴긴밤 금욕과 고행으로 밤을 밝힌 자도 역시 적지 않았다. 특별히 후자의 경우에는, 즉 사대부 집안에서는 비록 과부가 되었다 하나 생활의 방편은 걱정할 필요가 없었지만, 그러나 내심의 고통은 말로써 표현할 수 없는 정도였던 것이다. 그들은 언제나 개인감정을 시詩와 사詞에 기탁하였다. 『역대부녀저작고歷代婦女著作考』의 통계에 볼 것 같으면 명대 여성 중에 『역대부녀저작고』에 소개된 자는 모두 245명으로 그중 28명이 수절부인이다.

모옥이란 자는 어사 풍소의 딸인데 일찍이 과부가 되어 정절을 지켜왔다. 동네 사람들이 그를 칭하여 문정文貞이라 하였다. 노년에 그 정을 완전히 시의 창작에 기탁하였는데 '자도自悼', '애상哀傷' 같은 시는 읽는 이로 하여금 비참함을 극에 달하게 하여 폐부가 끊어지게 한다.

또한 『숭정보강현지』에 의하면 예인길이라는 자가 있었으니 독서가의 집안에서 자랐다. 스무 살 때 과부가 되었으나 절개를 지켰다. 젊었을 때, 염체시 짓기를 좋아하였다. 후에 과부가 되어서 미색도 꺾이게 되니 그 적막함은 한층 더하였다. 「탄금彈琴」이란 시에 "배꽃이 작은 정원에 가득하고 오후의 바람이 흔들리네. 실 아지랑이 같은 이치는 너무나 담담하다. 한 조각의 오동 마음이 아직 죽지 않으니 이제 와서 단장의 말이 나오네"라고 적고 있으니, 그녀가 얼마나 적막한 생활을 슬퍼하며 살아왔는지를 용기 있게 보여주며 어려운 인생 중에서도 낙관하고 있음을 나타내고 있다.

또한 남성들이 읊은 시가詩歌 중에는 역시 한 측면으로만 그녀들의 특수한 처지를 반영하는 것이 있다. 전재의『전정당음全貞堂吟』중에는 "청상과부 지켜온 지 30년, 밤마다 베 짜온 것이 집보다 높네. 아이들 글 읽는 소리 들리고 달은 허공에 걸려 있네, 백발의 고독한 정절만 비추고 있네"라 하였으며, 유기劉基의『제야선진덕조모서씨절의전후진덕지조이전사시기조모년상소題也先進德祖母徐氏節義傳後進德之祖以戰死時其祖母年尚少』라는 시에는 "그대 청송과 실새삼을 보지 못하였는가? 덩굴을 끌어다가 길게 잇고자 하네. 소나무는 덩굴을 재촉하여 끊어지라 하나, 열매 뿌리는 오히려 천년 풀을 만드네, 신혼 방에 풍상과 이슬이 있더니 홀로이 신음하며 회포를 물리치네"라고 읊고 있다.

이와 같이 명대의 여자 교육은 여성에 대한 일종의 억압의 수단으로서 전국적으로 신분의 고하를 막론하고 넓게 전파되었고, 각 계층 여성들의 영혼 속에 깊이 침투되었다. 그 결과 여성의 인성과 인격에 전면적인 속박과 고통 그리고 잔인함을 불러일으키는 작용을 하였던 것이다.

(4) 명대 가족 조직이 공고하게 발전하면서 정권, 족권族權, 부권父權이 여성을 속박하고 학대하는 유력한 조직으로 성장하게 된다.

종법제도는 중국 봉건사회가 가족을 기반으로 하여 족권 통치를 건립하는 제도이다. 그것의 사회적 의의는 전제정권과 표리의 관계에 있다. 또한 정권·족권·부권이 상호 침투하게 하며 봉건통치를 유지하는 것을 목적으로 삼았다. 명대는 이미 중국 봉건사회의 후기로 접어든 시기라는 점을 주의해서 봐야 한다. 봉건 통치자는 사회의 여러 가지 첨예하고 복잡한 모순과 날고 쇠퇴해가는 왕조를 대면하게 되었으

니, 중앙전제 집권을 부단히 강화하는 동시에 종족주의, 종법제도가
강화되고, 가족조직을 공고히 하고 발전시켜야 하는 특수한 중요성을
보게 되었던 것이다.

이학가理學家인 장재張載는 일찍이 "종법이 서지 않고는 사람들은
그 계통이 어디서 왔는지를 알지 못한다. 만일 종법이 확립되면 사람
들은 모두 그의 근본을 알 것이며 조정은 커다란 이익이 있을 것이다.
혹자가 묻기를 '조정에 어떤 이익이 있는가?'라고 한다면 공경들이 그
가정을 보존한다면 충의가 어찌 서지 않을 수 있는가? 충의가 이미 서
있으면 조정의 근본이 어찌 공고해지지 않을 수 있는가. 지금 부귀를
누리는 자는 30~40년 후의 계획만 세우고 그쳐 그 소유의 집만을 지으
니, 그의 사후에 모든 아이들이 분열되고, 얼마 안 가 재산을 탕진하면
곧 집안은 망하니 어찌 집을 보존할 수가 있으며 어찌 나라를 안전히
보존할 수가 있겠는가?"라고 하였다.

주희 역시 족보의 서에서 말하기를 "족보를 보존하고 그 종족을 고
찰해볼 수 있으니 자네는 그것을 중히 여겨야 한다"라고 하였다. 때문
에 명대에 이르러 족보의 저술이 더욱 활성화하였다.

족권族權의 중요성은 문중의 혼인 간섭권으로 표현되고 있다. 가족
은 지역, 전통, 경력, 세력 등의 차이로 서로 다른 가풍을 형성하게 된
다. 그러나 여성을 구속하고 규범하고 처벌하는 것에는 놀랍게도 일치
되고 있다. 더구나 족보나 종족의 규범 등은 모두 전적으로 여자에 대
한 조문이니 어떤 가족은 또 전문적으로『여훈女訓』,『여계女誡』,『신부
보新婦譜』같은 여자 교육서를 만들기도 하였다. 그리하여 여성의 언
행을 규범하고 조금이라도 그것을 넘으면 가차 없는 처벌이 행해졌다.

국법을 범한 자는 "집안 역시 용서할 수 없는 것"이었으며, 국법에서

취급하지 않더라도 가법에서는 모두 국법의 권리 밖에 놓여 있었다. 개인적으로 심문하고 엄벌하며 고문을 가할 수 있었다. 종법은 국법을 보충할 뿐만 아니라 국법을 초월하기도 하며 상당한 정도의 임의성을 지니고 있었다. 특별히 거론해야 할 것은 성性금기는 부계가족 단체에서 대단히 엄격한 것이었다. 가문 내의 남녀 금기 범위에는 강간이 있었는데 난륜으로서 처벌을 받았다. 미혼 여자와 과부를 상대로 한 집안 내 강간일 경우 가문의 추문이 소문나지 않게 하기 위해 종족 내부에서 엄한 혹형으로 다스렸다. 특히 당사자인 여자 쪽은 왕왕 자진하도록 강요받았으며 사적인 형벌로써 죽음을 당하기도 했다. 명 초에 하남성의 조단가 규중에는 명문으로 "여자가 만일 나쁜 일을 하거나, 음행을 저지르면 칼과 줄로써 외양간에 가두어 죽을 때를 기다린다"라는 규정을 두었다.

족장族長은 가족 권력의 상징으로 가문에서 가장 높은 자리를 차지하며 가문의 교화와 징벌에 대한 전권을 갖고 있었다. 그는 제사, 회식, 단체배향, 족보의 편찬 등의 의식과 기타 경우를 이용할 수 있으며, 가문에 대한 봉건도덕을 선양할 수 있었다. 또한 가문의 규범을 이용하여서 여자에 대하여 어렸을 때부터 삼종사덕의 교육을 시킬 수 있었다. 가문의 여자들은 모두 "효로써 시부모를 공경하고, 동서 간에 화목해야 하며, 남편에게 순응하고, 여자의 일을 늘 배워야 하며, 음식 만드는 것을 근실하게 도와야 하며, 검소하고 청결해야 한다", "불행히 과부가 되더라도 그 단심은 철석같아야 하고, 백발이 되도록 혼자 살아야 한다"는 것을 요구받았다. 만일 인륜의 변고를 만나도 능히 순절할 수 있다면 곧 족보에 오르거나 정절패를 세워주었으며, 열녀의 사당에 들어가도록 하여 그를 표창하였다. 그것을 반대로 말하자면 가문이나 종법의 규칙을 위배하거나 윤리에 어긋나는 일을 하면, 족장은 그를 꾸중하며 책망할 수 있는 권리가 있었다.

재편찬한 동문 허씨가의 가문 규정에는 "법률을 위배하거나 윤리를 깨뜨리면, 모든 가문이 의논하여 즉시 사형에 처한다"라고 되어 있다. 『운남 여씨족보』「족범서」에서는 "가문의 사람들은 마땅히 범위가 있으니 나라처럼 법이 없을 수 없다"는 것을 강조하며 "족규는 국가 법제가 미치지 못하는 바를 보충한다"라고 하고 있다. 이러한 것은 모두 국법이 아니라 국법을 넘어선 가문의 법규와 가법家法의 관리 아래에서 조금이라도 성性 금기에 저촉된 이는 무고하게 황천길로 가야만 하였다.

총체적으로 볼 때 봉건사회 후기에 속해 있던 명대의 종법제도는 종보宗譜, 종사宗祠, 족전族田, 족장族長과 종족의 규범으로서 특별히 종법제도의 권위와 역량과 권력을 나타냈다. 또한 가족 조직을 통솔하여 보편적으로 정권과 상하로 호응하며 세워지고, 상호 보충하며 광범위하게 확장되어서 철저하게 정권 역량에 침투하였다. 종법제도는 시골벽지까지 파고들어가 무소불위의 권력체계를 실현하였다. 봉건 여성 교육이 명대에서 물샐틈없이 전파되고 확장되고 영향을 받은 것은 공전에 없던 중요 조직에 기초하기 때문이라고 볼 수 있다.

이 밖에도 아주 중요한 것으로 왕왕 홀시되는 사실이 있는데, 수절 부인과 열녀의 배후에 있는 빈곤의 문제이다. 당시 부녀들은 남편이 죽은 후에 예와 시부모나 부모에 의해 수절이나 순절을 강요당할 것 같지만 사실상은 완전히 그런 것은 아니었다. 어떤 시부모들은 공개적으로 그 며느리가 개가할 것을 권하고 있다.

『명사』「열녀전」의 기록에 의거하면, 여포의 처 마씨는 오현 사람이다. 지아비가 죽고 아들도 없는데 몹시 가난하였다. 시어머니는 그 뜻을 꺾고자 하여 농사를 지어 조를 얻었으나 며느리에게 주지 않았다. 그래도 며느리는 움직이지 않았다. 시어머니가 몰래 다른 사람으로부터 혼수품을 받고, 저녁에 나팔을 불며 신부를 맞으러 와서 화장을 시키려 하니 마씨는 침실로 들어가 자진하였다. 식기에는 겨 찌꺼기가 그대로 있었다.

엽씨가 있었는데 정해 사람이었다. 어려서 옹씨 집안과 혼인을 약속하였는데 엽씨의 부모가 모두 돌아가시게 되어 옹씨에 의하여 길러졌다. 옹씨는 재산이 날로 기울고 그 시어머니가 죽게 되고 아들은 아직 어리니 나씨 성을 가진 이에게 팔고자 하였다. 엽씨는 울면서 말하길 "내가 물건이 아닌데 어찌하여 이리저리 팔려 하십니까?" 하면서 물에 빠져 죽었다.

구양씨가 있었는데, 그녀는 시어머니를 극진히 모셨다. 구양씨 나이 열여덟에 남편이 죽었다. 유복자를 낳고 길쌈을 하여 길렀다. 부모가 다시 시집가기를 강요하니 그 이마에 바늘로 수절이라는 글자를 쓰고 죽기를 맹세하였다.

또한 양씨라는 이가 있었는데, 동성의 오중기의 처다. 중기가 죽자 가난한 시아버지는 돈을 받고 며느리를 팔려고 하였다. 양씨는 하늘을 보며 울부짖기를 "나의 입이 시부모님에게 누를 끼치니 효가 아니고, 가난한데 도움을 주지 못하니 인이 아니며, 절개를 잃으면 곧 의가 아니니 내겐 오로지 죽음이 있을 뿐이다" 하면서 목을 매어 죽었다.

위의 예를 보면, 극히 빈곤한 가정에서는 시부모가 가장 먼저 생각하는 것은 생존문제였다. 과부가 된 며느리를 시집보낼 때 상대 남자로부터 돈을 받기 위하여 시부모들은 며느리 파는 것을 망설이지 않았고 이는 며느리를 죽게 만드는 결과가 되었다.

『유림외사儒林外史』는 명대 문인을 묘사한 소설인데 그중 제48회에서는 "휘주부徽州府에 열녀가 있어 남편을 따라 순절하니, 유적이 있어 이를 생각하게 한다"라는 기록이 있다.

휘주부는 정절관을 가장 극력히 창도한 지역 중의 하나로 지금도 둔계屯溪, 흠현 등 각지에는 다량의 정절비가 보존되어 있다.

작가인 오경재吳敬梓(1701~1754)가 쓴 작품에는 다음과 같은 내용이 있다. 오경재의 이종사촌형인 김거가 휘주에서 학관으로 있을 때 친히 목도한 왕흡문의 딸이 수절한 것을 적은 것이다. 아버지를 따라 함께 살던 김조연은 순절한 열녀를 찬양하는 시 한 편을 썼는데, "서로 다른 빛이 건곤을 비추네"라고 썼다. 또한 "나는 신안군에 자고로 대현이 많이 나온다고 들었는데, 이학이 천 년까지 비추고 눈먼 조상이 연회를 베푼다"라고 하였다. 김조연은 열녀와 이학과 신안新安(徽州)을 연결하여 당시의 도리를 말한 것이다.

주희朱熹는 일찍이 휘주에서 생활한 적이 있는데, 휘주는 이학의 근거지로서 수절부인과 열녀들이 나올 수 있는 전형적인 환경이 구비되어 있었다. 안휘 휴녕현의 현지縣志의 기록에 의하면, 6만 인구의 이 작은 현에서 명대에만 열녀가 498명이나 나왔다. 이학의 폐해가 얼마나 심한지 잘 보여주고 있다. 지금도 황산黃山으로 여행을 가면 휘주 길가의 연변에 여전히 빽빽이 늘어서 있는 열녀비의 유적들을 볼 수 있다. "정문을 세워 열녀를 기린다"라는 휘장 아래 얼마나 많은 피에 물든 시체가 묻혔던가.

휘주의 학자이며 사상가인 대진戴震은 『여모서與某書』에서 "소위 이理라는 것은 가혹한 형리의 법과 같다. 형리는 법으로 사람을 죽이지만 유가들은 이理로써 사람을 죽인다. 법을 버리고 윤리에만 침잠되어 죽이니, 더욱 구제할 방법이 없도다", "사람은 법에 의해 죽으니 역시 가련하다. 이理에 의해서 죽으니 누가 그를 가련타 하겠는가?"라고 하였다.

오경재는 김거부자를 통하여 당시의 사정을 자세히 알고 난 후에 오히려 봉건정절관의 위선적인 모습을 해부하고, '예교가 사람을 잡아먹는' 진상을 폭로하였다. 더우기 그는 문학의 붓으로 역사, 철학의 진리를 드러내었으며, 더욱 귀중한 것은 인물의 정감과 이성理性 사이의 모순과 충돌을 써내려갔다는 것이다.

'예禮'와 '이理'의 배후에는 왕옥휘의 딸과 같이 순절하면서 우선 고러했던 것은 살아가자면 아버지에게 짐이 되지 않을까 우려하는 점이었던 것이다. 그녀는 "이 큰언니의 남편이 죽어 아버지에게 누를 끼치게 되었다. 지금 나의 남편이 죽었는데 하물며 또 아버지가 나를 부양해야 하는가? 아버지는 가난한 선비인데 어떻게 이 많은 딸들을 기를 수 있겠는가?"라고 말한다. 아버지 왕옥휘는 이를 저지하지 않았을 뿐만 아니라 오히려 격려하며 말하길 "나의 자식아! 네가 기왕에 그렇게 한다면 이것은 청사青史에 길이 이름이 남는 일이다. 내가 어떻게 너를 막을 수 있겠느냐? 그렇게 하도록 하여라"라고 말한다. 아비의 종용 아래 딸자식은 끝내 산 채로 굶어죽는다. 그 아비는 오히려 하늘을 보며 큰소리로 웃으며 말하길 "잘 죽었다. 잘 죽었어"라고 한다.

이때 관부는 마치 보물을 얻은 것처럼 재빨리 문서를 만들어서 열부라고 정문을 세워주길 조정에 올렸다. 두 달이 지난 후 상부에서는 비준을 내리고 문 앞에 정문旌門이 세워지고 열녀의 사당에 들어갔다. 이 소문은 금방 퍼져 가문에서는 제사를 올리고 이를 크게 선전하고, 왕옥휘는 훌륭한 딸자식을 갖게 되어 윤리의 기상을 잡았다고 생색이

나니, 특히나 술좌석을 열고 왕옥휘를 상좌에 모시려고 한다. 이때 왕옥휘는 가슴이 아파오며 아직은 인성이 없어지지 않아 정情과 이理가 또 충돌하자 끝내 술좌석에는 참석하지 않는다. 이는 '사람의 마음情' 이 없어지지 않고 '천리天理'가 부당하게 존재한다는 것을 드러내고 있다. 왕옥휘는 예교의 모순과 충돌 속에서 방황하는 유생의 전형적인 형상을 보여주고 있다.

명대의 수절부인과 열녀의 문제는 중국 봉건시대의 남존여비, 여성의 지위 저하의 보편성을 반영하는 것일 뿐만 아니라, 봉건전제 집권 정치와 유가사상의 결합이 여성에 대한 압박과 억압이 명대에 들어와서는 더욱 가혹한 역사의 새로운 단계로 접어들었다는 것을 설명하고 있다. 명대 초기 명 태조 주원장(1368~1398) 때부터 황권을 강화하기 위하여 진행한 중앙과 지방의 행정기구의 개혁, 특히 중서성과 승상제의 폐지는 황제로 하여금 지고무상의 권력을 갖게 하였다. 그뿐만 아니라 이전에 없던 최고 독재자가 되어 전제독재의 근본적인 특징인 바로 사람에 대한 통제를 강화하기 위한 수단으로 이학의 윤리는 명대 통치자의 수요에 부합하였던 것이다. 황권의 역량을 운용하여 정교합일 형태로 여성의 정절관과 정치명령을 결합해 추진했다. 곧바로 민속과 민풍과 융합하여 전면적으로 민간에 깊이 침투하여 최종적으로는 시비를 가늠하는 표준과 사람을 지배하는 언행의 역량이 되었던 것이다. 이것이 명대 여성의 운명이 명대 이전의 봉건시대보다 더욱 비참하고, 여성의 지위가 더욱 떨어진 근본 원인이다. 그녀들은 인생의 길 위에 하나의 간고한 발걸음을 남겼으며, 역사의 긴 물결 위에 무한한 피와 눈물을 흘렸다. 명대의 수많은 수절부인과 열녀의 비극은 여성의 비극이며, 사회의 비극이며, 역사의 비극이다.

청대 열녀로 본
유가문화와 그 영향

정사正史에 일반 여성이 기록되기 시작한 것은 남조南朝의 송나라 범엽範曄(398~446)이 저술한『후한서後漢書』「열녀전烈女傳」부터이다. 이후 많은 사서들이 이를 모방해 유가儒家의 윤리 도덕관에 부합하는 여성을 선택해 전기를 만들어 이를 본받게 하고자 시도했다. 만주족滿洲族이 세운 청淸 왕조는 300여 년간의 통치기간 중 과거의 문화 전통을 계승하면서 유교儒敎로 여성을 규제하고 유가의 윤리 도덕관에 알맞은 여성을 대대적으로 표창하여 정절貞節 관념을 종교화하고 제도화하여 여성의 혼인생활과 지위에 커다란 영향을 미쳤다.『청사고淸史稿』권 515에서 권 518까지의 4권은 모두『열녀전烈女傳』으로 유교의 실천자로서의 여성을 기록하고 있다. 이러한 기록들을 통해 봉건적 예교禮敎가 어떻게 인생을 파괴하고 행복을 박탈했는지 알 수 있다.

다음은 청대 유가문화의 영향으로 더욱 발달하게 된 열녀의 유형과 특징 등을 구체적으로 소개하고자 한다.

『청사고』「열녀전」은 모두 4권으로 총 716명의 여성을 등장시키고 있다. 그중 한족漢族 출신은 685명으로 95.67%를, 소수민족은 31명으로 4.33%를 차지하고 있다. 그들을 특징별로 대략 분류하면 11가지 유형이다. 이를 도표화하면 다음과 같다.

유형 항목	절부 節婦	효부 孝婦	현부 賢婦	현모 賢母	정부 貞婦	열부 烈婦	효녀 孝女	정녀 貞女	열녀 烈女	의부 義婦	기타	합계
사람 수	64	48	43	19	4	325	31	20	109	25	28	716
비율	8.94	6.70	6.01	2.65	0.56	45.39	4.33	2.79	15.22	3.49	3.91	99.99

열녀의 유형과 특징은 다음과 같다.

▶ 절부節婦

절부는 남편의 사망 후에 평생 재가하지 않은 여성을 지칭한다. 청대淸代의 저명한 학자 원매袁枚의 누이 원기袁機는 "여자는 한 사람만을 따른다. (그가) 병들면 내가 시중들고, 죽으면 수절한다"라고 말하고 있다. 『예경禮經』에서는 남편이 죽고 없는 여자를 '미망인未亡人'이라 표현하고 있다. 그들은 수절을 최고의 가치로 여긴다. 추근사鄒近泗의 처 형씨刑氏는 가난한 과부로 개가할 것을 권유받자 "배고픔과 추위는 참을 수 있지만 수치는 참을 수 없다"라고 답하고 있다. 허이신許爾臣의 처 낙씨駱氏는 극심한 가난에도 불구하고 재혼하라는 말에 "걸식을 하는 것은 참을 수 있지만 개가하는 수치는 참을 수 없다"고 말하고는 굶어죽었다.

호원발胡源渤의 아내 동씨董氏는 80년을 수절하였다. 수절하는 것이 쉬운 일이냐는 물음에 쉬운 일이라 답하고, 어떻게 살아가느냐는

질문에 "배고프면 먹고 피곤하면 자고, 배고프지 않고 피곤하지 않으면 열심히 일한다. 일에 열중하면 마음이 안정되고 마음이 안정되면 부지런해진다. 열심히 일해 피곤하면 잠을 자고, 일어나면 또 일을 하여 일시도 한가하지 않게 한다. 이렇게 지내다 보면 습관이 된다"라고 응답하였다. 이 말은 그녀의 80년 수절의 경험이다. 이들 '미망인'은 머리나 손가락을 자르거나 심지어 얼굴에 흉터를 냄으로써 수절의 의지를 나타내곤 했다. 어떤 절부節婦는 오래도록 수절해 '절부괴節婦槐', '절부우節婦雨'라는 칭호를 들었다.

▶ **효부**孝婦

효부는 시부모를 극진히 모시는 여성을 말한다. 그들의 행위는 다음과 같은 표현으로 나타난다.

첫째로 자신의 신체를 베어내어 시부모의 질병을 고치려는 시도이다. 왕거王鉅의 아내 시씨施氏는 호된 시집살이를 감수하던 중 시어머니가 위병을 얻어 치유하지 못하자 허벅지살을 베어내어 약으로 바쳤다. 이를 먹고 시어머니 병세는 호전되었으나 그녀는 죽고 말았다. 시어머니는 이 사실을 듣자 "내가 효부를 강요했다"라고 말하며 비통해했다. 진문세陳文世의 아내 유씨劉氏는 일흔두 살의 시어머니가 중병에 걸리자 배를 갈라 간의 반을 잘라내 시어머니의 약으로 썼다. 기록에 따르면 가흥嘉興의 지정知鼎 이집李集이 그녀의 효행에 감동하여 자신의 녹봉으로 유씨에게 논밭과 집을 사주었다.

둘째로는 자신의 모유를 시어머니에게 먹이는 효행이다. 경정충耿情忠이 복건성福建省에서 반란을 일으켰을 때 피난을 가던 채벽蔡壁의 처 황씨黃氏는 시어머니가 연로하여 거친 음식을 먹지 못하자 자식에게 먹이던 젖을 끊고 대신 시어머니에게 모유를 먹였다. 한발이 들면 어떤 효부들은 자식은 굶겨도 시부모에게는 먹을 것을 내놓았다. 그들이 생각하기에 자식은 굶어죽으면 또 낳을 수 있지만 시부모는 죽으면 다시 살아날 수 없는 존재인 것이다.

셋째로 들 수 있는 효행은 시부모와 남편이 위기에 처했을 때 자신의 생명을 버리는 것이다. 유응표游應標의 처 요씨姚氏는 집에 불이 나자 시아버지를 업고 피신하다 질식사하였다. 주학신周學臣의 처 유씨柳氏는 맨손으로 호랑이를 때려뉘어 시아버지를 구했다고 한다. 당씨唐氏는 남편 양씨楊氏와 밭을 매고 있는데, 호랑이가 나타나자 호랑이 꼬리를 물고 늘어져 남편을 구해냈다.

넷째로는 시아버지에게 첩을 들여 줘 아들을 낳아 대를 잇게 하는 행위이다. "세 가지 큰 불효 중에서도 후사를 두지 못하는 것이 가장 큰 불효"라는 생각을 가진 일부 '미망인未亡人'들은 갖가지 방법으로 대를 이었다. 일찍이 과부가 된 증경우曾經佑의 처 임씨林氏는 시아버지가 늙었지만 남편을 대신할 아들을 낳아 대를 끊지 않게 여자를 물색해주어 집안의 후사 문제를 해결했다. 이렇게 낳은 아들(그녀에게는 시동생이 되는)이 7개월이 되었을 때 시아버지가 돌아가시자 그녀는 시어머니와 함께 시동생을 키웠다. 그 집안은 백 년이 못되어 자손이 번성해 100여 명의 가족으로 불어났다고 한다.

다섯째의 대표적 효행은 학대와 막중한 짐을 감내하는 것이다. 「열녀전烈女傳」에는 시어머니가 며느리를 혹독히 대하는 예를 적잖이 기재하고 있다. 이들 며느리는 어떤 반응은커녕 원망의 말도 하지 않는다. 유홍제의 아내 위씨魏氏는 과부의 몸으로 시어머니를 모시는데 매를 맞아도 밝은 낯으로 이를 받아들였다고 한다.

▶ 현부賢婦

현부의 특징은 현숙하고 선량한 성품으로 집안을 근검하게 꾸려나가면서 남편을 돕는 것이다. 청 초淸初의 명신名臣 장영張英이 과거 급제 후 한림翰林의 관직에 몸담았을 때 천금千金을 선물로 받았지만 그는 이를 거절했다. 이 사실을 아내 요씨姚氏에게 말하자 그녀는 당연히 그래야 한다고 남편을 격려했다. 남편의 직위가 올라가고 재산이 늘어도 그녀의 검소한 생활 태도는 변함이 없었다. 심지어 아무리 옷이 낡아도 새 옷을 마련치 않아 사람들이 그녀를 노비로 착각할 정도였다.

단씨單氏라는 여인은 시부모가 돌아가시자 집을 팔아서 묘를 마련했다. 이웃에서는 곡식을 모아 그녀에게 주어 떡을 만들어 팔게 해주었다. 건륭제乾隆帝 말년에 흉년이 들자 단씨는 바느질품으로 남편과 자식을 먹여 살렸다. 후에 남편과 자식이 모두 역병으로 사망하고 손을 다쳐 일을 할 수 없게 되어 굶어 죽었다. 마을 사람들은 그녀를 남편의 무덤 옆에 묻고 '현부묘賢婦墓'라 하였다.

▶ 현모賢母

아들을 잘 교육시켜 과거에 급제시킨 여성을 말한다. 윤공필尹公弼이 일찍 세상을 뜨자 그 아내 이씨李氏는 가난한 살림 속에서도 늙은 시부모를 정성껏 모시고 아들 윤회일尹會一을 잘 교육시켰다. 윤회일이 과거에 급제해 양양襄陽의 지부知府로 부임케 되었다. 그는 후에 양주부楊州府에 지부로 발령받자 어머니의 명을 받들어 사재로 빈민을 구제하고 군량을 보조했다. 양양의 백성들은 이씨의 공덕을 기려 특별히 '현모당賢母堂'을 건립했다.

정문청鄭文清의 처 여씨黎氏는 아들 정진鄭珍을 엄하게 가르치며

"사람이 가난하다 해서 예까지 없어서는 안 된다. 예가 없는 것이 정말로 가난한 것이다"라고 예를 강조했다. 정진은 이러한 가르침에 힘입어 유명한 학자가 되었다.

▶ 정부貞婦

정부는 약혼 기간 중 배우자가 죽었거나, 남편이 집을 떠나 돌아오지 않거나 혹은 남편이 일찍 죽었어도 시댁에서 수절하는 여성을 뜻한다. 예를 들어 종모鍾某의 아내 오씨吳氏는 약혼만 한 남편이 시아버지를 따라 사천四川에서 장사를 하며 오랫동안 돌아오지 않았다. 그녀는 홀로 시어머니를 봉양하다가 돌아가시자 장례를 치렀다. 40여 세가 되어 돌아온 남편이 결혼하려 하자 이를 거절했다. 오씨吳氏는 오히려 첩을 얻어 주면서까지 혼례를 거부했는데, 그 이유는 자신이 이제 자식을 낳을 수 없이 늙었기 때문이었다. 남편이 관에 고소를 하였지만 그녀의 이유가 타당하다고 받아들여져 승소했다.

다보多寶는 황실 출신의 신각나씨新覺羅氏와 약혼을 한 후 곧 사망했다. 신각나씨는 남편의 상을 치른 후 시댁에서 평생 살았고 양자를 들여 대를 이었다. 대학사大學士 오계吳桂가 이를 조정에 품계하자 동치同治황제는 '미길완정未吉完貞'이라는 명예로운 친서를 내렸다.

▶ 열부烈婦

열부는 남편을 따라 죽음으로써 정조를 지킨 경우를 말한다. 죽는 방법은 목을 매거나 강에 몸을 던지거나 우물에 빠지기, 절벽에서 뛰어내리기, 금은 삼키기, 목 끊기, 벽에 부딪쳐 죽기 등이다. 「열녀전」에는 죽은 남편을 따라 순사殉死(남편의 뒤를 따라 스스로 목숨을 끊음)

하는 경우가 적지 않게 기록되어 있다.

염정충廉精忠의 반란 시 무인 호수겸湖守謙은 반군에게 참수되었다. 그의 아내 황씨黃氏는 남편의 시체를 거두어 장사지내고 자신도 독약을 먹고 목숨을 끊었다. 청淸 말엽 반란이 일어났을 때 연혜連惠의 처인 만주족 출신 조씨趙氏는 전투에 참가하였다가 적군에 잡혀 참혹한 죽음을 당했다. 그녀는 죽기 직전까지 철저히 반항했다고 한다.

강희제康熙帝 초 임간林乾의 처 정씨程氏는 강간을 당할 위기에 처하자 자살했다. 일부 여성들은 남편이 죽은 후 따라 죽지 않고 평생 정조를 지키며 시부모를 모셨다. 이러한 사례는 어느 학자가 "삶과 죽음의 기로에서 진퇴를 잘 선택하는 것이 진정한 의미의 예禮를 아는 것이다"라는 말에 부합되는 것이다.

▶ **효녀**孝女

부모를 효로 모시는 경우, 부모의 원수를 갚는 것, 부모를 위기에서 구하는 일, 혹은 부모를 모시기 위해 평생 시집가지 않는 여성을 효녀의 범주에 넣는다. 예를 들어 의정儀征 사람 장천상張天象의 집에 불이 났을 때 그는 병석에 있었다. 열네 살밖에 안 된 그의 딸이 아버지를 업고 탈출하다 힘에 부쳐 부녀가 같이 불에 타 죽었다.

태주泰州의 채잉기蔡孕琦는 모함을 받아 사형을 언도받고 옥에 갇혔다. 그의 딸 채혜蔡蕙는 결혼도 거부한 채 4년간 옥바라지를 했다. 강희康熙 28년, 강희황제가 2차로 강남지방을 순시했을 때 채혜는 죽음을 무릅쓰고 아버지의 억울함을 호소하여 죽음을 모면케 하였다.

악정樂停 사람 동계림董桂林이 죽었을 때 그의 딸은 열두 살이었다. 그녀는 시집가지 않기로 결심하고 어머니를 봉양했다. 그녀의 효행을 들은 부잣집 자제가 청혼했으나 그녀는 어머니를 모셔야 한다며 거절했다. 어머니가 돌아가셨을 때 그녀는 이미 쉰 살이 넘었고, 그녀는 어머니를 장사지낸 후 자살했다.

▶ 정녀貞女

정녀는 어떤 상황에서건 순결을 잃지 않고 죽는 경우를 말한다. 명말 청초의 여간餘幹 사람 이약금李若金의 딸은 명의 세자 주유계朱由桂와 약혼을 했는데, 약혼자가 청을 피해 도망가자 다시 결혼하지 않기로 결심을 굳혔다. 미모의 이씨를 기녀로 팔아먹기 위해 한 청년이 청혼하자 사정을 눈치 챈 그녀가 저항하자 청혼했던 자가 그녀를 죽여 버렸다.

▶ 열녀烈女

열녀는 열부烈婦와 비슷하나 결혼을 하지 않았을 경우 열녀로 분류된다. 이들은 순결을 지키기 위해 죽음을 택한다. 오고족烏古族 출신의 오몽녀烏蒙女는 매우 아름다웠는데 욕을 당하려는 순간 가슴을 찔러 자진했다. 가경嘉慶 초 백련교白蓮教의 난이 일어났을 때, 곽준청郭俊清의 딸 연련蓮은 납치되어 강간을 당하게 되자 스스로 목숨을 끊었다. 진보렴陳寶廉의 두 딸 혜경慧敬과 혜장慧莊은 모친상을 당하자 함께 약을 마시고 따라 죽었다.

당시에는 결혼 전에 약혼자를 따라 목숨을 버리는 일도 많았다. 건륭乾隆 말엽 이염종李廉宗의 약혼녀 이씨는 약혼자가 죽은 후 시부모가 개가하라고 권하자 '충효절열忠孝節烈'이라는 글을 혈서로 남긴 후 자살하였다.

▶ **의부**義婦 · **의녀**義女

이들은 정의감에 불타 용감하게 적에게 대항했거나 유혹에 초연했던 것을 특징으로 한다.

이상의 분류로 보았을 때 가장 많은 것은 열부烈婦이고 그 다음은 열녀烈女, 효부孝婦, 현부賢婦의 순이었다. 그들은 모두 유가의 윤리 도덕을 실천한 여성이었다.

봉건사회에서 유교의 규범에 부합되는 여성을 표창하기 시작한 것은 한대漢代였다. 그 후 정표旌表(착한 행실을 세상에 널리 드러내어 알림) 제도가 만들어졌다. 청나라 건국 후 이러한 정표제는 정착되어 정절貞節을 더욱 제도화하였다.

청대의 정표는 『대청회전大淸會典』 등의 문헌을 중심으로 보았을 때 크게 두 가지 기준이 있었다. 첫째는 절효節孝에 대한 표창이고, 둘째는 남자 세 쌍둥이를 낳았을 때 정표를 받는 것이다.

청나라는 예부禮部의 주도로 효부, 효녀, 열부, 순절, 미혼수절未婚守節 등으로 나누어 매년 각 지방에서 수천 명을 선발하여 중앙에 보고했다. 사정에 따라 표창에는 차이가 있었으나 정표제는 만주족의 봉건화와 궤를 같이해 더욱 뿌리 깊게 정착되었다.

다음은 세 종류의 정표에 대한 설명이다.

(1) 절부정표節婦旌表

순치順治 5년(1648)에는 "효자효손과 의부절부義夫節婦를 각 지방에서 보고 받아 실제로 조사하여 합당하면 정표한다"라고 하였으며, 순치 9년(1652)에는 "왕족과 종실宗室, 상벌내賞罰內, 효자, 의인義人 및 정절을 지킨 자는 정표의 대상이 된다"라는 칙서를 발표했다. 당시 만주족 여성들도 한족 출신 여성과 같이 유교를 몸소 실천했다.

강희 6년(1667)에는 "30세 이전에 과부가 되어 50세 이후까지 수절하면 정표를 받을 수 있다"라고 규정지었다. 옹정雍正 원년(1723)에는 새로운 규정을 만들었다. 즉 절부節婦가 15년 이상 수절하다 40이 넘어 사망하면 정표의 자격을 갖춘 것이다. 이는 예전보다 정표의 자격을 확대 적용한 것이다.

건륭제 때에는 전례에 따르면서 약간 기준에 모자라도 '청표동영淸標形營'이라는 편액으로 상을 내렸다. 도광道光 4년(1824)에는 "안휘 전초현민全椒縣民 왕양王楊씨가 13년간 수절하다 사망하자 정표의 20년 기준에는 못 미치지만 정녀는 연한의 제약을 뛰어넘는 것이므로 정표를 주었다"라는 기록이 있다.

동치同治 10년(1871)에는 다시 절부의 기준을 6년으로 하향 조정했다. 청대에는 정식 아내나 첩을 불문하고 정표를 하였다. 표창 연한을 줄인 것 또한 청淸 정부가 수절을 얼마나 중시했으며, 유가의 윤리로 여성을 얼마나 억압했는가를 증명하는 것이라 하겠다.

(2) 열부정표烈婦旌表

청은 열부烈婦를 분류하여 차별화해 정표하는 규정을 두었다. 옹정 8년(1730)에 강서순무江西巡撫는 약혼자를 따라 죽은 열녀를 두 차례 예부에 상주하여 정표를 받게 하였다.

건륭 52년(1787)에는 급사중給事中 유근劉瑾의 처 탕씨湯氏가 남편을 따라 순사하자 예부의 규정에 따라 정표함으로써 그 뜻을 기렸다. 강희 11년(1672)에는 강간을 피하기 위해 자결한 열부에게 정표하라는 명을 반포했다. 이 경우 지방관은 은 30냥을 내리고 친정에 기념비를 세워 주어야 했다.

건륭 7년(1742)에 이르러서는 "민며느리가 아직 성혼하지 않았는데 약혼자가 성관계를 요구하여 죽음을 택하면 정표의 대상이 된다"라는 규정을 만들었다. 가경嘉慶 8년(1803)부터는 욕을 당하지 않으려 반항한 여성에게도 표창을 내렸다.

(3) 정녀정표貞女旌表

미혼의 몸으로 수절한 정녀貞女는 절부節婦의 규정을 적용하여 정표했다. 건륭 27년(1762)에는 "미혼정녀未婚貞女가 시댁에서 병들어 죽으면 수절한 햇수에 상관없이 표창한다. 또한 이 규정은 만주족과 한족 모두에게 해당한다"라고 비준했다. 1771년에 이르러서는 정표의 기준에 미치지 못하고 죽은 정녀는 완벽히 정조를 지켰으면 팔기八旗(청清나라 태조太祖가 정한 병제兵制)의 예에 따라 표창받는다고 규정을 완화하였다.

청대의 여성은 신분의 귀천에 따라 정표에서도 차별을 받았다. 순치 10년(1653) 5월에는 종실의 절효정열節孝貞烈의 표준을 제정하고 차별화된 상의 내용을 공표했다. 천민의 경우는 평민이나 귀족의 반에 해당하는 물질적 보상을 받지만 절효사節孝詞에 위패를 모셔 제사를 지내는 대우는 받을 수 없었다. 이러한 규정은 가경 4년(1799)에 마련되었다.

종이나 노예의 처, 포로의 아내가 강간을 당하지 않으려 자살한 경우는 정표를 받지만 제사를 받지는 못했다. 절효사에 드는 정녀貞女는 가경 5년(1800)의 규정에 따라 열 살 이상이면 자격을 갖춘 것이지만 열 살 이하이면 위패를 올릴 수 없었다.

전통적인 계급 색채를 띤 정표제는 가경, 도광 시기부터 변화를 맞이한다. 이 제도가 점차 완벽해진 것은 만주족이 자신들의 통치 기반 강화를 위해 유교를 강력히 제창하고 행동화한 필연적 산물이었다.

한편 봉건적 윤리도덕의 극단적 표현으로서 '순절殉節'이라는 것이 있었다.

청조는 전대와 마찬가지로 부모가 자식의 결혼을 결정할 권리를 가지며 조혼早婚을 통해 다산多産을 장려했다. 청 정부는 남자는 16세, 여자는 14세면 결혼을 할 수 있다고 허가했다. 이는 송宋·명明의 법을 따른 것으로 당시 일반적인 풍조였다.

청나라 황제 중에 순치제와 강희제는 조혼한 대표적인 인물들로, 순치제는 14세, 강희제는 12세에 성혼했다. 옹정의 효경황후孝經皇后는 13세에 시집왔고, 만혼에 해당하는 건륭제도 17세에 결혼했다.

하층계급의 부족한 노동력을 보충하기 위한 수단으로 어린 아들보다 나이가 많은 며느리를 들이는 경우가 많아 하나의 사회 현상이 되었다.

조혼과 인구증가 정책은 인구 폭발로 나타나 사회문제로 대두되었다. 명 왕 조때 6천만이던 인구는 청나라 도광道光 20년(1840)에 이르러 무려 4억 1,281만 명으로 증가했다. 청 초의 강희제와 옹정제는 문제의 심각성을 파악했으나 효과적인 인구 억제 조치를 취하지는 못했다.

건륭은 만년에 2대 전보다 인구가 15배나 증가한 사실에 경악스러웠으나 자신의 총신들에게 아들을 많이 낳아 다복多福하라고 축원을 내릴 정도였다. 건륭 황제의 조부인 강희제는 아들 35명과 딸 20명을 두었다. 봉건적 종법제에서는 재산상속자와 1가구를 생산단위로 하였기 때문에 많은 노동력을 필요로 하였고, 이것이 바로 조혼과 득남을 요구하는 근본적인 원인이었다.

청 정부가 실행한 표정절제表貞節制는 여성들의 지침이 되었을 뿐 아니라 봉건적 사고를 사람들의 의식에 깊이 심어놓았다. 그중에서도 여성이 봉건적 예교를 극단적으로 실천하는 방법은 '순절殉節'이었다. 다시 말해 기혼여성, 미혼여성 혹은 식을 올리지 않은 상태의 약혼 여성들은 '정절'을 지킨다는 명예를 위해 희생을 마다하지 않은 것이다.

『청사고』「열녀전」에 기록된 순절한 열부는 모두 434명으로 전체의 60.61%를 차지하고 있다. 이로 미루어 '순절'의 수가 얼마나 많은가를 알 수 있다.

청조가 중국을 지배하기 전에는 순장殉葬의 풍습이 있었다. 왕실에서 팔기의 장군에 이르는 계층은 주인이 사망하면 비妃와 노복을 순장하였다. 팔기의 장군들 사이에는 처와 첩, 노비를 따라 죽게 하는 순장이 매우 보편적이었다. 천청天聽 8년(1634) 황태극皇太極은 유지諭旨를 발표하여 팔기 장군들의 순장 풍습을 자제토록 명하였다.

남편을 따라 순사殉死하려는 부인이 있으면 사람들이 이를 가상히 여겼다. 만약 아내가 순장을 원치 않으면 몸종을 강제로 대신 순장하였다. 만약 처와 몸종이 모두 순장을 원하면 순장을 행하지는 않았다. 만약 명을 어기고 순장하면 시체를 개가 먹도록 하고 식구 중 여자 한 명을 같이 관에 묻는다. 순장 사실을 고발하는 자는 신분을 해방시켜주고, 사자死者의 형제는 상응하는 벌을 받는다.

황태극이 금령을 내림으로써 부녀를 순장하는 풍속은 어느 정도 감소했으나, 아내를 순장하도록 부분적으로 허용한 사실은 순장을 강력히 뿌리 뽑겠다는 의지가 현저하지 못했음을 보여주는 것이다.

연경燕京(북경의 옛 이름)에 수도를 정한 후 만족의 귀족은 유가의 문화전통을 계승하고 정주이학程朱理學(중국 송대 철학의 주요학파로

이학파理學派라고도 한다. 정호程顥·정이程頤가 창시하고 주희朱熹
가 집대성했다. 정주학파는 '이理'를 우주만물의 본원이라고 인식하고,
'덕성을 존중하고 학문을 논할 것'을 주장했으며 치지致知와 궁리窮理
를 강조했다)을 강력히 옹호하면서 봉건적 윤리도덕을 모두 수용, 발
전시켰다. 정표제가 끊임없이 정비된 것이 바로 그러한 예이다.

순치 10년 조정에서 뽑은 4명의 정표 대상자는 화석숙친왕和碩肅親
王의 둘째 비, 보정덕예친왕輔政德豫親王의 부인, 화석손친왕和碩巽
親王의 원비元妃 진목적珍木積 및 측실인 새민주賽敏珠로 이 여성들
은 왕이 죽자 따라서 목숨을 끊었다. 정부가 종실 내 4명의 여성을 표
창한 이유는 만주족 여성들에게 모범을 보이기 위해서였다. 점차로 만
주족 등 소수민족 출신의 여성들이 이를 본받아 실천하는 사례가 늘어
났다. 기록에 따르면, "매해 연말 열녀로 추천, 보고되어 정문을 하사
받는 여성 중 팔기(만주족)가 가장 많았고, 그들 중 특히 순사자殉死者
가 많이 나왔다"고 한다.

강희 12년(1673)에는 만주족을 대상으로 주인을 따라 순장하는 풍습
을 금지하는 칙령을 반포했다. 팔기의 노복을 순장하는 일은 점차 감
소했지만 조정에서 열녀들을 대대적으로 표창했던 관계로 '순절'은 날
로 증가했다.

강희 27년(1688), 강희제는 또다시 금지령을 내렸다.

> 남편을 따라 죽는 아내의 수가 아직도 많이 존재하고 있다. 인명의 존귀함에 비
> 춰 이는 매우 서글픈 일이다 남편이 일찍 죽음은 자연적 현상인데 어찌 (아내가)
> 자신을 희생하는가? 죽음을 가벼이 여기는 것은 도에 벗어나는 일이다. 이후로
> 남편을 따라 죽으면 정표를 하지만 위로는 왕에서부터 천민에 이르기까지 순사

하는 것은 엄히 금지한다. 기필코 순사를 해야겠다는 자는 해당 관청에 고하여
재가를 받아야 한다.

강희제는 인명경시의 '순부殉夫'를 부정적으로 여겨 금지는 했지만
순절을 정표하는 제도는 폐지하지 않았다. 강희 5년(1712)에는 "어떤
여성이 약혼자가 죽자 머리를 자르고 상복을 입은 채 조용히 자진하였
다. 이는 여타의 목숨을 쉽게 버리는 경우와 다르므로 황제의 명을 받
들어 정표旌表하였다."

옹정 4년(1726)에 양자기鑲自旗족은 "미혼의 정녀貞女가 약혼자의
사망 소식을 듣고 평생 그의 묘를 지키겠다고 서약했다"라는 내용의
상주를 올렸다. 이에 조정에서는 "이 같은 정절은 매우 바람직하므로
마땅히 정표해야 한다"라는 답지를 내렸다.

옹정 13년(1735)에는 또 한 차례 순절 금지령을 내렸다. 건륭 원년
(1736) 순천부順天府에서 순절자殉節者가 나와 정표를 신청하자 예부
에서는 금령 후의 사건이므로 표창할 수 없다고 결정했다. 그러나 조
정에서는 정표를 내릴만하다며 표창하였다.

함풍咸豊 연간에는 여전히 순절을 금한다는 교시를 내렸다. 청 정부
가 유가의 윤리도덕을 숭상하여 이로 여성을 규범화하고 정표를 실행
하면서 순절을 금지한 것은 실제로 근절될 수 없는 상황에서 금령만을
되풀이한 것이다.

가경嘉慶 5년(1800) 하남지역 한 곳에서만도 1년 내에 몸을 희생해
뜻을 밝히고자 하는 일이 20여 건이나 발생했다. 여성들이 순절이라는
극단적 방법에 집착했던 사실은 바로 유가의 가르침이 그들의 뇌리에
뿌리내려 자발적인 행동규범화가 되었음을 의미한다.

여기서 짚고 넘어가야 할 사실은 통치자들은 만주족과 한족 여성에게 동일한 기준으로 정표를 한다고 하였지만 사실상 만주족을 한층 더 우대하였다. 건륭제는 즉위 초부터 여러 차례 팔기의 과부들을 위무하는 명을 내렸다. 즉 병사가 죽으면 그 아내가 1년간 남편의 녹봉을 받을 수 있게 제도화하였다. 재위 6년 후인 1741년에는 "의탁할 곳이 없는 과부에게는 평생토록 남편의 월급과 군량에 해당하는 물질적 혜택을 주라"는 명을 내렸다. 조정에서 물질적인 방법으로 만주족 여성들이 유가의 윤리도덕을 실천하도록 포섭했음을 알 수 있다.

이와 같이 수천 년을 통해 유가문화는 여성의 사회관, 결혼과 가정 관념에 지대한 영향을 끼쳤다. 더욱이 정주이학의 전파와 숭상은 사회가 여성의 '정절'을 더욱 중시하게 만들었다. 유가문화 속에는 마땅히 계승하고 선양해야 할 내용이 담겨 있다. 효부孝婦·현부賢婦·효녀孝女·재녀才女 등은 그 성격상 오늘날에도 높이 평가할 만한 가치가 있다. 물론 삼강三綱, 일부종사, 굶어죽을지언정 정절을 지키겠다, 여자팔자는 전적으로 남편에게 달려 있다는 등의 의식은 비판되어야 한다. 당시 많은 여성들이 종교와 같이 신봉했던 '정절'이라는 미신, 그리고 인성과 행복을 포기하며 갖가지 방법으로 정표를 받고 이름을 남기려 했던 행위는 남권 중심의 봉건적 종법제도가 야기한 것이었다.

통치 기반 강화를 위해 유가사상을 고양한 청나라 귀족계급은 봉건적 윤리도덕 규범으로 여성을 억압하는 한편 지속적으로 표창하는 제도를 정비해 나갔다. 동시에 '순절'을 금한다고 하면서도 정표제를 존속시킨 것은 여성들에게 유교 규범을 실천케 하려는 강한 의도가 있었다고 할 수 있다. 『청사고』「열녀전」이야말로 청대 여성들이 어떻게 봉건적 이념을 실천했는가를 보여주는 전형이라 하겠다.

청 말 민국 초
혼인제도의 변천

혼인제도는 사회제도의 중요한 일부로 정치제도와 밀접한 관계가 있고 일정한 경제적 기초 위에서 확립되는 것이다. 청 말淸末 민국民國 초의 반봉건·반식민지 시대에서의 중국 사회는 급격한 변화가 발생했다. 이러한 변동은 정치·경제·군사·문화 등 각 영역에 반영되었을 뿐만 아니라 혼인제도에도 많은 영향을 주었다.

청 말 민국 초의 혼인제도의 변천變遷은 주혼권主婚權, 매개 형식, 배우자 선택의 표준과 배우자 선택 범위, 이혼 및 재가, 일부일처제 등의 방면에서 나타나고 있으며, 그 구체적인 내용은 다음과 같다.

(1) 주혼主婚 권리

종족제도 아래서의 혼인은 '종묘를 모시고', '후세를 낳고', '두 성姓이 합하는 것'이었다. 그 결정권이나 조정권은 부모나 연장자에 있었고 당사자인 남자는 스스로 여성을 구할 수 없었으며 여성은 스스로 남성을 허락할 수 없었다. 당사자들은 결정권이 없었다. 그렇지 않으면 그 것은 예가 아니었다. 청 조정의 법령은 일찍이 명확한 규정을 하였는 바, "혼사婚事는 모두 조부모, 부모가 주혼主婚이 되고, 부모가 모두 없을 시는 그 나머지 친척이 주혼이 된다"라고 명시하였다. 이러한 혼인은 완전히 남녀 당사자의 주혼 권리를 배척하는 것이며, 일종의 봉건 예교법률로써 계약관계를 연결해 놓는 것일 뿐이다. 혼인을 체결한 남녀 쌍방은 모두 이러한 혼인제도의 피해자들이며 희생물인데, 여성들의 피해는 더욱더 크다고 할 수 있겠다. 그녀들은 "여자가 출가하면 남편을 따라야 한다"라는 것만 알았기 때문에 한평생 한 남자만을 섬겼다.

청 말 민국 초가 되어서 서방의 자유연애, 혼인 자유의 사상이 중국에 전래되면서부터 봉건적 부모가 전부 맡아서 주관하던 혼인제도에 충격을 주게 되었다. 선각자인 지식인들은 사회와 가정의 울타리를 타파하고, 스스로 자신의 배우자를 선택하였다. 예를 들면, 일본 유학생이었던 진힐분陳擷芬은 추근秋瑾의 도움 아래 스스로 혼인을 정하였는데, 그녀의 혼인은 아름다운 이야기로 전해진다.

진힐분은 매우 적극적인 청 말의 여성운동가였다. 그녀는 일찍이 『소보蘇報』「여학보女學報」에 여성들의 독립을 외친 적이 있었다. '소보蘇報 사건' 발생 후 아버지 진범陳范을 따라서 일본으로 피신을 하게 되었다. 일본을 여행하는 동안 진범은 진힐분을 광동 상인인 요익붕廖翼朋에게 첩으로 주려고 하였다. 진힐분은 아버지의 명을 어길 수가 없게 되었다. 이 사건은 일본에서 유학 중인 여학생들에게 커다란 충격을 주었으며 여론이 분분하게 되었다. 추근과 전체 일본 학생의 지지 아래 진힐분은 결혼에 항거하는 데 성공하였다. 후에 진힐분은 자유연애를 해서 사천 사람 양수에게 시집을 가게 되었고, 두 사람은 함께 미국 유학을 떠났다. 1912년 진힐분 부부가 학업을 마치고 귀국하였을 때 그의 부친인 진범은 그들 부부의 사랑이 넘치고 행복한 결혼생활을 보고 사람들을 볼 때마다 그들 부부의 자유결혼의 장점을 말하게 되었다.

천진의 저명한 교육가이며 사회활동가인 마천리馬千里(1885~1936)와 천진 최초의 여성 음악교수인 장관시張冠時의 결합 역시 당시 사회를 진동시키기에 충분하였다. 마천리의 집안은 그가 아홉 살 때 일찍이 그를 혼인시켰다. 그의 아내는 시집온 지 1년 후에 병이 들어 죽게 되었다. 마천리는 가정의 독단적인 결혼을 반대하기 위해 재혼할 때에 다섯 가지의 배우자 고르는 조건을 제시하였다. 첫째, 5년 이상 학문을 배운 자, 둘째, 반드시 전족을 풀 것, 셋째, 약혼 때 성명, 연령, 본적, 가계 등을 기입한 증서를 양가 집안에 교환하여 본인이 간직하게 할 것, 넷째, 약혼 후 남녀는 서로 자주 만나 사상을 교류하게 할 것, 다섯째, 혼례는 모두 구식의 습속을 버릴 것 등이었다. 당시 남개南開대학 교장인 장백령張伯齡은 마천리의 민주적인 신사상을 몹시 높게 보고 있었다. 그리하여 자신의 여동생인 장관시를 마천리에게 소개하기에 이르렀다. 장관시는 엄씨嚴氏강습소를 졸업한 후 천진민주여자학교(여자 유아 및 소학교 교수음악과)를 졸업한 상태였다. 마천리와 장관시는 약혼을 한 후 서로 30여 통의 서신을 교환하면서 감정은 점점 무르익어갔다. 1910년 9월 그들은 천진 남문 서반교의 골목에 있는 보통여학교 강당에서 소박하면서도 장중한 결혼식을 올렸다. 신해혁명 때의 혁명당원들 중에서는 손중산孫中山과 송경령宋慶齡, 요중개廖仲愷와 하향응何香凝, 그리고 장태염張太炎과 양국리楊國梨 등이 모두 자주적으로 결합하였고 서로 평등하게 사랑한 부부였다.

평민 중에서도 자주적인 결혼을 한 예가 적지 않게 보인다. 『우대선

관필기右臺仙館筆記』에 "사랑의 도피행각으로 결혼을 이루다"라는 일들이 보인다. 즉 "한구진漢口鎭에 유씨라는 여자가 살았는데 장씨의 아들에게 결혼할 것을 허락하고 서로 내왕하며 사랑하였다. 그러나 어느 부잣집 아들이 유씨의 아름다움을 보고 여자의 아버지와 상의하여 천금을 주고 첩으로 삼으려 하니 그 아비는 마음대로 이를 허락하였다. 딸은 일이 이리 되니 야밤에 몰래 집을 빠져나가 장씨에게 이 일을 이야기하고 그 밤으로 성혼成婚을 하였다. 날이 밝아 아버지는 딸이 없어진 것을 알고 장씨에게 말하니 곧 딸과 사위가 함께 나와서 아버지에게 예를 올렸다"라는 기록이 있다.

또 다른 문헌에는, 하북河北 염산현에 "민국 이래로 옛 것을 멸시하는 풍조가 심해지니 남녀평등의 권리를 제창하고 혼인의 배우자도 스스로 선택한다"라는 내용이 있다. 내몽고內蒙古에서는 "그 결혼의 시작은 역시 연애의 과정을 경과해야 하며 피차간에 서로 허락한 후에야 부모에게 알리고 약혼을 결정한다"라고 하였으며, 산서山西의 절현에 독서인의 혼인은 "완전히 부모의 주도 아래 이루어지는 것은 아니고, 일반적으로는 자녀의 동의를 먼저 구한다"라는 기록이 있다.

(2) 혼인의 매개

중국 전통사회는 혼인의 조건을 '혼약의 말'과 '부모의 명'을 똑같이 중히 여겼는데 이것은 본래 종법제도의 요구에 의하면, "남녀는 중매가 있지 않으면 이름을 알 수 없고, 폐백을 받지 않으면 혼인을 할 수가 없다"라고 되어 있다. 명·청의 법률 역시 이런 규정을 하고 명·청 시대의 혼인의 규정은 응당 중매쟁이의 통보가 있고 혼인증서를 써야만 되었다. 중매쟁이가 없는 사사로운 약속은 비록 불법이라고 보지는 않았지만 여전히 예를 벗어난 것이라는 통념이 지배적이었다.

청 말에는 여성해방 운동의 흥기와 발전에 따라 혼인의 매개 형식이 사회화와 공개화되는 추세였다. 자유연애는 중매쟁이의 말을 대신하여 이미 한 시대의 풍습이 되었다. 사실상 무술戊戌 시기의 양계초梁啓超가 설립한 '한 사람의 여자도 전족을 하지 않는 모임'인 '천족회天足會'가 시작될 때부터 이런 여성단체는 청 말을 전후해서 이미 각 도시에 널리 퍼져 있었다.

예를 들면, '전족을 하지 않는 모임', '천족회', '방족회放足會' 등의 단체들은 모두 혼인소개소의 성질을 갖고 있었다. 그들은 회원들이 전족을 하지 않는 임무를 이행하게 하였을 뿐 아니라 모든 입회자와 그 자녀들은 서로 혼인을 허락하였다. 즉 "모든 입회자가 낳은 남자들은 전족을 한 여자를 아내로 맞이할 수 없다"라는 규정을 만들었다.

지식인들 사이에서는 통신약혼법이 나날이 유행하기 시작하였는데, 당시 많은 간행물과 잡지, 특히 여성 간행물에는 구혼 광고가 게재되었다. 예를 들어 1904년 출판된 『여자세계』 제2년 제2기의 눈에 잘 띄는 속표지에 처음 자유연애를 주창한 왕건선王健善이 여성계에 보내는 「여성 동지에게 경고함」이라는 편지가 실려 있다. 그 편지에는 "서양인이 중국인의 배우자를 말할 때 마치 우마같이 마음대로 한다고 하는데 이 말은 잔혹한 것입니다. 요즘 사람들이 자유결혼을 말하는 것은 바로 이런 이유에 있는 것입니다", "나는 남녀가 서로 통신을 하여 감정을 표현하고 어려운 점을 물어본 후에 서서히 정혼하는 것이 옳다고 생각합니다", "이런 것은 저로부터 시작하도록 하겠습니다. 감히 여 동지들에게 말하노니 만일 저와 통신을 하고 싶다면 아래의 주소로 편지를 보내주십시오. 편지는 절대로 타인에게는 보이지 않을 것이니 주소를 명기해 주십시오”라는 내용이 담겨 있다. 신식 매개 형식의 출현은 구시대의 중매쟁이가 이리저리 감추는 것을 피할 수 있었으며 집안의 재산 역시 남녀 당사자가 서로 이해하기 편하였으므로 감정은 서로 증폭되었다.

혁명 여걸인 추근은 그녀가 창작한 탄사彈詞『정위석精衛石』에서 구시대의 중매쟁이가 매개한 혼인의 병폐를 통렬하게 비판하고 있다. “지기知己(자기의 가치나 속마음을 잘 알아주는 참다운 벗)를 만나지 못하고 속인俗人에게 시집오니, 한평생을 깊은 규중에서 장탄식으로 보내네”라고 읊고 있는데, 이 두 구절은 실제로는 추근 자신의 혼인의 불행을 읊은 것이다. 1895년 겨울 추근은 ‘부모의 명과 중매쟁이의 말’을 받들어 상향湘鄕의 부호 아들인 왕자방王子芳에게 시집갔다. 추근은 본래 성품이 장중하고 성격이 호방하였으므로, 방탕한 부잣집 자식인 왕자방과는 매사에 서로 맞지 않았다. 그녀는 얼마나 부부의 사랑과 가정의 화목을 갈망하고 원했는지 자유롭게 배우자를 선택할 수 있는 권리에 대해 힘주어 말했다. 그녀는 또 “내가 만일 다시 혼인을 할 수 있다면 자주적으로 하지 부모에 의해서는 않겠다. 남녀가 친구가 될 수 있는 것에 구별이 없고 서로 존중하고 가볍게 보지 말아야 할 것이며, 학당에서 평소 잘 아는 사람과 결혼하는 것이 좋다. 첫째는 품행과 학문을 모두 알 수 있고, 둘째는 성정과 바라는 바를 서로 모두 듣기 때문에 애정이 깊게 되어 배우자로 하기에 적당하니 알지도 못하는 사람에게 비할 바가 아니다. 평일에 서로 사랑하고 존중하면 자연히 집안에 어울리니 둘이 서로 불평하지 않는다”라고 하였다. 추근이 일본에 유학 간 것은 구국救國의 진리를 찾기 위함이 그 주요 원인이지만, 그러나 그들 부부의 불화 역시 유학을 가게 한 원인의 하나였다. 추근은 일본 유학 기간 동안 일찍이 그의 오빠에게 편지를 쓴 적이 있는데 몇 번이나 그 남편의 부정한 행위를 썼다. 또한 그의 오빠인 추예장秋譽章에게 북경에 와서 그녀를 대신하여 왕자방과의 이혼수속을 부탁하기도 하였다. 추근은 비록 정식으로 왕자방과 이혼 수속을 밟지는 않았지만 그녀의 희생은 거기서 끝나고 왕자방과의 화해는 다시는 이루어지지 않았으니, 실제적으로는 이미 이혼을 한 것이나 마찬가지였다.

일찍이 북경대학교 총장을 역임했던 채원배蔡元培는 주체적인 혼인으로 가정과 충돌한 적이 있는데 매파의 말을 파기하고 독립적으로 혼인하였다. 1900년 채원배의 부인이 병으로 세상을 뜨자 그를 위해서 매파들이 끊임없이 드나들었다. 채원배는 혼인의 다섯 가지 조건을 제시했는데 다음과 같다.

① 여자는 반드시 전족을 하지 말아야 한다.
② 반드시 글을 알아야 한다.
③ 남자는 첩을 들이지 않는다.
④ 남자가 죽은 후 여자는 재혼할 수 있다.
⑤ 부부가 서로 화합하지 못할 경우 이혼할 수 있다.

이 몇 가지 조건은 당시의 상황에서는 모두 상궤를 벗어난 도리에 어긋나는 것이었으니, 이것을 들은 중매쟁이들은 모두 놀래서 그의 집을 떠나지 않는 이가 없었다. 어떠한 비방의 말이 있든지 상관하지 않고 채원배는 의연히 자신의 주장에 따라서 행동하였다. 1901년 그는 비로소 강서江西 출신의 황세진黃世鎭 여사를 만나게 되었는데, 그녀는 전족을 하지 않았고, 글자를 알며 그림에 능하니 채원배의 마음에 들었다. 그들은 독창적인 결혼식을 거행하였는데, 보통 행하는 번거롭고 복잡한 영친迎親(신부를 맞이하다)과 신행新行(혼인을 할 때 신랑이 신부 집에 가거나 신부가 신랑 집에 감) 같은 의식을 하지 않았다. 또한 등롱을 내걸고 많은 손님을 초대하는 연회도 베풀지 않고 단지 친한 친척들과 친구만 집으로 불러서 연설회를 열었다. 연설회에서 내빈들은 남녀평등 문제를 발표하면서 축하의 말을 하였다. 채원배 역시 기분이 좋아서 한마디 하였는데, "학행學行으로 말하자면 본래 선후가 있고, 인격으로 말하자면 모두 평등하다"라고 하였다.

(3) 이혼과 재가

혼인관계는 성립되기도 하며 또 파기되기도 하니, 이혼이 곧 혼인관계의 파기이다. 이혼문제는 역대 이래로 사회 각 계층에서 중시되어온 바이다. 청대의 혼인 규정은 역대로 답습되어온 것인데 '칠출삼불거七出三不去'를 위주로 하고 있다. 소위 '칠출七出'이란 것은 결혼한 아내가 '아들이 없고, 음탕하며, 시부모를 공경하지 않고, 말이 많으며, 도둑질하고, 질투가 심하며, 못된 병이 있으면' 마땅히 그 아내는 내쫓을 수 있다는 것이다. '삼불거三不去'란 시부모의 상喪을 같이 치르고, 가난한 후에 부자가 되었으며, 귀할 때에 아내로 맞아들였는데 갈 곳이 없을 때는 내쫓지 못한다는 것을 말한다. 이러한 법규의 주요 목적은 봉건 가부장제와 부권을 유지하자는 데 있으며, 나아서는 종법宗法 가족제도를 공고히 하자는 데 있다.

청 말 민국 초에 이르러서 '한평생 한 남자를 섬긴다'는 봉건적인 혼인관은 비록 수천수만의 여성의 사상을 속박하고 있었으나, 화합하지 못하면 헤어진다는 혼인 자유의 풍조는 날이 갈수록 온 사회에 파급되어 이혼의 안건이 발생하였을 뿐만 아니라 여성이 주체적으로 이혼을 요구하는 현상도 출현하게 되었으니 이러한 풍조는 점점 사회의 인정을 받게 되었다.

예를 들어, 『상해시사회국업무보고』의 기록에 의하면, 1930년 상해시의 이혼안건은 853건이 발생하였으며, 그중 남자가 주동적으로 제출한 것은 177건으로 20.75%를 차지하고, 여성 쪽에서 주동적으로 제출한 것은 138건으로 16.18%를 점하고 있으며, 쌍방 협의로 제출한 것이 538건으로 63.67%를 점하고 있다.

이혼 동기를 볼 때에는 '의견의 불화합'이 73.39%로 많은 수를 점하고 있다. '의견의 불화합은 곧 이혼'이라는 것은 이혼의 기초가 경제에서 애정으로 전이했다는 것을 뜻하며, 이혼에 대한 사회의 편견과 질시가 이해되고 관용되었다는 것을 의미한다.

마지막 황제인 부의溥儀가 황비 문수文秀와의 이혼에 동의한 사건은 청 말 민국 초에 국내외를 진동시킨 대사건이었다. 숙비淑妃였던 문수는 일찍이 부의와 9년간 생활하였다. 황제와 황후 간의 모순으로 인하여 문수와 부의의 관계는 날로 악화되어 가니 끝내는 1931년 8월 25일 부의를 떠나서 조계지역인 천진의 정원靜園으로 가서 여동생인 문산의 도움 아래 숨게 되었다. 8월 28일 문수는 변호사 임계任榮와 임정심任廷深을 만나 '내가 응당 보호받아야 할 인권'을 청구하기에 이르니 변호사들은 부의에게 다섯 가지의 요구를 전달하였다. 문수는 만일 제시한 요구가 받아들여지지 않는다면 곧 소송을 제기할 것도 통보하였고, 3일 내에 반드시 대답할 것을 요구하였다. 이어서 문수는 법에 의거한 중재의 소송을 법원에 제출하였다.

소장에는, "중재건을 신청합니다. 신청인은 민국 11년 전에 청 황제인 부호연(호연浩然은 부의의 자字다)의 측실側室이 되었습니다. 9년 간 동거를 하지 않았으며 평소에 만나기를 허락하지 않았습니다. 방 안에 가두고 외출을 금하며 더구나 아랫것들을 보내어 저를 능멸하도 록 합니다. 신청인은 모든 학대를 받으며 살 마음이 없습니다. 부호연 이 특별한 신분임과 그 인격과 명예를 전부 보호하기 위함을 생각하였 지만, 참지 못하고 형사刑事의 순서에 의하여 소송을 제기하니 법원 은 저에게 중재해 주기를 신청합니다. 부호연으로 하여금 저에게 부양 비를 참작해서 주도록 하기 바랍니다. 이후에는 각각 가정을 보호하고 숨은 폐해를 제거하기 위해 각기 지낼 것임을 천진 지방법원에 감히 올 립니다"라고 썼다.

문수가 황실을 나온 것은 당시 사회에 매우 큰 사건이었는데, 8월 26 일 천진의 각 신문은 '전 청 황실 폐위 황제 가정의 변고'라는 제목으로 소식을 전하였으며, 사회 여론은 확연히 다른 두 가지의 태도를 견지 하였다. 민주의식을 가진 인사들은 문수의 행동에 대하여 동정과 지지 를 보내며 "수천 년 이래의 황실의 속박을 깨뜨린 왕비의 혁명"이라고 칭했다. 그러나 전 청 황실의 봉건적인 완고함을 대표하는 노인들은 문수의 이혼은 대역무도한 짓이라고 규정 짓고, 문수는 이미 입궁하여 서 왕비가 된 이상 어떠한 일이 있어도 참아야만 하며, 이혼을 제출할 권리가 없다고 하였다. 더구나 문수가 스스로 참회하며 개과천선하기 를 권하였다. 부의는 전체적인 국면을 고려하고, 사태가 악화되는 것 을 방지하기 위하여 문수의 요구에 동의하였다. 이 사건은 문수의 승 소로 종말을 지었다.

청 말 민국 초 부녀婦女들의 재혼再婚 현상 역시 보편적인 것이었 다. 상해에서 "민가의 집안이 몹시 가난하여 개가하는 자가 열에 여넓, 아홉은 된다"라는 기록이 있다. 개가하는 여자들은 과부의 백분의 80~90%가 되었으니 절대 다수의 숫자다. 사료의 기록에 의하면 어떤 남편들은 임종할 즈음에 아내에게 그가 죽은 후 개가할 것을 권하기도 하였다. 예를 들면, 태창의 장상린張祥麟 같은 이는 임종 직전에 아내 도陶씨에게 말하길, "집안이 가난하고 소생이 없으니 내가 죽으면 당신은 개가하시오. 그러나 단지 나의 어머니만은 버리지 말아주시오"라고 하였다.

시부모가 과부인 며느리로 하여금 집을 나가게 한 경우도 있는데 남릉의 유응경이라는 이는 과부 며느리인 임씨에게 "집안이 몹시 가난하니 너는 새로운 길을 찾아라"고 하였다.

친척들과 이웃이 재혼을 권한 경우도 있는데 남릉의 오무관인 처 임씨가 과부가 되자 "집안이 씻은 듯이 가난하니 사람들이 모두 개가하기를 권했다"라는 기록이 있다.

상층사회의 부잣집 과부들도 개가한 예가 적지 않게 보인다. 동맹회 여회원이었던 서종한徐宗漢은 본래가 차茶 상인의 집에서 태어났다. 18세에 이진일李晉一의 처가 되었으나 일찍이 청상과부가 되었다. 황화강黃花崗의 난리 중에서 혁명당원인 황흥黃興과 아주 깊은 정을 맺게 되었고, 곧이어 혁명의 반려자로서 결혼하게 되었다.

광동의 향산현 사람인 양국체梁國體는 일찍이 부모의 명에 의하여 같은 지방의 부잣집 자제인 당철생과 결혼하였다. 혼인 후에도 부부간에는 아무런 감정이 없고 날마다 반목만 일삼으니, 결국 양국체는 집을 나오게 되고 동맹회에 가입하였다. 그리고 홍콩의 실천여학교實踐女學校에 입학하여 공부를 하게 되었다. 그 후 양국체는 추로鄒魯에게 개가改嫁하였다.

(4) 일부일처제

　중국 전통사회에서 형식상의 '일부일처제'는 사실상의 '일부다처제'였다. 청대로 끝나버린 역대 왕조는 위로는 황제에서 아래로는 평민 백성에 이르기까지 중매쟁이에 의하여 정식으로 취할 수 있는 처는 단지 하나였으며, 많은 수의 첩妾은 법률로 금지되어 있었다. 그러나 첩을 들이는 제도는 전통의 습속과 법률에서는 다처多妻라고 생각하지 않았다. 왜냐하면 첩의 신분 지위는 비천하였으므로 가정의 정식 구성원으로 보지 않았기 때문이다. 역대의 법률은 다처를 금지하고 있으나 첩을 들이는 것은 금하지 않았다. 이 밖에도 전통사회에서 첩을 들이는 것은 사회적 지위만이 아니라 경제력을 나타내는 표시이기도 하였다. 이리하여 지위가 비교적 높고 집안이 풍족한 자는 모두 그렇게 하였다. 그러나 보통 집안에서는 일부일처였다.

　청 말 민국 초의 선각적인 지식인들은 남녀평등을 주장하고 봉건적인 윤리규범을 반대하는 동시에 역시 전통의 첩 들이는 제도를 맹렬하게 반격해 나갔다. 최초로 일부일처제의 실행을 주장하고 첩 제도를 반대한 이는 담사동譚嗣同과 양계초梁啓超이다. 무술변법戊戌變法(청나라 말기, 강유위와 양개초 등이 중심이 되어 진행한 개혁운동, 전통적인 정치체제와 교육제도의 개혁으로서 부국강병을 실현해야만 중국이 근대 세계 속에서 살아남을 수 있음을 주장하였다)이 실패한 후에 양계초는 미국으로 떠났는데 화교 아가씨와 만나게 되었다. 이 화교 아가씨는 양계초를 몹시 존중한 나머지 그에게 남다른 감정을 느끼게 되었다. 양계초 역시 그녀에게 자못 호감이 갔으나 그는 오히려 "나는 담사동과 처음으로 첩을 들이는 것을 반대했소. 나는 이미 아내가 있으니 자신의 주장을 위배하고 당신과 결혼할 수가 없소"라고 말하였다.

『신주여보神州女報』의 「여자가정혁명론」이라는 문장은 일부일처제를 실행할 것을 요구하고 있다. "첩을 들이는 방탕한 풍속을 금지할 것이며, 남편이 죽어 수절하는 폐해를 밝힐 것이며, 남자로 하여금 여자 위에 있게 하지 못하게 할 것이며, 역시 여자로 하여금 남자 밑에 있게 하지 못하게 할 일이다. 이래야만 비로소 자유의 풍기가 보급될 것이다"라고 적고 있다.

근대 중국에서 여성의 문제를 논술한 최초의 저서인 『여계종女界鐘』에서 작가인 김천용은 '혼인의 자유, 남녀평등, 일부일처제를 실행할 것'을 강력하게 부르짖고 있다.

민국시기에 국민당國民黨 정부는 1928년에 「결혼제도령의 개량」을 반포하였는데 봉건적인 매매결혼을 반대하였다. 1936년 반포된 「민법」에는 원칙상 일부일처제를 규정하고 중혼을 금지하였다. 또 "첩의 문제는 규정을 할 필요가 없다"는 규정이 있었으니 실제적으로는 일부다처제의 새로운 면을 열어놓은 것이었다.

진정한 의미의 일부일처제는 신중국 성립 이후에 비로소 엄격히 추진되었다. 1950년 4월 13일 반포된 「중화인민공화국 혼인법」에 명확하게 봉건주의 혼인제도를 폐지하고, 남녀 혼인의 자유를 실행하며, 일부일처제와 남녀는 평등의 권리가 있다는 것을 명기하였으며 중혼과 첩을 들이는 것을 금지하였다.

한편 청 말 민국 초의 혼인제도는 어떠한 이유로 변천되었을까? 이에 대하여 연구자들은 그 원인을 외부적인 것에 두고 있는데, 예를 들어 구미학설의 중국으로의 대량 유입과 국제통상 등에 있다고 본다. 그러나 제도가 탄생하고 소멸하는 원인은 다방면에 걸쳐 있으므로 청 말 민국 초 혼인제도의 변천은 완전히 서방문화의 수입과 영향 때문이라고는 생각지 않는다. 또한 단지 중국의 전통문화에 그 원인이 있다고 할 수도 없다. 그것은 중서中西 문화가 서로 만나고 부딪치며 융화한 결과라고 볼 수 있다.

다음은 청 말 민국 초 혼인제도가 변천하게 된 원인들이다.

(1) 서구학설 동점東漸의 영향

1840년 서구열강은 대포를 사용하여 나라의 문을 열게 하였고, 이에 따라 서방의 문화, 사회사상, 혼인 관념 역시 서구열강의 병기 아래 중국에 유입되었다. 중국인의 혼인관, 여성관에 대한 변화의 영향은 대단히 컸다. 무술정변 시기의 유신 지사들은 서방의 자산계급의 천부인권과 진화론 학설을 중국으로 들여왔으며 남녀평등 사상을 제기하였다.

강유위康有爲는 그의 『대동서大同書』에서 혼인제도의 개혁을 제기하였으며 남녀혼인은 모두 그 본인 자신이 배우자를 선택할 수 있어야 하며 정과 뜻이 서로 맞아야만 한다는 것을 주장하였다.

신해혁명 시기에 혁명의 영수인 손중산孫中山은 앞 사람들보다 더욱 진일보해서 일찍이 '남녀평등권을 주장'하는 사상을 동맹회의 총칙에 넣도록 하였다. 그리고 시종일관 군권君權과 부권父權을 비판하면서 '가정혁명'을 주장하였다. 비록 여러 가지 원인에 의하여 이러한 주장이 전부 실시되지는 않았지만, 봉건적 윤리예교에 치명적인 일격을 가한 것은 사실이다.

5·4운동 시기에 '남녀평등권'과 여성해방의 문제는 신문화 운동의 주요 내용 중 하나였다. 신문화 운동의 창도자인 진독수陳獨秀는 일찍이 1904년에 여성 문제에 관심을 갖기 시작하였다. 그는 『악속편惡俗篇』에서 봉건혼인제도의 잔인함을 통렬히 비난하고, 서양인의 '자유

로운 배우자 선택'을 배우기를 희망하였다. 그는 "서양인 부부의 애정은 중국인이 꿈에도 생각하지 못하는 것"이라고 여겼다. 그리고 중국의 혼인은 '강간과 같은' 야만적인 풍속이라고 여겼다. 동시에 진독수는 이혼의 자유를 주장하기도 하였다.

1920년대 서방의 혼인가정 윤리 방면의 저서가 대대적으로 번역되어 소개되고 전파되어서 청 말 민국 초, 혼인제도의 변천에 중요한 영향을 끼쳤다. 예를 들어, 1920년 이가무는 아이얼화트의 『가정문제』를 번역하여서 상무인서관의 『시대총서』의 하나가 되었다. 가정의 기능, 가정의 기원, 가정의 형성, 가정의 역사상의 발전, 근대 가정 문제, 부부간의 경제관계, 가장, 가정과 혼인의 과거 · 현재 · 미래, 가정과 여인 등을 논술하였다. 동시에 구미가정, 혼인 상황, 이혼, 여성생활에 대하여 핵심적으로 서술하고 소개하였다.

또한 이가무는 『서양 씨족제도 연구』와 『서양 가족제도 연구』라는 책을 번역 출판하였다. 책 속에서 그는 사회조직의 진화과정이 모두 다섯 계단을 경과한다고 여겼다. 종족의 결합, 씨족의 결합, 대가정의 결합, 소가정의 결합, 개인의 결합이 바로 그것이다.

이 밖에도 심안빙沈雁氷은 소련의 『가정과 혼인』을 중국어로 번역해 상해 상무인서관에서 출판하였다. 『부녀평론』 잡지에는 백곤伯昆이 번역한 일본인 계리언堺利彦이 쓴 「우리 가정주의」를 게재하였다. 『부녀잡지』에는 또 호약우胡若愚가 번역한 아이얼화트의 『가정의 사회상의 공용성』이라는 번역물을 게재하였다.

(2) 중국 본토의 사회와 문화적 요소의 영향

청 말 민국 초 혼인제도 변천의 요소는 우선 사회생활의 충격에서

왔다고 할 수 있겠다. 청 말 민국 초 사회생활에 영향을 준 주요소는 두 가지 방면으로 볼 수 있다. 첫째는 생산력의 발전에서 왔다. 청 말 서방자본주의 열강은 중국의 대문을 열어 젖히고 중화민족에 막대한 재난을 가져다주었다. 객관적으로는 중국의 고루한 자급자족의 자연경제에 신선한 혈액을 수혈한 것이며 중국 근대 공상업의 생산을 촉진시켰다. 양무운동의 흥기는 민족 자본주주의 발전을 가져왔고, 바다와 강에 연해 있는 도시들의 발전으로 인해 내륙 지방도시의 발달도 가져왔다. 서구 생활용품의 수입은 사회생활의 갱신을 위하여 풍부한 물질을 제공하었고, 생활방식 역시 자연경제의 예법에 기초한 것에서 벗어날 수 있었다.

두 번째는 민중의 사상 관념과 생활방식의 변화에서 왔다. 생활방식의 등급성은 그 진보성과 같지 않다. 가능한 조건하에서 사람들은 옛것을 버리고 새것을 찾았다. 예를 들어, 청대의 가마는 규격의 등급이 있었지만 급작스럽게 이루어질 수는 없었다. 동치同治 연간에 이르러서야 경당관京堂官 삼품三品 이하는 가마 타는 일이 아주 드물어지게 되었는데 이는 많은 돈을 내야만 가마를 탈 수 있었기 때문이다. 일품一品 대관만이 비로소 많은 돈을 내고서 가마꾼을 고용할 수가 있었다. 경자년 이후 서구식 마차가 유행하니 풍습이 또 한 번 변하여서 서양식의 마차를 타는 사람이 날이 갈수록 늘어났다. 대관들과 사대부들이 가마를 버리고 차를 타는 것은, 첫째는 값이 싸고, 둘째는 편안하며 조심할 필요가 없기 때문이었다. 결국 가마의 예의와 제도는 당시의 시대조류에 부합되지 못하니 예법은 곧 시행의 객체를 잃어버리고 만 것이다.

청 말 민국 초의 문화는 발전과 변화를 거듭하였는데, 사상 면으로는 삼강오륜 윤리의 비판으로, 심리 면으로는 혼인가족 관념의 반역으로 문화생활 면에서는 공리주의의 추구로 나타난다. 이들의 핵심은 구가족 관념의 속박을 깨뜨리는 것이다.

무술戊戌유신 이후 사상계의 삼강오륜에 대한 비판은 갈수록 격렬하게 되었는데 그들은 삼강오륜의 허위성과 그로 인해 발생되는 죄악을 철저하게 파헤쳤다. 그리고 "명名이라는 것은 사람으로부터 나오는 것이니, 위에서 제도로써 아래에서 그것을 받들지 않으면 안 되도록 하였다. 이로써 수천 년간 삼강오륜의 악독함이 참혹하기 그지없다"라고 지적하였다.

중국에서 수천 년간 내려오는 도덕의 본질은 "모두 인위의 도덕이며, 천연의 도덕이 아니다. 모두 삼강오륜에 따라 억지로 조작된 도덕의 습관에서 출발한 것이지, 심리적인 자유, 평등, 박애의 진실의 도덕에 기본을 둔 것이 아니다. 모두 위선적인 도덕이며 진실의 도덕이 아니다"라고 하였다. 장기간 동안 삼강오륜의 가르침은 '성결聖潔'이라는 외투를 걸치고 수많은 죄악을 만들어냈다. 여성의 입장에서 볼 때 '삼종사덕三從四德'은 가장 나쁘게 작용해 부녀자로 하여금 육체에서 정신까지 인간으로 간주되지 않게 했던 것이다.

청 말 민국 초 사상계에서는 적극적으로 구식의 혼인가정을 개혁하도록 부르짖었다. 그들은 사람은 자유·평등을 향유할 수 있어야 하며, 말이 있으면 믿어야 하고, 믿음은 반드시 결과가 있는데, 곳곳에서 '효도', '어른 섬기기'만의 말만 앞서니 '박신과薄信果(옅은 믿음의 결과)'만 있다고 지적하였다. 부모의 명命과 중매쟁이의 말에 의해서 아내를 얻으니 그 피해는 끝이 없음을 지적하였다.

당시 선구적인 지식인들은 전통 혼인 제도의 폐단을 여섯 가지로 나누었는데 그 내용은 ① 남녀가 서로 보지 못하는 폐단, ② 부모가 혼인을 정해주는 폐단, ③ 중매쟁이 말의 폐단, ④ 혼수와 예물의 폐단, ⑤ 조기결혼의 폐단, ⑥ 절차가 번잡한 폐단이었다.

이와 같이 혼인 당사자는 아무런 독립 인격도 없으며, 여성은 혼인제도의 속박 아래서 용이하게 남편의 권리에 의해 노예로 변하여 여권女權(여성의 권리)은 완전히 억압당하고 있었다.

사상가들은 "천하의 흥망은 필부의 책임이다"라고 말하면서, "여성은 사회를 위하여 책임질 의무가 있고, 사회보호를 받을 수 있는 권리가 있으며, 인격은 마땅히 독립되어야 한다"라고 부르짖었다.

여성이 독립한다는 것은 우선 기개를 세워야 하며, 교육을 진작시켜야 하고, 공예를 보급시켜야 하며 혼인제도를 개량하는 것이다. 이래야만 여성이 비로소 국가사회를 위하여 일할 수 있는 것이다.

종합적으로 볼 때, 청 말 민국 초의 혼인제도가 변천하게 된 주요한 원인은 서학동점西學東漸(서양이 동양을 지배한다는 뜻으로, 밀려드는 외세와 열강을 이르는 말)의 영향과 중국 본토의 사회·문화적인 변혁의 욕구 때문이라고 할 수 있다.

20세기
신여성의 미덕

20세기에 중국에서는 사회, 정치, 문화 방면에서 천지가 뒤집어지는 엄청난 변화가 있었다. 그중에서도 변화와 충격이 가장 큰 분야는 단연 여성에 대한 것이었다고 할 수 있다.

20세기 이전의 원元·명明·청淸에 걸치는 600~700년 동안 중국여성의 생활은 암흑기였다. 그중에서도 명나라와 청나라 두 시대의 부녀자들이 가장 큰 박해를 받았다. 특히 청대 여성들의 비인간적인 생활에 대하여 진동원陳東元 같은 학자는 『중국부녀생활사』에서 "그 정도가 극에 이르렀다", "여기서 더 보탤 수가 없다"라고 하였다. 바꾸어 말하면 혁명을 하지 않으면 안 되는 지경에 이르렀던 셈이다.

혁명은 중국의 부녀자들이 사상적인 준비가 전혀 없는 상태에서 갑자기 일어났다. 지난 세기의 중엽에 이르기까지 봉건적인 예교禮敎가 중국의 부녀자에게 가했던 제재, 편견, 압박, 구금 등은 말로 다할 수 없을 정도로 심하였다. '현모양처'가 되고 '삼종지도'를 지킬 것을 강요하는 것은 물론이고, "남녀는 직접 주고받지 않는다"는 등 부녀자에 대한 일반적인 요구가 "정도를 지키고 절개를 지켜라", "재주 없는 것이 곧 덕이다", "발을 집 밖으로 내놓지 않아야 한다"는 등의 금령으로까지 발전되었던 것이다. 이렇게 되자 여성은 심리적으로는 극심한 억압을 당해야 했으며 신체적으로는 완전히 자유를 상실하였다.

그러나 혁명은 중국의 부녀자들이 생각하지도 못했던 너무나 좋은 결과를 가져왔다. '전족'의 금지는 여성들의 신체를 해방시켰고, 여학교의 설립은 여성들의 마음을 해방시켰으며, 부모가 혼인을 독단하지 못하도록 한 것은 여성들에게 연애의 자유를 되돌려 주었다. 일부일처제의 법은 여성들이 노예상태에서 벗어나도록 하였고, 근로와 보수에서의 남녀동등권의 보장은 여성들의 경제적인 지위를 향상시켰다. 또한, '남녀의 일률적인 평등'은 법률상으로 여성들도 독립적이고 자주적인 공민권과 의무를 가질 수 있게 하였으며, 신체적 침해 및 인격적 침해를 당하지 않을 권리를 보장해 주었다.

이것은 몇천 년 동안이나 감히 생각지도 못했던 일이었으나 혁명은 이를 단기간에 실현시켰다. 오랜 세월 동안 여성들을 옭아매고 있었던 쇠사슬은 하룻밤 사이에 혁명에 의하여 타파되었다. 그러므로 중국의 부녀자들은 혁명에 대하여 감사하고 옹호하는 마음을 가지지 않을 수 없게 되었다. 중국혁명의 직접적인 수혜자인 그녀들은 수많은 노동자 및 빈농 대중들과 마찬가지로 중국혁명의 가장 열성적인 옹호자이면서 가장 굳건한 지지자가 되었다. 중국혁명 시기에 그 많은 여성들이 혁명대열에 참여했던 까닭도 여기에 있다.

특히 여성혁명가는 20세기의 중국여성(특히 새로운 중국 건설 이후의 여성)들이 우상으로서 본받고 싶은 모범이 되었다. 중국 혁명가 내지 혁명 영웅들의 이름은 거의 모든 중국여성들의 귀에 익숙하다. 추근, 송경령, 하향응, 상경여向警予, 유화진劉和珍, 양개혜楊開慧, 조일만趙一曼, 강저江姐, 유호란劉胡蘭, 상수려向秀麗 등이 그 예이다. 그녀들은 중국여성의 자랑일 뿐 아니라 중국여성의 본보기가 되고 있다. 본보기가 발휘하는 힘은 무궁무진하여 바로 그 본보기가 이끄는 힘과 북돋음 아래에서 신중국여성들은 전통적인 미덕과는 다른 새로운 미덕을 보여주었다.

그러한 미덕은 다음과 같은 것들이다.

(1) 애국주의 정신

중국 전통사회에서의 여성들은 그다지 애국할 자격을 갖지 못했다. 화목란花木蘭, 목계영穆桂英, 양홍옥梁紅玉 등 겨우 손가락으로 꼽을 정도의 여성 영웅만이 나라를 위해 몸을 아끼지 않은 정도였으며 나머지 여자들은 대부분 애국할 기회가 없었다. 그러다가 항일전쟁과 해방전쟁이 일어나서야 중국의 부녀자들에게 그들의 애국 열정을 펼칠 기회가 주어졌다.

신중국이 건설된 뒤에는 여성도 정치에 참여하고 정사를 논의할 수 있는 권리가 생겼다. 그리하여 여성은 더 이상 가정이라는 작은 테두리 안에 묶여 있지 않아도 되었으므로 국가 대사에도 관심을 갖기 시작했다. 과거에는 "천하흥망天下興亡이 필부에게도 책임이 있다"라고 하였으나, 이제는 '남녀 모두에게 책임이 있는 것'으로 인식이 바뀌었다. 물론 국가 대사에 대해서 관심을 갖는 부녀자는 주로 도시(그중에서도 북경)의 여성과 직업여성(특히 간부) 또는 지식계층(특히 학생)에 집중되어 있지만, 어쨌든 이미 새로운 시대풍조의 하나로 자리 잡았다.

(2) 영웅주의 정신

　　시대가 달라져 남녀가 모두 같다는 인식으로 남자가 할 수 있는 일이면 여자도 마찬가지로 할 수 있어야 된다는 자각이 생겨났다. 그리하여 여성 트랙터 기사, 여성 운전사, 여성 조종사, 여성 고공전기공 등과 같은 '영웅적인 여성상'이 끊임없이 나왔다. 이는 실제로 중국여성 영웅주의의 한 표현이다. 이 같은 정신은 심지어 "남녀가 모두 같아야 한다"는 요구를 초월하여 "여자가 남자보다 낫다"는 목표를 향해서 정진하고 있으며, 그 성과는 눈부시다.

　　운동경기에서 중국의 여자 배구가 두각을 나타낸 뒤로 여자 축구, 여자 레슬링, 여자 역도, 여자 유도, 여자 육상, 여자 장거리 경기 등의 부문에서 모두 남자선수를 무색케 하는 혁혁한 성과를 거두었다. 여자는 체격과 체력적인 면에서 원래 남자보다 못한데도 이런 결과가 나왔다면, 체육계에서의 '음이 성하고 양이 쇠하는[陰盛陽衰]' 현상 하나만으로도 중국여성의 영웅주의 정신을 충분히 증명하고 있다고 해야 할 것이다.

(3) 향상向上 정신

　　이는 주로 학습적인 면에서 잘 드러난다. 한 자료에 의하면 신중국의 여성들이 갖고 있는 학습에 대한 열정은 보편적으로 남성보다 높은 것으로 나타났다. 그 원인은 세 가지가 있다. 첫째는 학습의 기회가 쉽게 주어지는 것이 아니어서 그 소중함을 더 절실히 느끼기 때문이다. 둘째는 구시대 여성들의 지위가 낮았던 것은 그들이 무식한 것과 관련이 있다는 인식을 하고 있기 때문이다. 셋째는 앞에서 언급한 여성혁명가들 대부분이 지식을 갖춘 여성들이었기 때문이다.

이러한 적극적인 향상 정신은 신중국 건국 초기부터 지금까지 일관되게 이어지고 있다. 최근 몇 년 동안 입시에서 여학생이 남학생보다 평균점수가 높은 경우가 빈번하고, 여자 수석이 남자 수석보다 많은 현상은 바로 이러한 정신을 반영하는 것이라고 할 수 있다. 이쯤 되면 여성들이 체력 방면에서 크게 두각을 나타낼 뿐만 아니라 지력智力 방면에서도 남성을 압도하고 있다고 보아야 할 것이다.

이러한 현상은 확실히 사람을 고무하게 한다. 왜냐하면 이는 중국의 부녀자들이 확실하게 국가의 주인이 되었고, 그들의 잠재력을 발휘할 기회가 생겼음을 의미하기 때문이다. 그뿐만 아니라 이는 여성들의 우성 기질이 확실하게 드러나면서 그 내면적인 수준도 현저하게 향상되었음을 증명하고 있다. 이러한 성과는 여성해방이 헛된 구호에서 그치는 것이 아니라 실질적으로 실현되고 있음을 증명하고 있는 셈이다.

그러나 여기에는 우려가 전혀 없는 것도 아니다. 가장 우려되는 것은 바로 이와 동시에 생겨나는 여성의 '무성화無性化'와 '남성화男性化' 경향이다.

중국의 부녀자들은 전혀 사상적인 준비가 없는 상태에서 자신의 해방을 맞이 하였다. 그녀들은 해방 뒤의 자신이 어떤 모습이어야 하는지를 알지 못했다. 그러므로 중국의 여성들은 스스로 자기의 모습을 만들어 가는 과정에서 두 가지 본보기와 하나의 표준만을 설정할 수 있을 뿐이었다. 두 가지 본보기란 여성 영웅과 남성 동지였으며, 한 가지 표준이란 바로 '혁명화革命化' 하는 것이었다.

신중국의 여성들이 '혁명화'를 표준으로 삼았던 것은 매우 자연스러운 일이었다. 왜냐하면 혁명이 없었다면 여성의 해방도 없었을 것이기 때문이다.

그런데 혁명 그 자체에는 성별의 구분이 없었다. 혁명은 다만 사회문제와 정치문제에만 관련이 있을 뿐 남녀 간의 관계나 남녀의 성별 역할 따위와는 전혀 관련이 없었다. 혁명 안에서는 남자나 여자나 모두가 한가지였으며 사회성, 대중성, 계급성분, 그리고 당성黨性만이 중시될 뿐이었다. 다시 말해서 혁명 안에서는 계급과 피아彼我(저편과 이편) 및 당파들의 구분만 있을 뿐 남녀의 성별 구분은 존재하지 않았다. 따라서 혁명투쟁 기간에는 남녀 간의 성별 차이가 말살되어 여성이 '무성화' 되는 경우가 많았다. 이로 말미암아 '혁명'을 표방한 한 차례의 동란이 전국을 휩쓸었을 때, 웃을 수도 없는 괴상한 여성의 형상이 역사 무대 위에 등장하였다. 그것은 바로 문화대혁명文化大革命 때의 여자 홍위병紅衛兵이었다.

여자 홍위병은 우선 단발머리와 군복차림에 두 눈을 앙칼지게 뜨고 버티어 선 모습으로 나타났다. 그리고 한 손은 허리에 걸치고 한 손은 탄띠를 휘두르면서 입만 벌리면 "제기랄"을 내뱉었다. 이러한 모습은 그들의 성격적인 특징을 잘 드러내고 있었다. 그와 같은 호전적이고 야만스러운 모습에서 젊은 여성이 갖추어야 할 것은 하나도 없었다.

이러한 형상 가운데에서도 북경의 여자 홍위병이 가장 전형적인 모습을 보여준다. 처음에 여자 홍위병을 일으킨 것은 이른바 '연동聯動'이라는 조직이다. '연동'의 여자 홍위병들은 원래 여러 가구가 주거하는 '대원大院'이라는 주택 안에서 살던 '말괄량이'나 '정신 나간 계집아이'들이었다. 그들은 어린 시절에 집단주의와 혁명영웅주의의 교육을 받아 투쟁정신과 반역정신이 강한 반면, 여성적인 교양교육은 제대로 받지 못했다. 그런 까닭에 사회가 하루아침에 호전적인 정신을 제창하자 어렵지 않게 그 선두에 설 수 있었다. 당시의 보편적인 남성 경향 속에서 두각을 드러낸 그들은 시대정신을 가장 잘 실행하는 본보기가 되어 다른 사람들을 이끌었다. 1960년대 말에는 이러한 형상이 삽시간에 전국을 풍미하여 각지에서 적지 않은 영향을 끼쳤다. 그 과정에서 자기의 스승과 부모를 타도하며 스스로가 스스로를 대견스러워하던 '영웅'들이 무리를 지어 나타났다. 그들의 위세는 대단하여 그 앞에서 꺾이지 않는 것이 없었다.

역사적인 시각에서 볼 때 여자 홍위병의 출현은 일시적인 현상에 불과했다고 할 수 있다. 그리고 그 영향력도 대략 2~3년 정도에 불과하여 그야말로 순식간에 사라졌다고 할 수 있다. 그러나 그 의미가 그 시간의 짧음으로 인하여 작아지는 것은 결코 아니다. 어떤 의미에서 본다면 여자 홍위병은 전통적인 여성상에 대한 철저한 반역으로서, 안팎으로 그 형상을 하나하나 타파해 나감으로써 한동안은 사람의 마음을 통쾌하게 한 것도 사실이다. 그러나 안타깝게도 이러한 통쾌함의 배경에는 한 민족의 역사적인 시대 비극이 있었던 것이다.

어쨌든 여자 홍위병의 형상은 결코 사랑스러운 것이 아니었다. 냉정함을 되찾은 남자 학우들이 그녀들에 대하여 염증을 느꼈으며, 나중에는 그녀들 자신도 무미건조하게 느껴졌다. 그러다가 마지막에는 전국의 대중들이 이들과 결별을 선언하게 되었다.

이어 도래한 것은 다양화의 시대였다. 20세기의 마지막 20여 년은 중국 역사상 전에 없던 개방의 시기라고 할 수 있다. 따라서 이 백화제방百花齊放의 시대에 각양각색의 여성 유형이 저마다 분장을 하고 무대 위에 등장하는 형상도 전혀 이상할 것이 없는 일이다.

가장 먼저 사람의 이목을 일신시키면서 기쁨을 자아낸 것은 여자 홍위병과 같은 호전적이고 야만적인 색채가 전혀 없는 새로운 여성 형상의 출현이었다. 예를 들면, 〈괴로운 사람의 미소〉, 〈달콤한 일〉, 〈작은 거리〉, 〈큰 다리 아래에서〉 등의 영화에서 반홍潘虹, 이수명李秀明, 장유張瑜, 공설龔雪, 은정여殷亭如 등이 연기한 극중 인물이 바로 그러한 새로운 여성 형상이었다. 이러한 '긍정적인 인물'들은 여성만의 독특한 아름다움을 드러내기 시작함으로써 크게 환영을 받았다. 그중에서도 특히 공설과 은정여는 청초한 모습으로 사람의 마음을 감동시켜 많은 인기를 누렸다. 공교로운 것은 이 여배우들이 바로 '정통파' 상해 아가씨들이었다는 사실이다. 유효경劉曉慶은 비록 '매운맛'은 조금 있었지만 역시 사천四川 아가씨의 사랑스러운 면모가 있었다. 그녀가 진충陳沖과 함께 주연한 〈작은 꽃〉은 지금까지도 여전히 많은 사람들의 입에 오르내리고 있다. "오빠 찾는 누이의 눈물이 꽃처럼 흐르네"라는 주제가도 한때 크게 유행했다.

그 뒤에는 바로 〈북지연지北地臙脂〉의 공리龔俐 등이 인기를 누렸다. 그런데 세월이 흐름에 따라 은막 위에서의 여성의 형상도 갈수록 '말이 아니게' 변해갔다. 여자 주인공이 술집의 가수나 무희 또는 접대부가 아니면 간첩이나 강도와 도둑 같은 역할로 등장하는 경우가 많았다. 기생과 같은 역할도 이에 뒤질세라 권토중래捲土重來하여 자주 모습을 드러냈다. 심지어 '육감적인 배우'라는 호칭도 버젓이 쓰이기 시작하였으며 많은 인기까지 누리게 되었다. 이 같은 현상과 서로 어울려 1990년대 여자 아이들의 언행과 사회적인 교류도 갈수록 '겁 없이 함부로 행동하는' 경향이 짙어졌다. 디스코장 출입은 이미 신기한 일도 아니며 유행을 민감하게 쫓아가는 옷차림은 더욱 말할 것도 없다. 웃을 때 이를 드러내서는 안 된다는 가르침 따위는 당연히 역사의 유물이 된 지 오래되었고, 말을 할 때에도 이것저것 가리지 않고 마구 지껄여

대는 것이 보통이었다.

1990년대의 여자 아이들은 성, 애정, 결혼에 대해서도 그다지 대수롭지 않게 생각했다. 1950~1960년대의 여자 아이들이 입에 담는 것조차도 부끄러워했던 '연애'라든가 '결혼'이라는 단어들을 1990년대의 여자 아이들은 아무렇지 않게 되는 대로 입 밖으로 내뱉는 경향이 있었다. '성행위'에 관련된 단어들도 여러 사람들 앞에서 마치 물을 마시고 밥을 먹듯이 거리낌 없이 말하는 바람에 나이든 사람들이 혀를 내두르고 고개를 설레설레 저을 정도다. 초점은 그녀들이 무엇을 말했다는 것에 있지 않고, 그녀들이 그러한 말을 할 때에 보여주는 태연하고도 거리낌 없는 표정과 태도에 있다.

최근 10~20년 사이의 변화도 20세기 초의 그것에 비하여 결코 작지 않다. 몇 가지 예를 들어 보면, 최근 젊은 여자들 사이에서는 "남자 친구를 둘 사귀어 하나는 남편으로 삼아 밥하게 하고, 하나는 애인으로 삼아 연애를 하면 좋겠다"라는 희망을 갖고 있는 사람이 많다고 한다. 그야말로 전통 관념과 철저하게 역행하는 것으로, 그 내용과 형식만이 여자 홍위병과 크게 다를 뿐 전통에 대한 역행이라는 면에서는 여자 홍위병과 전혀 다를 것이 없다.

그러나 이와 같은 일련의 변화과정에 대하여 결론을 내린다는 것은 아직까지는 시기상조가 아닌가 싶다. 지나간 백 년 동안 중국여성들이 겪은 변화를 서술하고 논평한다는 것은 너무나 복잡한 일이 아닐 수 없다. 앞에서 서술한 내용 가운데에서도 물론 빠뜨렸거나 한쪽으로 치우쳤거나 터무니없이 잘못된 면이 없다고는 말하기 어렵다. 그러나 한 가지 확신할 수 있는 것은 이 시대가 분명히 부녀해방의 시대였으며, 또한 온갖 고초와 풍파가 그치지 않고 위험한 일도 수없이 일어난 시대였다는 사실이다. 이러한 시대를 헤쳐 나가는 과정에서는 여러 가지 예기치 못한 문제에 직면할 수도 있다. 그 과정에서 생겨나는 모든 현상은 다 정상적인 것이며, 모든 변화에도 나름대로의 까닭이 있다. 그러므로 놀라거나 이상하게 생각할 필요도 없고 지금이 옳고 과거가 그르다고 말할 필요도 없다. 중요한 것은 이에 대하여 객관적이고 냉정한 태도를 가지고 이성적이며 과학적인 방법으로 접근해 나가야 한다는 점이다.

구시대의 중국에 비하여 새 시대의 중국에 살고 있는 사람들이 더욱 남자답고 더욱 여자답다는 사실에 우리는 주목해야 한다. 오늘날 중국의 남녀는 체격으로나 심리적으로 과거의 '동아시아의 병자[東亞病夫]'나 '왕조의 순한 백성[王朝順民]'과 비교하면 비약적인 질적 변화를 보이고 있다. 특히 자기 자신의 존재에 대하여 인식하고 성찰할 능력이 생겼다. 그렇기 때문에 "여자는 갈수록 여자답지 못하고, 남자는 갈수록 남자답지 못하다"라는 따위의 문제 제기를 할 줄도 알게 된 것이다.

요컨대 이와 같은 문제 제기는 상황이 갈수록 못해진다는 것을 의미하기보다는, 중국인 자신의 인격 형성에 대하여 갈수록 그 기준을 높여가고 있음을 의미한다고 보아야 할 것이다. 이러한 의식이 있기 때문에 현실 상황에 대한 불만도 나올 수 있는 것이다. 따라서 이는 의심할 여지없이 중국 사회가 그만큼 진보하고 있음을 보여주는 것이다.

여자가 갈수록 여자답지 못한 현상은 결코 여자 한쪽만의 문제가 아니다. 그것은 남자가 갈수록 남자답지 못한 현상이 남자 한쪽만의 문제가 아닌 것과 마찬가지다. 서로 대립되면서도 통일체를 이루는 남녀 쌍방이 그 형상을 재형성하는 데에는 자기뿐 아니라 상대방의 도움도 필요한 것이다. 건전한 남성이 없으면 건전한 여성이 있을 수 없고, 건전한 여성이 없으면 건전한 남성이 있을 수 없다. 또 건전한 남성과 여성이 없으면 건전한 인성人性이 있을 수 없고, 건전한 인성이 없으면 건전한 사회가 있을 수 없다. 그러므로 정신문명을 강조하는 오늘날에 있어서 이는 대단히 의미 있는 과제가 아닐 수 없다.

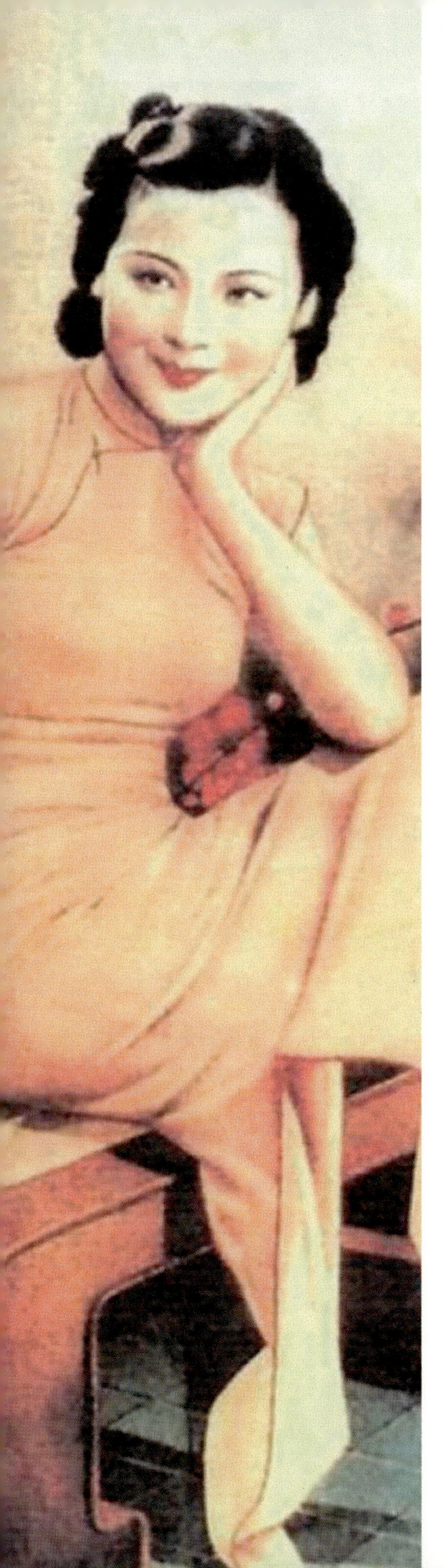

해방의 역사

제4장

중국의 페미니즘과 근현대화

중국에서 자본주의가 맹아적 단계로 출현했던 16세기 초부터 18세기까시 남성과 여성의 평등, 여성해방을 지지하는 계몽사상가들이 출현하였다. 그러나 근대라는 말의 실제 의미에 부합하는 근대 여성해방운동은 1898년의 헌법 개혁과 더불어 시작한 이데올로기적 계몽운동이었다. 최초로 여성해방을 지지하는 계몽 사상가들이 근대 부르주아적 여성해방 사상을 형성하였다.

다음은 중국의 초기 근대화 과정과 여성운동 그리고 혁명운동과 여성, 공산당과 여성운동의 관계에 대해 소개하고자 한다.

중국의 20세기는 화염과 피로 시작하였고 전반부 50년은 급진적인 사회 변화를 겪은 중대한 시기였다. 2천 년 이상 중국을 지배한 중세 체제가 민주주의 혁명의 불길 속에 파묻혔다. 전통적인 중국 사회를 전반적으로 개혁하려는 강한 요구가 일어났다. 타락한 관습을 개혁하고 여학교를 세우는 기초 위에서 이 시기의 여성해방운동은 남성과 여성의 평등, 자기가 선택한 배우자와의 혼인, '혁명적 가족'을 쟁취하기 위한 노력을 시작하였다. 이 모든 노력은 군주제를 폐지하고 공화제를 수립하려는 혁명 활동과의 조화 속에서 이루어졌다.

1912년 공화국의 건설은 중국의 마지막 봉건왕조인 청의 파멸을 가져왔다. 그러나 이것은 봉건주의를 추방하기 위한 투쟁의 시작에 불과하였다. 1919년을 축으로 일어난 신문화운동은 1898년의 개혁운동에서 비롯된 여성해방의 사상을 한 단계 앞으로 밀고나갔다. 『신청년』의 발간은 신문화 운동의 시작뿐만 아니라 여성해방을 추진하는 이데올로기의 창조를 알리기도 한다.

20세기 초엽 여성교육의 출현은 1898년의 헌법 개혁 이래로 나타난 여성해방운동의 주요한 성과이다. 남녀의 평등, 특히 교육에서의 평등을 얻어내기 위한 분투는 이 시기 여성해방의 이론과 실천의 중요한 측면이 되었다. 1920년 첫 여학생의 입학을 허용한 북경대학교와 더불어 대학교들이 여학생의 입학을 허용하는 것은 곧 일반적인 양상이 되었으며, 1922년에 이르면 여학생 수는 665명에 달한다.

중국 근대화 과정에서 선진 여성의 공동체와 조직이라는 개념과 그것의 출현은 근대 여성운동의 성숙을 알린다.

나라 전역의 혁명적 상황에 의해 고무되고 이데올로기적인 해방의 정신에 추동되어 여성해방운동의 발전, 특히 여성에게 근대 교육의 길이 열림으로써 소수 선진 여성은 급속히 자각했고 스스로 공동체를 형성하였다. 많은 여성들이 중세적 윤리 코드의 속박을 끊었다. 여성조직이 순식간에 생겨나서 전국의 많은 도시에, 심지어 일본 도쿄와 미국의 샌프란시스코까지 퍼져나간 것은 바로 근대 중국에서 여성해방운동이 분출하였다는 중요한 증거가 된다. 이러한 움직임은 혁명적 상황의 분출과 비례해서 급속히 번져갔다. 이 모든 것은 제국주의와 봉건주의에 반대하는 중국의 투쟁에 깊은 자극이 되었다.

예를 들면, 1901년과 1905년 사이의 반反러시아 운동과 1905년의 미국에 대항하는 애국 운동에서 여성은 거대한 잠재력을 유감없이 드러내었다.

일반적으로 그리고 근본적으로 여성의 자각은 사회 전체의 보편적 해방의 정도에 달려 있다. 20세기 초, 의식이 깬 여성이 청조에 대항하는 투쟁에 참여한 이후 여성은 그들의 해방을 민족의 독립과 민주체제의 수립에 그리고 그들의 생각과 의견을 혁명 행위와 연관시켜서 청조를 전복시키는 정치 혁명에 남성과 더불어 자신들을 던졌다.

5·4운동 말기에 공화국 초기 이후 저조했던 여성의 정치참여 운동이 점차로 부활하였다. 이 부활은 중국 근대 여성해방사에서 정치참여에의 분출이 일어나는 두 번째 사건이다.

중국이 근대화를 진행하는 과정에서 발생한 다양한 혁명운동은 수천 년 동안 깊이 뿌리내린 봉건체제를 뒤흔드는 데 실패하였다. 그러므로 중국 사회의 기본 모순은 해결되지 않았다. 여성운동이 역사적 의미를 갖고 역사에 기여하였다 하더라도 극히 힘이 없고 동원 범위에서 한계가 있었다. 특히 여성노동자와 여성농민에 침투하지 못하였다.

중국 공산당의 지도 아래 중국여성과 남성은 함께 싸울 수 있었다. 오래 끈 힘든 투쟁 후에 그들은 최종적으로 나라 전체를 해방하였다. 중국인민공화국헌법은 여성은 남성과 대등한 권리를 가질 수 있음을 엄숙하게 공언하고 있다. 중국에서의 여성운동은 새로운 국면에 들어섰다. 그동안의 투쟁에서 여성의 진보적인 족적은 곳곳에 남아 있다. 또한 60년 동안의 건설에서 여성이 수고한 노력의 결실도 어느 곳에서

나 찾아볼 수 있다.

중국 개혁의 거대한 물결은 전 지역에 걸쳐 일어나고 있으며, 중국 사회의 모든 측면에 영향을 미치고 있다. 그렇다면 이러한 대개혁의 물결 속에서 여성운동과 사회·경제·문화의 개혁은 어떻게 해야 호혜적인 상호작용을 일으키며 활성화될 수 있을 것인가에 대해서도 알아야 할 것이다.

경제 구조의 전환은 중국 전체의 종합적인 개혁을 불러일으켰다. 시장주의 경제의 거대한 물결이 지방으로 유입되고 여성은 개혁의 선봉에 있다. 남성 노동의 상당량이 도시로 유입되었기 때문에 농업생산의 50%를 여성이 책임진다. 새로운 고무적인 상황과 거대한 짐, 이 둘은 농촌 여성에게 기회와 도전을 제공한다. 오래된 농촌을 궁극적으로 변화시키기 위하여 유리한 조건을 이용하여 농촌 여성을 광범위하고도 철저하게 조직하며 수억 농촌여성의 무한한 잠재력을 놓치지 않는 것이 긴급한 과제가 되었다. 이에 시의적절하게 전국부녀연맹이 1989년에 전국 농촌여성들과 함께 '열심히 배우고 열심히 일하자'는 운동을 시작하였다. 각지의 농촌여성이 현저한 성과를 올리며 그 운동에 참가하고 있는데, 그 성과는 농촌여성의 문화적·과학적·기술적 자질의 향상, 그들의 참여의식의 고취, 사회화된 서비스 체제의 발전, 과학과 기술의 강화, 농촌여성에게 필요한 과학과 기술의 강화, 수입의 증대 등으로 나타나고 있다.

농촌여성운동이 시작된 지 6년이 지나자 뚜렷한 변화가 통계상으로도 나타나고 있다.

농촌여성 9천 6백만 명이 여러 종류의 실제적·기술적 훈련을 받았다. 여성 문맹자 3천 3만 명이 읽고 쓰게 되었고 농촌여성 51만 명이 농업 기술자가 되었다. 1천만 명 이상의 빈민여성이 가난에서 벗어났고 여성의 기여는 총 농업생산량의 50~60%를 차지한다.

농촌여성의 '열심히 배우고 열심히 일하자' 운동에 대한 전국 심포지엄이 1994년 11월에 열렸다. 여성의 활동을 시장경제의 발전에 어떻게 적용하고 체계의 다양한 차원의 전선에 따라 여성을 어떻게 유입할 것인가 하는 격론이 오갔다. 심포지엄에서 발표된 주요 사상은, ① 여성의 과학적·기술적·문화적 자질, 사업경영 능력을 더욱 더 향상시킬 것, ② 개인 또는 개별 가족의 참여로부터 개인과 집단 참여의 조합을 중진할 것, ③ 생산과 사업에서 경쟁력을 갖추기 위해 참여 여성들을 조직화할 것, ④ 농촌여성을 시장경제에 진출하게 하는 데 불리한, '운명에의 체념', '자기 운명에 만족하기', '자기 비하'와 같은 전통사상을 극복하는 것, ⑤ 가난을 극복하고 부자가 될 수 있도록 빈민여성을 계속해서 돕는 것이다.

국가건설에 있어서 여성들의 더 많은 기여는 적극적인 여성운동에 달려있다. 출발점은 근대화 물결에 능동적으로 참여하고 여성이 사회발전의 모든 측면에 참여할 수 있으며 여성의 자기 해방에 기여할 수 있도록 여성들을 조직화하고 동원하는 것이다. 관련 부처의 통계에 따르면, 1억 명의 농촌기업 종사인구 중 여성은 전체의 42%를 차지한다.

1989년에 이르면, 총 농촌생산량의 58%가 농촌산업생산량이다. 농촌 기업의 피고용자 중 3억 5천 명이 여성이며 수적으로는 전체의 40% 이상을 차지한다. 농촌 상업과 서비스 산업의 1천 4백만 피고용자 중 여성은 전체의 1/3에서 1/2을 차지한다. 여성은 또한 개인 산업과 상업의 1/4을 차지한다. 근대화와 초기 현대화의 시기에는 진위적인 여성운동이 지식인 여성의 공동체였다면, 새로운 시기에서는 농업생산과 농촌기업에서 교육받고 기술적으로 숙련된 여성들이 점차적으로 길러지고 있다는 것이 오늘날 중국여성운동의 뚜렷한 특징이다.

'열심히 배우고 열심히 일하자' 운동과 '여성이 국가건설에 더 많은 기여' 운동의 깊이를 더해주는 열쇠는 여성을 "사자의식四自意識(자강自强: 스스로 힘써 몸과 마음을 가다듬음, 자존自尊: 긍지를 가지고 스스로 존중하며 자기의 품위를 지킴, 자립自立: 남에게 의지하거나 종속되지 않고 스스로의 힘으로 섬, 자애自愛: 제 몸을 스스로 아끼고 귀하게 여김)"의 정신으로 교육하는 것이다. 여성의 자질을 고무하는 것이 단순히 개인 또는 특정 집단으로의 여성의 해방에만 관심을 갖는 것이 아니다. 그것은 전체적인 민족적 자질의 향상과 근대화의 추진과도 관련된다.

5·4운동 이래로 중국의 이데올로기적 집단의 주류는 반전통적이었다. 막스 베버(Max Weber)의 프로테스탄트 윤리와 유교 윤리에 대한 비교사회학적 연구는 유교 윤리는 자본주의 발전에 긍정적이지 않다는 이론을 제시하는데, 이 이론은 여전히 국제적인 학문 세계에서 영향력을 미치고 있다.

그럼에도 불구하고 유교문화에 의해 깊은 영향을 받은 극동아시아의 국가들은 경제발전이 가장 활발하고 급속히 이루어지는 지역이다. 이 지역에서 이른바 신자본주의가 출현하는데 유교문화는 근대화 발전에 긍정적인 요인이 될 것인가? 그렇다면 우리는 이것을 어떻게 설명할 것인가? 유교문화가 사회발전에서 능동적인 역할을 하게 되면 여성이 관련되는 한 그것은 부정적이고 퇴보적인 영향만을 행사한다고 생각된다. 우리는 그러한 믿음을 어떻게 평가하여야만 하는가? 두 질문 모두 매우 중요하며 탐구할 가치가 있고, 둘 다 중국여성들에게 '사자의식四自意識'을 교육하고 여성학을 수립하는 데 피할 수 없는 문제인 것이다.

오늘날 중국의 사회체제와 정권의 성격이 변화하였을지라도 유교와 중세체제를 결합하고 위에서부터 밑에까지 실행되어온 일련의 정책, 신조, 개념, 문화적 가치는 수천 년 동안 반복해서 흡수되고 침전되어 강화되어왔기 때문에 여전히 사람들의 마음속에 깊이 뿌리내리고 있다. 지방에서의 새로운 문화의 발전, '사자의식四自意識'의 정신의 증진과 양성 간의 평등 원리의 이행은 저항, 때로는 여성 자신으로부터의 저항을 피할 수 없을 것이다. 그러므로 이네올로기 영역에서 유교문화의 부정적이고 역행적인 측면에 저항하고 그것과의 싸움을 견뎌내는 여성교육과 여성운동은 분투를 요하는 장기간의 과제이다.

다른 한편 중국 역사에서 보면, 유교문화는 수백 세대를 거치면서도 쇠퇴하지 않았다. 이같이 오래 지속할 수 있던 이유는 유학이 자기를 중세 사회의 발전에 적응하기 위해 서로 다른 역사적 시기의 요구에 맞추어 끊임없이 그 내용을 변화시켜 올 수 있었던 데 있다.

유교문화를 현대적 정신문명의 구성 요소로 만들기 위해서는, 위로부터 아래로의 흐름과 아래로부터 위로의 흐름을 결합하여야만 한다. 후자는 외국 문화의 본질을 흡수하는 것을 포함한다. 이것은 중국여성과 관련해서도 그러하다.

유교문화를 현대적 정신문명의 구성 요소로 만들기 위해서는 다음과 같은 노력이 필요하다.

'활기와 창의적인(energetic and enterprising)' 정신은 그 고유의 품행과 행동으로 나타나는 중국의 정신이다. 이 정신은 모든 중국 인민의 협조 속에서 길러지고 창조되었으며 중국의 생존과 발전에서 중요한 역할을 하였다. 이러한 정신을 갖는 중국여성은 그들의 민족성(nationality)에 강한 자부심을 갖고 있으며 국가의 운명에 지대한 관심을 보인다. 중국인들의 '민족의식(a sense of nationality)'은 19세기 서구 부르주아 혁명에서 출현한 민족주의와는 구분된다. 중국의 민족의식은 식민주의와의 투쟁의 토대 위에서 발전되었고, 이 민족주의 정신은 제2차 세계대전 후의 식민지 독립운동 속에서 강화되었다. 그것은 동아시아 각국의 생존과 발전에 적합한 정치적 · 경제적 독립과 근대화 방식을 추구하는 속에서 중국과 아시아의 '네 마리의 작은 용'의 출현을 가져왔다.

오늘날 '제가치국齊家治國(가정을 잘 다스리는 사람만이 국가를 잘 다스릴 수 있다)'의 정치사상은 사회적 역할과 가사 역할을 하나로 결합하는, 여성의 이중 부담을 지지하는 중요한 정신적 힘으로 이미 발전되고 변화되었다. 그 자체로 중노동인 농업 생산과 인간 재생산이라는 이중의 과제를 맡는 농촌 여성은 '제가치국'과 가족을 부유하게 하고 국가를 번영시키는 데 중요한 책임을 맡고 있다. 전문직 여성의 경우, 그들은 시장경제 체제에 의해 야기된 강도 높은 사회경쟁에 직면해 있고 그 경쟁에 참여하여야만 한다. 따라서 그들은 그 어느 때보다도 그들의 이중 역할에 첨예한 모순과 갈등을 경험하고 당면한 문제를 극복하려고 노력하고 있다.

중국이 전통적으로 그 국민들에게 요구해온 정신적 · 도덕적 자질로서의 '자기 발전을 향한 끊임없는 노력'의 정신은 오늘날 양성평등의 원칙 아래에서, 그리고 중국과 외국, 고대古代와 현대에 여성의 기질이며 영혼인 진선미眞善美의 본질을 자강, 자존, 자립, 자애로 흡수하는 토대 위에서 발전해왔다.

오늘날 세계적으로 경쟁은 과학과 기술에 기초한 종합적인 국력으로 강화되었다. 어떤 면에서 이 경쟁은 여성을 포함한 전 국민의 자질의 하나이다. 중국이 경쟁에서 무적의 나라가 되려면 전 국민의 전반적인 자질을 고양시켜야만 한다. 인구의 반半을 차지하는 여성의 자질을 고양시키지 않고 남녀평등은 현실적으로 달성될 수 없고 여성이 직면하는 문제는 쉽게 풀릴 수 없다.

따라서 중국의 근대화의 추진과 여성 대다수의 발전과 진보는 여성의 자질을 대대적으로 고양시킬 것을 요구한다. 역사는 앞으로 나아가고 있고 국민들은 여러 집단으로 분리되고 있다. 역사의 주된 흐름은 대다수 중국여성을 근대화에 크게 기여하는 새로운 유형의 근대화된 여성으로 단련하고 결속할 것이다.

여성운동을 수행하기 위해 여성학을 강화하고 여성 이론에 주의를 기울여야만 한다. 중국에서는 여성운동의 발전과 더불어 여성학이 더욱 발전하고 있다. 이 시대의 여성과 여성운동 모든 것이 여성학을 요구한다. 중국적인 특징을 갖는 여성 이론의 수립이 오늘날 중국에서 여성학에 종사하는 모든 학자와 전문가의 공통된 목표이다. 중국의 개혁과 개방 이후, 중국의 여성학은 연구 내용상으로는 인문학과 사회과학의 두 분과를, 연구정책에서는 이론과 실천을, 전망의 장에서는 외국과 중국, 고대와 현대를 결합하였다. 오늘날 중국의 여성학은 수억의 여성인구를 토대로 수천 년의 시간과 공간적으로는 전 세계를 포괄하는 전망을 확대해 왔다.

중국의 여성교육과
현대화 정책

현대화는 역사의 발전 과정이며 세계 발전의 전체적인 방향과 추세를 반영하는 것이다. 그러나 통일된 모식은 없고 있을 수도 없다. 각 나라는 자국에 맞는 방법을 탐색해 실천해야 된다. 최근에 동양국가의 현대화 문제를 연구하는 학자들은, 현대화는 간단하게 한 방면의 역사 발전이 아니고 외부의 자극과 내부의 변화가 결합하는 과정이라고, 비교적 명확한 관점을 형성했다.

결국 현대화는 그 나라의 역사적인 상황 아래에서 외국의 유익한 영양을 충분히 흡수하고 민족문화의 기초에 근거한 민족의 특색을 갖추고 수립되어야 한다.

중국은 개혁과 개방을 통하여 특색을 갖춘 사회주의 현대화를 건설하였는데, 중국이 몇십 년간 중국 현대화의 길을 탐색한 경험의 총결산이다. 현대화는 경제·정치·문화를 모두 포함한 전면적인 변화를 가리킨다. 현대화 과정에서 경제·정치·문화 세 분야는 서로 관련을 갖고 서로를 촉진시키기도 하고 제약하기도 한다.

세계 각국은 국제사회의 대순환의 치열한 경쟁의 객관적인 환경 가운데 놓여 있어 현대화를 독자적으로 고립적으로 진행할 수 없다. 이것은 중국과 같은 개발도상국가로서는 일종의 도전이다. 현대화의 경쟁이 국력을 종합하는 양태로 다방면에서 나타나지만, 현재의 상황에서 본다면 과학기술의 발전 여부가 관건이다. 사람들이 과학기술을 터득하는 것이 필요하다. 이러한 측면에서 본다면 현대화의 경쟁은 바로 인재의 경쟁이다. 중국이 강성해져 세계 여러 민족의 무리 속에서 자립하는 능력을 기르려면 반드시 전 민족의 소양을 높여야 한다.

중국여성의 문화 소양은 보편적으로 남성보다 낮은 편인데, 현대화를 이루기 위해서는 더욱 많은 여성 인재를 양성해야 한다. 이것은 바로 중국여성해방의 근본적인 문제와 연관되며, 중국 현대화 발전의 속도와도 직접적인 관련이 있는 중요한 사안이다. 여성의 소양을 어떻게 높이는가 하는 것은 국가의 경제기초 및 정치·역사 배경과 밀접하게 연결되어 있다.

특히 문화 교육의 발전 상황과 긴밀한 관련이 있다. 전체 인구의 절반을 차지하고 있는 중국여성의 문화 소양을 전면적으로 제고하는 것은 매우 중요하고 어려운 임무이다. 하루빨리 중국의 현대화를 실현하고 교육을 발전시키려면 이러한 문제를 빠른 시일 내에 해결하는 방안을 모색해야 한다.

중국여성의 문화 소양을 전면적으로 제고하기 위해서는 다음과 같은 노력이 필요하다.

⑴ 현대화된 여성교육을 대규모로 발전시켜 여성의 문화 소양의 기초를 전면적으로 높인다.

여성학을 제창하고 여성학을 일으켰던 것은 몇 세대의 노력으로 이루어진 것이다. 여성이 남성과 동등한 교육을 받을 권리를 쟁취하는 것은 중국의 현대 여성해방운동의 중대한 과제이다. 북경대학교를 예로 든다면, 5·4운동 시기의 북경대학교는 중국 신문화 운동의 중심지였다. 당시의 북경대학교의 교수들과 학생들은 여성입학 금지를 철회하자고 소리를 드높였다. 1919년 봄, 북경대학의 일부 교수와 학생들은 이미 남녀 공학의 분위기를 형성하였으며, 이를 관철하여 채원배蔡元培 총장은 1920년 설날에 마침내 북경대학교의 여성입학 금지조항을 철회한다는 결정을 선포하였다. 이때부터 대학에서 여성의 입학을 개방하는 것이 전국적으로 확산되어 5·4 신문화운동을 이루는 주요한 요소가 되었다.

중화인민공화국의 탄생은 중국여성이 정치·경제·문화·사회와 가정생활 등의 모든 분야에서 남성과 평등한 권리를 누릴 수 있다는 것을 선포하여 중국여성은 이때부터 일어서기 시작하였다. 신중국은 특히 제11차 삼중전회三中全會 이후 현대화 건설에서 교육사업의 왕성한 발전을 추진하였을 뿐만 아니라, 중국여성이 문화부문의 제고에 있어서 전례 없이 유리한 조건을 창조하여 광활한 발전의 길을 열었다.

다양한 계층과 다양한 규격, 다양한 형식의 교육 가운데서도 여아女兒의 교육은 여성교육의 기초이며 선결조건이다. 해방 전 초등교육의 입학 연령에 해당하는 아동의 입학률은 겨우 20%에 불과했다. 그중에서도 여아의 입학률은 15%도 되지 않았으며 그나마 대부분 도시와 경제가 비교적 발달한 동남 연해안 지역에 집중되어 있었다.

　신중국이 설립된 후의 40년간 아동들의 입학률은 끊임없이 증가하
였다. 1986년 중국 '중화인민 의무교육법'이 반포되었는데, 만 여섯 살
이 된 아동은(조건이 구비되지 않은 지역은 7세까지 연기할 수 있음)
성별·민족과 종족을 구분하지 않고 반드시 입학하여 일정한 기간의
의무교육을 받아야만 하고 국가와 사회, 학교와 가정은 이것을 반드시
보장해야만 했다.

　1990년에서 1992년 사이에 중국은 「중화인민공화국 미성년 보호법」,
「중화인민공화국 여성권익보장법」 등 의무교육과 관련 있는 법률과 법
규를 만들었다. 이러한 법률과 법규는 여러 각도에서 아동과 청소년이
교육을 받을 수 있는 방안을 마련하여 교육받을 권리를 보장하였다.

　10여 년 동안 중국의 초등학교 교육은 장족의 진전을 보았다. 1991
년에 전국의 대부분 지역은 초등학교 교육을 보급하는 임무를 실현하
였다. 당시 전국의 초등학교 재학생은 12164.15만 명이 있다. 전국에
7~11세의 아동은 9889.3만 명이 있으며, 이미 입학한 아동은 9674.7만
명이고 입학률은 97.8%이다. 그중 여아의 입학률은 96.03%인데, 건국
초기와 비교해보면 80% 이상이 높아졌으며 해마다 평균 2% 정도가 증
가하고 있다. 그뿐만 아니라 '전국부련全國婦聯(중국부녀자연합회)'이
조사한 수치에서 나타난 바로는 여성이 받은 교육의 수준과 그 연령은
서로 반비례한다. 이것은 중국여성의 교육수준이 날이 갈수록 높아지
고 있다는 것을 의미한다.

　이러한 여건 아래에서 여중학생은 53배가 증가하였고, 여대생은 29
배가 증가하였다. 1989년에 이르러 석사반에 재학 중인 대학원생은 이
미 18,000여 명이고 박사반에 재학 중인 학생도 1,000여 명이나 된다.
이외에도 도시와 시골에서 40여만 명의 여성들이 통신대학, 텔레비전

으로 받을 수 있는 통신대학 교육 등 각종 고급·중급반에 적극적으로 참가하고 있다.

여성교육의 보급과 제고의 기초 아래서 중국의 여성 지식인들의 대열은 급속도로 넓혀지고 있다. 과학기술 부문의 1988년 통계에 의하면 966.1만의 과학기술 인재 중에서 여성은 296.2만 명으로 이미 전체 수치의 30.6%에 달하고, 그중 30여만 명은 이미 기술자 등 중급 기술자직을 획득하였다.

또한 국가급으로 특출한 공헌을 한 청년전문가로 평가받은 여성 과학자가 152명이나 된다. 건국 이래로 중국여성 과학자들은 대량의 과학연구 성과로 국가의 장려를 받았으며 이미 국제수준에까지 이르렀다. 과학 분야에서 그녀들의 성과는 세계의 주목을 받았다.

여성 화학가 종옥정鐘玉征은 1990년 중국 화학 전문가 단체를 이끌고 국제화학재군위원회國際化學載軍委員會가 조직한 제2차 국제화학재군에 참가했다. 검사대비시험에서 우수한 성적을 얻어 세계의 가장 선진 검측설비가 있는 선진국들을 능가하여 중국에 영광을 안겨주었다. 두 차례 남극 현지조사를 한 여성 지질가 김경민金慶民은 1986년 중국 남극 장성고찰점長城考察站에서 근무를 했다. 1986년 11월에는 또 남극등산고찰대에 참가하였을 뿐만 아니라 5,140미터나 되는 문삼봉文森峰을 등반하였다. 그녀는 중국에서는 처음으로 여성이 홀로 문삼봉 현지 조사를 하여 철광지대를 발견하였다. 그녀는 중국의 오성 붉은 국기를 이 지대에 꽂아놓아 중국인이 고봉高峰의 숨겨진 철광을 발견했다는 것을 세계에 알렸다.

이와 같은 여성 과학자들의 탄생은 그렇게 우연한 일은 아니다. 그들의 출현은 중국의 정치상의 해방과 경제상의 발전에 있다. 특히 문화 교육의 발전과 밀접하게 같이 연결되어 있다. 그녀들은 남성이 할 수 있는 일을 할 수 있을 뿐만 아니라 심지어는 남성도 하기 어려운 일도 할 수 있다. 중국의 여성들은 현대화 교육 후에 창조한 과학기술 성과를 받아들였다. 과학의 시험을 받아들였을 뿐만 아니라 사회의 보편적인 승인도 받았다. 과학원에 새로 증가된 210명의 학부위원學部委員 중에서 26명이 여성이다. 이러한 사실에서 증명되었듯이 대규모로 여성 현대화 교육이 발전하는 것은 여성의 문화 소양이 전면적으로 제고되는 것을 전제로 하고 있다. 몇십 년간의 끊임없는 노력으로 중국의 여성 지식인들은 현대화 건설을 추진할 때 이미 없어서는 안 될 중요한 힘이 되었다.

중국의 여성교육이 발전할 수 있게 된 주요한 요인은 바로 예전의 전통적인 관념의 속박을 타파하였기 때문이다. 여성교육이 방해받고 여성의 문화소양이 저하되는 것은 왕왕 옛 전통 관념에서 기인하는 바가 많다. 중국의 개혁개방은 농촌에서부터 시작되었다. 특히 개혁개방을 시행한 14년간은 광대한 농촌여성들의 소양이 가장 빨리 고양된 시기이다. 또한 농촌여성교육 발전이 가장 잘 이루어진 기간이기도 하다. 완전한 통계는 아니지만, 34만 명의 농촌여성들이 이미 농민기술원직을 획득하였다. 농촌, 향진鄕鎭, 기업의 종업인원 중 여성 인원은 이미 35만 명이나 되었는데, 이 수는 전체 종업인원의 40% 이상이 된다.

대량의 여성 전문업, 여성 기술자, 여성 기업가의 출현은 봉건적인 남존여비 사상을 없애고 여성의 교육을 발전시킨 결과이다. 중국의 경제발전에서 중국인은 전력을 다하여 후진에서 벗어나 사회·경제·문화와 과학의 발전을 실현하는 것을 목표로 삼고 있는 동시에 거대한 정신 역량을 동반하여 인정사정없이 옛 전통의 관념을 쓰러뜨리고 있다는 것을 보여준다.

광대한 농촌 여성들은 개혁의 큰 조류 속에서 자아의식을 깨우쳐 남존여비 사상의 속박에서 벗어나 자신들의 인생 가치를 실현하였다. 그뿐만 아니라 고정화된 전통 관념의 농촌 여성의 형상을 바꾸려고 하였다. 상품경제와 시장경제의 발전에 따라서 도시와 농촌여성의 관념이 바뀌었다. 문화와 과학과 기술을 배우고자 하는 열정도 일어났다. 여성이 개혁에 참여하여 얻은 발전은 다시 되돌아와 그녀들의 관념을 더욱더 갱신했다. 자아의식이 강화된 중국여성은 자유로운 사상으로 일체의 곤란을 극복하며 새로운 도전을 맞아들였다.

어성이 성공하기란 그리 쉽지 않다. 시대가 여성을 위해서 새롭고 많은 기회를 제공하였으나 곤란과 장애 역시 가득하였다. 여성의 성취를 어떻게 대하여야 하는가 하는 문제에서도 남성의 전통 관념은 왕왕 상당히 독특하게 표현되었다. 남성의 눈에는 여성의 성공은 원래 남성에게 속해 있는 세습 영역에서 그녀들이 얻어서는 안 될 몫을 쟁취하는 것으로 여겼기 때문이다. 이렇게 되니 '이체배척 반응異體排斥反應'이 생기지 않을 수 없다. 전통적인 농업사회에서 현대화된 공업사회로 변하는 사회의 변혁과정에서 이러한 '반응'은 종종 강렬하게 표현되었다.

특히 현실은 각각의 영역에서 모두 경쟁을 강조한 이후로 여성은 과거보다 더 많은 곤란에 부딪히게 되었다. 이때 여성들이 받은 교육과 문화 소양으로 그녀들은 경쟁에 참여하여 물질적인 기초와 정신적인 힘을 얻었다. 산서성山西省 부녀자연합회의 조사에 의하면 여성의 성취의식과 사치 취향은 그녀들 자신의 문화교육 정도와 비례한다. 초등학교 이하의 문화 정도는 38.16%이고 중학교 이상의 문화 정도는 59.07%이며 전문학교 이상의 문화 정도는 75%나 된다. 여성이 장애를

없애고 기회를 잡을 수 있을지 없을지는 현대화된 교육 정도와 성취의
식의 높고 낮음에 달려 있다. 봉건적인 남존여비 사상을 없애고 관념
을 갱신하는 것이 바로 여성교육의 발전이며, 여성의 자아가치의 실현
으로 상부상조하고 서로 촉진하는 역할을 한다.

현대화 건설 사업은 많은 여성들의 적극적인 참여를 필요로 하고 있
다. 중국인구의 절반을 차지하고 여성들을 제쳐놓고는 중국의 현대화
를 실현할 수 없다. 물론 더 많은 여성에 대한 문화 소양의 제고와 우
수한 인재의 양성은 현대화 교육사업의 발전에 달려 있다. 과학기술이
고도로 발전한 시대에 현대화 건설 사업에 필요한 인재는 무지몽매하
여 뇌리에 낙후한 봉건사상으로 가득 찬 여성이나 문맹의 여성은 절대
로 아니다. 문화 수준도 있고 기술도 갖추고 있으며 과학 지식도 알고
있으며, 특히 현대화와 사상 관념, 정신풍모와 훌륭한 품격을 갖춘 신
여성이 필요하다. 그렇기에 대대적으로 현대화 여성교육을 발전시키는
것이 전면적으로 여성의 소양을 높이는 근본이 된다.

**(2) 중국 현대화 여성교육을 더욱 발전시키기 위해서는 '남존여비', '여자는 재
능이 없는 것이 덕이다'라는 봉건적인 잔재를 반드시 제거해야 한다.**

전통문화가 없으면 민족문화도 없다. 민족문화가 없는데 국가와 민
족이 계속 존재할 수 있다고 상상하기는 어렵다. 나라가 멸망하면 다
시 세울 수 있지만, 만약 한 나라의 민족문화가 소멸한다면 국가는 곧
멸망할 것이다. 유학儒學이나 혹은 유가儒家라고 칭하는 사상은 중국
전통문화에서 주도적인 지위를 차지하고 중국 봉건사회를 견고히 하고
발전하게 하는 데 중요한 작용을 했다. 현재 중국에서 현대화를 진행
하는 과정에서 어떻게 유가사상을 대하여야 하는가 하는 것은 이미 이

론적인 연구와 사회 속에서의 활용이라는 측면에서 중요한 과제가 되었다. 중국여성의 현 상태와 발전을 전통문화와의 관계에서 개선하려면, 전통문화 가운데 봉건적인 잔재를 끊임없이 없애야 하며, 이것은 중국 현대화 부녀교육을 발전시키는 데 필요하다.

1949년 이래로 '여자는 재능이 없는 것이 덕'이라는 사상을 없애면서 여성교육을 전면적으로 발전시켰다. 그러나 개혁, 개방과 현대화 건설의 속도가 빨라짐에 따라 여성교육에 부딪치는 새로운 문제를 제고하고 수준 높은 여성인재를 어떻게 양성해야 하는가는 중요한 과제인 것이다.

우선, '금자탑' 현상에서부터 말해보자. 소위 금자탑 현상이라는 것은 지식인 그룹 가운데서 여성과 남성을 서로 비교해보면 직명이나 혹은 직무에 상관없이 높은 계층일수록 여성이 차지하는 비율이 감소해 금자탑 현상이 뚜렷하게 나타난다. 그 현상은 다음 몇 가지 상황에서 나타난다.

① 전국의 기술직 전 인원 중에서 여성이 30.6%를 차지하지만, 그중 고급 직칭을 가지고 있는 전체 인원 중 여성의 비율은 13.3%이고 중국과학원학부위원 中國科學院學部委員 층에서의 여성의 비율은 4.8%에 지나지 않는다.

② 대학교의 교수는 일부 대학의 통계에 따르면, 여성 지식인 중에 고급 직함을 가지고 있는 사람은 교직원 총수의 5.3%이다. 중급 직함(강사직 포함)의 여성은 18%이고 남성은 22%이다. 석사반과 박사반을 지도하는 남녀 교수의 비례도 역시 상술한 것과 유사한 상황이다.

③ 동일한 교수급 가운데에서도 학과에 따라서 남녀 비율의 차이는 상당히 크다. 1987년의 통계에 따르면, 교학과 연구에 종사하는 교수는 모두 17,087명

이다. 그중 여교수가 1,570명으로 교수 전체의 9.2%이다. 여성의 금지구역이

라고 일컫는 철학 분야의 여교수는 겨우 0.6%이다.

물론 이러한 '금자탑' 현상에 대해서는 반드시 전면적이고 구체적인 분석을 해야만 한다. 우선, 이처럼 많은 여성 지식인이 과학기술 영역과 고등교육 영역에 들어가 교수, 연구원, 고급기술자, 학부위원의 직함이나 직무를 얻는 것은 당시의 중국에서는 매우 어려운 일이다.

둘째, 상술한 '금자탑' 현상 중에서 여성이 차지하는 비율은 선진국가의 동일한 상황과 비교해도 손색이 없다. 예를 들면, 1980년대 중기 자연과학과 과학기술직에 종사하는 여성의 수는 전체 인원의 33%이다. 이 수치는 미국의 12.2%(1982년), 일본의 12.5%(1982년)보다 훨씬 높다. 여학부위원女學部委員은 전체 학부위學部委의 4.8%를 차지한다. 이 수치는 선진국과 비교해보면 중국의 비율이 역시 최고 높다. 일본이 0%, 영국이 2.9%, 프랑스가 3.2%, 미국이 4.1%이다.

셋째, 여성교육의 발전과 여성 문화 수준의 제고는 모두 단순한 일이 아니다. 이 일들은 다방면에서 제약을 받는데, 특히 경제 기초의 제약을 받는다.

넷째, 일반적인 상황으로 보아 '금자탑'의 현상은 정상적이라고 할수 있다. 왜냐하면 높은 단계에 들어갈 수 있는 우수한 인재는 언제나남녀를 불문하고 소수이다. 여기서 강조하여 지적하고자 하는 것은 남녀 성별 비율로 본다면, '탑'형 층차가 높아짐에 따라 여성의 비율이 점점 감소하는 현상은 여성이 문화교육의 지위 면에서 좀 더 높아져야 된다는 것을 설명하는 것이다. 그렇다면 도대체 왜 위에서 설명한 것과같은 현상이 생기는가? 표면적으로 보기에 문제는 '금자탑'의 상층에

있는 것 같지만, 기실 문제의 근원은 '금자탑'의 기초에 있다. 그러므로 진지하게 기초를 잘 분석하는 길만이 근본적으로 이러한 상황을 바꿀 수 있는 방법을 찾는 것이다.

1990년 3월 태국의 종적은宗滴恩에서 150여 개 국가가 참석하는 세계전국민교육대회를 거행하였다. 이 회의에서 통과한「세계전국민교육선언」과「기본학습요구를 만족하는 행동강령」에서 세계 각국은 일치된 의견을 냈다. 회의에서 제기한 전 국민의 교육에 대한 의무는 바로 중국이 현재와 앞으로 추구해야 할 목표이다. 일찍이 1949년 건국 초기에 이미 명확하게 국민들이 교육을 받을 수 있는 권리와 임무를 규정하였다. 그러나 여러 가지 원인으로, 특히 '문화대혁명'의 영향으로 1980년까지도 초등학교가 보편적으로 보급되지 않아 새로운 문맹과 반문맹이 끊임없이 생겨났다.

1990년 통계에 의하면 중국의 전체 문맹자 수는 약 2억에 가까운데 여아가 70% 이상을 차지한다. 그리고 아직도 끊임없이 새로운 문맹이 생긴다. 전국의 취학연령에 있는 아동 가운데 214,61만 명이 아직도 입학을 하지 못했다. 주로 경제가 발달하지 않은 서남과 서북의 지역에 집중되어 있는데 그중에서 80%가 여아이다. 이 이외에 298만 명의 아동이 학업을 중단했는데, 그중 여아가 70% 이상을 차지한다. 이것은 중국 경제의 발전과 인재양성의 요구에 부응하지 못하는 현상이다. 이는 현대화를 갖춘 고도의 물질문명과 정신문명을 건설하고자 하는 사회주의 국가와도 부응하지 않고, 많은 대중들이 하루바삐 빈곤하고 낙후된 상황에서 벗어나고자 하는 소망과도 부응하지 않는 점이다.

기초 교육은 사회주의 물질문명 건설과 정신문명 건설의 기본전제에서 진행되어야 한다. 기초교육이 충분히 발전하지 않으면 인민의 기

본학습의 수요를 만족시키지 못하고, 진정한 중국의 특색을 갖춘 사회
주의 현대화를 건설할 수 없다.

이상에서 언급한 문제는 여성의 이익과 밀접한 관련이 있을 뿐만 아
니라 중국 현대화의 보조에 직접적인 영향을 끼칠 것이다. 중국의 국
가교육위원회는 상술한 지역의 아동 입학 문제를 해결하는 것이 교육
을 보급하는 관건이 된다고 여겨 국가에서 대책을 강구하여 신중하게
해결하고자 한다. 중국은 국토도 넓고 인구도 많은데 경제 기초와 문
화 기초는 아직도 빈약하다. 그래서 계획을 세워 점차로 교육을 보급
할 수밖에 없다.

그러나 주의해야 할 것은 왜 문맹, 미입학, 중도에서 학업을 그만두
는 사람들 중에서 여성이 차지하는 비율이 남성보다 훨씬 높은지 이것
은 아주 깊이 생각해볼 만한 문제이다. 상술한 상황을 만든 원인을 이
해하려면, 부모들이 자신들의 딸이 문화를 배우고 학교교육을 받는 데
서 취하는 태도를 깊이 조사해보면 곧 발견할 것이다. 원래 ‘금자탑’의
기층 아래의 깊은 곳에는 아직도 봉건의 깊은 뿌리인 ‘여자는 재능이
없는 것이 덕’이라는 전통 관념이 숨겨져 있다.

중국의 영하寧夏라는 산간지역 내의 농촌에 살고 있는 회족의 모친
母親들의 소양과 여아 교육을 예로 든다면, 영하에서 기초교육의 중점
은 주로 농촌에서 이루어진다. 그중에서 가장 약한 부분은 회족回族여
아의 교육이다. 영하 산간지역의 농촌 회족 중 여아의 모친은 70%가
문맹이다. 몇십 년간 봉건적인 전통 관념인 남존여비 사상은 그녀들에
게 ‘여자는 남자보다 못하다’는 정체된 심리를 갖게 했고 ‘결혼한 딸은
엎질러진 물과 같다’, ‘다시 거두어들일 수 없는 남의 집 사람’이라고 여
기게 만들었다. 이러한 남아와 여아에 대한 각기 다른 기대와 요구는

자연히 여아의 심리에도 깊은 낙인을 찍었다. 그래서 많은 회족 여아는 어려서부터 자신들의 운명은 남자보다 못하다고 여겨 기꺼이 교육받을 권리를 형제에게 양보한다.

바로 이러한 잘못된 관념이 기초교육에서 남녀차별을 줄이는 데 커다란 장애가 된다. 만약 이러한 점을 진지하게 대하지 않고 힘들여 해결하지 않으면 설령 경제가 발전하더라도 여성의 문화 소양은 여전히 제고되기 어렵다.

「중국여성의 사회적 지위에 관한 조사의 초보적인 분석 보고」 가운데 '조사받는 사람의 남녀 간의 사회적 지위의 전체적 느낌'이라는 항목을 보면 조사를 받는 남녀들이 지위 평등에 관한 평가를 가장 높게 한 것은 법률적인 지위로 81.7%이고, 가장 낮은 것은 사회 관념 중의 남녀 지위로 40.39%이다. 피조사자자에 대한 이러한 평가는 바로 객관적인 사실을 반영한다.

상해시에서는 여성 지위의 역사적인 흐름과 현 상태와 발전의 추세에 관해 일차적으로 조사하고 토론을 통하여 현존하고 있는 문제를 다음과 같이 6개 부문으로 정리했다.

① 고등교육 보급률과 상대적으로 낮은 학력 충차

② 고취업률과 취업소양이 비교적 낮은 것

③ 비교적 높은 가정 지위와 무거운 가정 부담

④ 일정한 참정 비율과 비교적 낮은 참정 수준

⑤ 남녀평등 선전과 사회의식 중의 남존여비 잔여

⑥ 법률적으로는 점차 완벽해져가는 것과 현실생활에서 여성의 권익을 옹호하는 데는 무력한 현상

만약에 농촌만을 예로 든다면 아직 문제의 광범위함을 설명하기는 부족하다. 그렇다면 상해의 이 조사와 토론은 더욱 큰 범위 내에서 설명해야 한다. '금자탑'의 현상은 확실히 현대 여성의 처지를 반영하는 것이다. 그중 특별히 제기해야 할 것은 제5조에서 말한 '사회의 잠재의식 중 남존여비의 잔여' 문제이다.

현대화 건설은 많은 여성의 적극적인 지지와 활발한 참가를 필요로 한다. 중국 인구의 절반 이상을 차지하고 있는 여성을 버려두고서는 중국의 현대화는 실현될 수 없다. 현재 특히 주의해야 할 것은 개혁 · 개방의 새로운 형세하에서 여성은 사상의 해방, 관념의 갱신, 적극적인 참여와 동시에 옛 전통으로 회귀하려는 경향이 나타난다는 점이다.

상해시의 조사에 의하면 18세에서 25세 여성의 미혼률이 최고 높다. 그러나 "남자는 밖에서 활동하는 것이 주가 되어야 하고, 여성은 집 안에서 일하는 것이 주가 되어야 한다"라는 것에 찬성하는 비율은 36.4%나 되어 평균비율보다 1/5이나 높다. 천 명의 대학생 중에서 앞으로 사업에 성취하기를 바라는 여성은 남성보다 20%나 적다. 이것은 결국 무엇을 뜻하는 것인가.

위와 같은 상황이 발생하게 된 원인은 복잡하다. 그중 하나는 현실적 문제인데, 이익과 효율이 핵심이 되는 시장경제 체제와 가치관념 앞에 여성을 포함한 모든 사람들은 한치의 예외도 없이 모두 경쟁과 도전에 들어가게 된다는 점이다. 대신 구체제 교체 과정과 극렬한 변동의 사회 변혁기에 처해 있는 여성들이 최고 좋은 위치를 찾을 수 있을지, 가장 좋은 가치를 실현할 수 있을는지는 여성 자신들이 관념을 포함한 현대 문화 면에 끊임없는 갱신과 초월을 실현할 수 있는지의 여부에 달려 있다. 오랫동안 존재했으나 은폐되었던 주관적이거나 객관적

모순이 모두 드러난다. 이렇게 되는 것이 나쁘다고만 할 수는 없다. 긴 안목으로 본다면 여성 자신의 성취와 사회에서 내리는 그녀들에 대한 평가는 모순을 회피하고 덮어두는 것만으로 해결할 수 없다.

예를 들면, 격렬한 경쟁과 여성에 대한 경시가 함께 뒤섞였을 때 한편으로는 다수의 여성(그중 고등교육을 받은 대학생, 대학원생 포함)에게 더욱 더 각성하고 분투하여 중국의 특색을 갖춘 쓸모 있는 사람이 되는 길로 굳세게 계속 가도록 재촉하는 것이다. 이와 동시에 일부 여성들은 여성이 성공의 길로 간다는 것은 힘들다고 여겨 새로운 곤란과 도전 앞에서 겁먹고 위축되어 머뭇거리며 앞으로 나아가지 않고 다른 사람, 심지어는 남편의 힘으로써 자신의 유토피아를 건설하고자 한다. 고등교육을 받고 가정주부가 되는 것에 만족하여 '주외主外(집 밖의 일을 관장함)'의 사업형에서 '주내主內(집안일을 관장함)'의 가사형으로 전향하는 마음가짐은 새로운 형세에서 나타난 일종의 구전통에로의 회귀 경향이며 진부한 여성관이 다시 싹트는 현상이다. 그것은 필히 여성 소양의 제고에 영향을 끼칠 것이며 한층 더 발전하려는 여성교육에 새로운 장애를 더하는 것이다.

그러나 이것 역시 크게 놀랄 일은 아니다. 많은 역사적 사실은 우리들에게 다음과 같은 사실을 알려주었다. 역사와 문화는 그 동태적 발전으로서 전통적인 구조(전통적인 문화구조)를 변혁하고 돌파하는 것을 요구하고, 전통적인 구조는 안정과 응고로써 그 전통적인 구조가 연속되기를 요구한다. 즉 주체인의 창조성과 초월성은 전통적인 구조가 주체인의 실천 활동에 변화되기를 요구하고, 전통적인 구조의 응고성과 안정성은 원상태를 요구하여 전통적인 구조를 돌파하는 어떠한 창조력을 거절하고 배척한다. 이것은 곧 전통과 변혁, 전통과 현실

사회의 역사적인 발전의 충돌을 구성한다. 사회가 극렬한 전환 시기에 처하면 전통과 현실 사회의 충돌은 왕왕 더욱 더 첨예하게 나타난다. 역사상에서 볼 것 같으면, 매번 전통구조가 격렬한 충격을 받은 후 연이어 오는 것은 새로운 사조, 새로운 세계관과 가치관, 새로운 사유와 이상의 출현이다. 위에서 서술한 현상의 출현은 바로 전통에서 현대화를 실현하는 변화 과정에서 피할 수 없는 것이다. 이러한 점을 분명하게 인식하고 정확하게 인도하여 개혁과 개방에 깊이 들어간다면 이러한 문제들은 반드시 적당하게 해결할 수가 있을 것이다.

(3) 계승과 갱신으로 시대의 신여성을 만든다.

중국의 현대화가 더 발전할수록 중국의 전통문화를 재인식할 필요가 있다. 전통문화 중의 봉건의식의 잔재를 비판하는 것이 전통문화에 대해 분석도 하지 않은 채 일괄적으로 버리는 것은 아니다. 그 민족성의 정수를 잘 계승하여 현대화 건설의 새로운 정신 역량으로 전이하기 위해서이다. 외래문화 역시 본 민족의 우수한 문화와 서로 결합해야 비로소 진정으로 소화되고 흡수된다.

그러므로 반드시 중국 전통문화에 대해 전면적이고 깊이 있는 재인식이 진행되어야 한다. 중국 현대화 여성교육발전 과정 중에서 중국 역사상의 전통적인 여성교육을 아직도 그대로 계승할 가치가 있는가? 이것은 깊이 연구해 볼 만한 중요한 사안이다. 이것 역시 반드시 중국의 전통문화를 정확하게 인식한 후, 전통문화의 찌꺼기는 없애되 정수는 취해야 한다고 본다.

중국 문화교육의 발전에는 변혁성과 계승성이 있다. 매 시대마다 모두 역사를 답습하여 자기가 속한 시대 발전에 부응하는 문화교육을 건립하는 것이 필요하다. 중국의 현대 여성교육 역시 전통문화의 기초 위에서 엉성한 것은 없애되 정수는 취하고, 가짜는 버리되 진짜는 보존할 줄 아는 비판과 계승의 과정에서 창건되어야 한다. 이것은 중국 현대화 여성교육이 반드시 따라야 할 객관적인 규율이다.

중국의 봉건사회는 역사적으로 아주 길게 이어져 왔다. 사회가 발전함에 따라 각 왕조의 경제·정치·문화는 서로 모방하기도 하며 각각 독특한 특색을 갖추기도 하였다. 일정한 사상의 교육 내용은 반드시 그 시대의 경제·정치·문화의 요구와 서로 일치한다.

가정은 사회의 세포다. 국가가 종족제도를 기초로 삼는 봉건전제주의의 중앙집권을 통치 형식으로 삼고 건립했을 때, 그것은 당연히 이러한 제도 및 그 통치 형식이 서로 적응한 가장제도와 종법이익을 핵심으로 삼는 남자 지배권리를 수호하는 것을 건립하고자 했다. 유가사상의 '남존여비', '삼종사덕三從四德'을 이론으로 삼고, 그것을 기본 내용으로 삼는 봉건 여자교육은 바로 이러한 역사 배경에서 생겨났다. 근본적으로 그것은 남권 중심의 종족 이익을 수호하고 봉건제도의 전통을 공고히 하여 많은 여성에게 압박과 노역을 가하기 위해서이다. 오늘날에 있어서는 이러한 것들은 물론 찌꺼기에 지나지 않으며 반드시 단호하게 버려야 하는 것이다.

중국 역사에서 여성교육은 덕육德育(도덕교육, 정치사상과 도덕 인성교육)을 기본 내용으로 삼고 있다. 원칙상으로 봉건주의의 전통을 공고히 하기 위한 것이니만큼, 당연히 모두 비판하고 버려야 할 것이다. 그러나 무릇 봉건사회에 존재하는 일체의 도덕관념을 모두 봉건 찌꺼기의 범위에 넣어야 하는 것은 아니다. 전통문화 중 아름다운 도덕의 부분에 속하는 것은 인간이 장시간 동안 사회 생산과 생활실천과정에서 점차로 쌓아온 결정체이다. 봉건사회에서 총체적으로 말하면 여자는 거의 그 사회 가치를 실현하는 가능성을 완전히 빼앗겨 왔다. 일반 여자들은 단지 가정생활이란 협소한 세계에서만 정신적인 만족과 자아가치의 실현을 추구하였다. 때문에 남편을 돕고 아들을 가르치는 일, 즉 남편과 아들의 사회가치의 실현으로 여자를 가늠하고 구현하는 것이 바로 처와 모친의 역할이었다. 바로 이러한 사상의 원칙 지도 아래에서 맹모삼천孟母三遷(맹자의 어머니가 맹자를 잘 가르치기 위하여 세 번 이사한 일), 악모자자岳母刺字, 여황여영女皇女英, 유하혜처柳下惠妻 등을 예로부터 고대 여성의 모범으로 삼았다. 오늘날 여성들을 교육할 때, 위에서 서술한 이러한 지도자상은 당연히 취할 필요가 없는 것이다. "모친은 아들 때문에 귀하다", "처는 남편으로 인하여 영화롭다"라는 식의 상부교자相夫敎子(남편을 내조하고 자식의 가르친다는 뜻)의 목적은 본받을 필요가 없는 것이다. 그러나 부인이 남편에 대해 좋은 영향을 주고, 모친이 아들의 적극적인 교육에 훌륭한 전통을 발휘하는 것을 중시하고 강조하는 것은 새로운 형세에도 여전히 계승할 필요가 있다.

중국 고대 여성들은 '남존여비'라는 정신적 속박의 무거운 압박 아래에서 여전히 중국 역사의 발전과 사회의 진보에 소멸할 수 없는 공헌을 하였다. 정치 면이나 경제 면, 군사 면에서 또 문학예술 분야에 걸쳐 두루 걸출한 여성이 남긴 흔적이 많았다. 민족이 위기에 처했을 때 그녀들은 위험에 굴하지 않고 위기에 처해도 두려워하지 않고, 붉은 피와 생명으로써 자신의 존엄과 민족절개의 정신적인 정조를 유지했었다. 이러한 것들은 귀중한 문화유산이며 영원히 계승하고 발양해야 할 필요가 있는 것들이다.

중국은 몇천 년간의 긴 역사 동안에 몇 차례의 역사적인 변혁을 겪었다. 각 변혁시기 가운데 여성 선각자들은 모두 여성 특유의 민감성과 침착으로 시대의 발전에 자기를 봉헌하였다. 중국의 봉건시대는 청조 말년이 최후의 역사 전환기이다. 만약 중국 고대의 걸출한 여성들 모두가 개체의 신분으로 역사의 무대에 출현했다고 한다면, 새로운 지식인들의 출현과 자산계급의 민주운동의 발전 및 여성교육의 촉진에 따라 새로운 지식 여성의 무리가 이에 따라 생겨났을 것이다. 그녀들은 시대의 앞에 서서 단호하게 구제도와 구전통에 도전하고 심지어는 목숨도 아끼지 않았을 것이다.

청 말의 여성혁명가인 추근과 후세의 여성혁명가인 하향응, 송경령, 등영초 등이 바로 새로운 지식 여성 무리 가운데 대표이며 모범적인 인물이다. 그러나 자세히 살펴보면 곧 발견할 수 있을 것이다. 그녀들 중에서 명성이 높은 뛰어난 자나 이름이 세상에 널리 알려지지 않은 일반인이나 상관없이 그녀들은 모두 중국 전통문화의 도야 아래에서 중국 여성 특유의 깊고 의연한 풍모와 기질을 갖추고 있다는 것을 알 수 있을 것이다.

아무튼 중국의 전통문화는 문장과 전적을 통해서뿐만 아니라 여성 자신의 사적을 통해서 후손들에게 풍부한 문화유산을 남겨 주었다. 이를 잘 발굴하고 흡수하여 시대적인 정신을 가지고 이를 전화轉化하여 현대화 여성교육을 창건하고 발전하게 하는 데 이용해야 한다.

현대 중국여성, 특히 직업을 가진 여성은 한편으로는 '집안을 관장[主內]'하면서 또 한편으로는 '사회활동[主外]'을 해야 하는데, 마땅히 어떠한 태도로 역사상의 '상부교자'의 전통을 이어가야 할 것인가. 여성들이 일하는 데 열심히 노력하고 고난을 극복하여 자신의 사회가치를 실현해야 한다는 것을 강조할 때, 또 동시에 여성이 가정에서 남자들이 대신할 수 없는 중요한 역할을 해야 한다는 사실도 인정하지 않을 수 없다. 이것은 여성이 인류의 재생산의 임무를 담당해야 하기 때문만은 아니고, 수천 수백 년의 전통과 모성의 특징이 서로 뒤섞여 있기 때문에 여성에게 가정에서 응집력과 안정의 역할을 갖추게 하였다. '가정생활'과 '사회생활'의 관계를 처리할 때, 한편으로는 '가정생활'만 하고 '사회생활'을 하지 않는 구식의 '현모양처'의 모습에서 벗어나 정신적인 자유를 가져야만 여성이 비로소 끊임없이 경제적인 지위, 정치적인 지위와 사회적인 지위를 제고하여 가정에서 남자와 평등한 지위를 보장받을 수 있다.

다른 한편으로 여성의 도를 저버리는 일을 행하는 것, 즉 단지 '사회활동'만 하고 '가정'은 돌보지 않아 가정에서 현모양처가 되지 않는 것이 옳지는 않다. 만약 결혼을 하여 자식을 낳은 여성이라면 부인과 모친의 역할이 객관적인 것이 되어서, 어떻게 부인과 모친의 의무와 책임을 담당하는가 하는 것이 중요한 문제가 될 수 있다. 여성의 '가정생활'과 '사회활동'과의 관계에 대하여 현대 직장여성은 확실히 사상적인 장애를 가지고 있다. 그러나 더 중요한 것은 역시 허다한 실제적인 곤란이 존재하는 것이다. 지금 남녀가 공동으로 담당하는 가사가 갈수록 많아진다고 하더라도 여성이 '사회활동'에 할애할 수 있는 시간은 역시 남성보다 훨씬 적다. 거기다가, 만약에 결혼하여 자식을 낳고 또 갱년기에다가 남성보다 빨리 퇴직하는 등의 요소까지 합친다면 더욱 그러하다. 통계에 의하면 남녀가 같은 일을 하는데 있어 대략 10년 정도 차이가 난다고 한다. 그러므로 표면상 보기에는 남녀 쌍방이 오늘날 사회에서 동일한 출발점에 서서 평등하게 경쟁에 참가하는 것 같지만,

실제로는 한 여성이 성공하기는 남성보다 훨씬 어렵고 바치는 대가도 훨씬 많다. 더구나 많은 여성이 교육을 받을 권리를 빼앗겼기 때문에 근본적으로 일찍부터 배척당하여 경쟁의 대오 밖으로 밀려나 있다.

중국의 저명한 작가인 빙심氷心(1900. 10. 5~1999. 2)은 『강한 여인』에서 "한 여인이 만약 불행하게도 연애에 정복당했는데도 자신의 사회활동을 포기하려고 하지 않으면 그것은 정말 큰일이다. 이 두 갈래의 새끼줄은 그녀를 목매어 죽게 할 것이다"라고 했다. 요 몇 년 사이에 어떤 여성은 "사람 노릇하기 힘들지만, 여성 노릇하기는 더욱 힘들고, 강한 여성이 되는 것은 더욱이 힘들다"라고 한탄하였다. 사실상 빙심과 그러한 한탄을 하는 사람들은 모두 여성 가운데 강자들이다. 그녀들은 강하려고 하기 때문에 비로소 어렵다고 느끼는 것이다. 그녀들은 고난을 극복했기 때문에 비로소 진정한 강자가 되었다. 여성들은 현실사회에서 앞으로도 상당히 긴 세월을 '가정생활'과 '사회활동'이라는 문제로 고민을 해야 한다. 여성교육과 여성의 성공에 관한 문제를 연구하려고 하면 반드시 문제를 직시하고 정확하게 처리해야만 한다. 현대여성은 마땅히 용기와 의지력이 있어야 하고, 또 자신의 포부를 실현할 결심도 있어야 한다. 그리고 사업 분야에서 자신을 추구하고 공헌한 신여성은 남편과 잘 협조하여 행복한 가정을 창조할 줄 아는 새로운 형태의 현모양처가 될 결심을 해야 한다.

현재 중국은 새로운 역사의 전환기에 서 있다. 개혁개방과 현대화 건설의 필요에 따라 중국여성은 반드시 문화와 선진 과학기술을 배우려고 노력해야 한다. 그리고 동시에 전통문화와 전통 여성교육 중에서 민족성의 정화를 흡수하여 발양하며 봉건성이 농후한 찌꺼기들은 비판해야 한다. 그리고 새로운 시대정신으로서 자기를 배양하여 중국의 신여성으로 거듭나야 한다.

현대화 건설이 활발히 진행됨에 따라 앞으로 교육의 발전도 활발히 전개될 것이다. 이에 중국여성은 반드시 좋은 기회를 포착하여 장애를 타파하고 고난을 극복하고 소질을 제고하여 더욱 큰 공헌을 해야 한다.

중국의
1·2차 혼인법 개정의 의의

가정은 사회의 세포이다. 사람들의 혼인가정婚姻家庭 상황은 사회생활의 상황을 반영하며 사회생활의 상황 역시 혼인가정의 성질에 밀접한 영향을 끼친다. 예로부터 중국에서는 혼인가정의 문제를 매우 중시해왔다. 한 개인을 놓고 말하자면 중국인들은 원래 '가정을 이루는 것'과 '독립하는 것'을 함께 거론하였으며 국가를 놓고 말하더라도 '몸을 닦고 가정을 다스리는 것'을 '나라를 다스리고 천하를 평정하는 것'과 똑같이 중요하게 보았다. 물론 현대 중국인들은 혼인가정의 문제를 과거와 같이 인식하지는 않지만, 그러나 여전히 혼인을 개인의 인생대사人生大事로 간주하고 가정이 건강하고 화목한가의 여부가 개인의 행복과 국가의 안정 및 평화의 중요한 조건이 된다고 생각한다.

중화인민공화국은 건국 이래 혼인가정 문명의 건설을 줄곧 중시하였다. 중국은 세계에서 가장 인구가 많은 나라이며 동시에 세계에서 가정이 가장 많은 나라이다. 따라서 구중국에서 수천 년간 존속해 왔던 봉건종법제를 골간으로 한 혼인가정제도를 개혁하는 일은 의심할 나위 없이 매우 힘들고도 복잡한 사회적 과정이다.

신중국은 건립된 이래 구중국의 혼인과 가정 내의 불평등한 것들은 변화시키는 데 주력하였으며, 아울러 혼인가정 관계에서의 자유결혼과 부부와 가정 성원들의 평등 및 상호존중, 상호보조, 우애, 화목한 새로운 관계를 실현시키는 데 온 힘을 기울였다.

다음은 제1·2차 혼인법에서 개정된 내용과 혼인법 개정의 의의에 대해 소개하고자 한다.

신중국의 혼인가정 제도의 개혁은 대략 두 차례의 법령과정을 거쳤다. 첫 번째는 신중국의 건립 초기인 1950년이었다. 국가는 우선 혼인법을 개정하였는데 혼인가정의 측면으로부터 중국인들의 생활에서 각종 봉건주의의 구속들을 제거하는 일을 실행하는 데 착수하였다. 혼인법에서는 다음과 같은 것들을 명확히 규정하였다.

① 독단적이고 강압적인 남성은 존중하고 여성은 천시하며(남존여비男尊女卑), 자녀의 이익을 무시하는 봉건주의적 혼인 제도를 폐지한다.

② 또한, 남녀가 자유롭게 혼인하고, 한 남편에게는 한 아내만이 있으며(일부일처一夫一妻), 남녀가 평등한 권리를 가지며, 부녀와 자녀의 합법적인 이익을 보호하는 신민주주의新民主主義 혼인제도를 실행한다.

③ 중혼重婚이나 축첩蓄妾을 금지하며 민며느리를 금지한다.

④ 과부의 자유로운 혼인에 간섭하는 것을 금지한다.

⑤ 어떠한 사람도 혼인과 관련된 문제를 빌려 재물을 취하는 것을 금지한다.

⑥ 결혼은 반드시 남녀 양쪽 본인의 완전한 자원에 의해야 하며 어느 한쪽이 다른 한쪽에게 강요하거나 혹은 어떤 제삼자가 간섭해서는 안 된다.

⑦ 부부는 함께 생활하는 반려자로서 가정에서의 지위가 평등하다.

⑧ 부부는 서로 사랑하고 존경하며 서로 돕고 부양하며, 서로 화목하게 단결하여 노동을 통해 생산에 참여하고, 자녀를 양육하여 가정을 행복하게 하고 나아가 사회의 건설에 함께 힘써야 할 의무가 있다.

⑨ 부부는 양쪽 모두 직업을 선택하여 노동에 참여하고 사회활동에 참여할 자유가 있다.

⑩ 부부는 양쪽 모두 가정의 재산에 대해 평등한 소유권과 처리권이 있다.

⑪ 부부는 각자 자신의 성명을 사용할 권리가 있다.

⑫ 부부는 서로 재산을 상속받을 권리가 있다.

이와 같은 혼인법은 결혼의 조건과 과정, 부부의 권리와 의무, 부모와 자식의 관계, 이혼, 이혼 후 자녀의 부양과 교육 및 재산과 생활 등의 문제에 대해 모두 명확하게 규정하고 있으며, 혼인법이 반포된 이후에는 전국적으로 각 가정에 혼인법을 선전하고 관철시키는 활동이 대규모로 전개되었다. 이러한 대대적인 활동 뒤에는 전국적인 규모로 과거의 사상과 습속에 대한 철저하고 강력한 소탕작업이 이루어졌다. 이상과 같은 1차 혼인법은 혼인가정제도의 근본적인 변혁을 실현시킨 것이다.

한편, 문화대혁명 이후 어지러운 세상을 바로잡아 정상을 회복할 때인 1980년에 다시 새로운 시대의 특성에 부합하는 제2차 혼인법이 반포되었다

이 혼인법은 1950년에 반포된 혼인법의 기초 위에, 30년간의 실천경험 및 4개 현대화의 건설을 주된 임무로 하는 새 시대 중국의 새로운 상황과 새로운 문제에 근거하여, 이를 보충, 수정하여 제정하였다. 이

혼인법은 혼인가정 관계의 기본적인 준칙들을 제정하였다. 즉 독단적인 혼인이나 매매혼, 기타 혼인의 자유를 간섭하는 행위 및 혼인관계를 빌려 재물을 취하는 현상 등 문화대혁명 중에 다시 나타난 과거의 진부한 규범과 풍습의 부흥 현상들, 혼인가정 관계에 잔존해 있는 봉건사상과 자본계급 사상의 대두와 성장, 부녀를 학대하고 노인을 유기遺棄하는 현상의 발생과 같은 문제를 바로잡아 처리하였으며, 새로운 혼인법에서는 다음과 같은 것들을 재차 명확히 규정하였다.

① 혼인의 자유, 일부일처제一夫一妻制, 남녀의 평등한 혼인제도를 실행한다.

② 아울러 부녀자와 아동, 노인의 합법적인 권익을 보호하고 계획생육計劃生育을 실행하는 조문條文을 명확하게 규정하였다.

③ 새로운 혼인법은 현대화의 요건을 실현하여 국가와 국민을 이롭게 하는 대사大事로서, 혼인가정 관계에서 국민대중의 합법적인 권익을 보호하고 공산주의 사상의 질과 도덕풍조의 성장을 촉진시켰다.

이와 같이 국민대중과 정부가 모두 혼인가정제도의 끊임없는 조정과 관리를 충분히 중시한다면 건강과 문명을 향해 전진하는 사회건설을 촉진하게 될 것이다. 물론 수천 년간의 뿌리 깊은 봉건문화의 부담을 안고 있는 중국에서 혼인가정제도를 관리하는 것은 장기간의 험난한 과정임을 중국인들은 분명하게 인식하고 있다.

앞에서도 언급했듯이 1950년 5월 1일 「중화인민공화국 혼인법」이 공포, 시행되었다. 이것은 그 전 해에 성립된 중화인민공화국이 행한 여성에 관한 최초의 대개혁이었다. 혼인법은 봉건적 혼인제도의 폐지와 신민주주의 혼인제도의 실행을 선언하고, 혼인의 자유, 일부일처, 남녀평등을 원칙으로 했다. 옛날부터 내려오던 관습인 일부다처나 매매혼은 금지되었고 이혼의 자유나 과부의 재혼의 자유가 인정되었다.

이 혼인법은 1931년에 성립한 중화소비에트공화국이 공포·시행한 혼인조례에 기원을 두었지만, 전국 규모로 공포·시행되기까지는 20년의 세월이 걸렸다. 그런데도 아직 당시의 중국, 특히 농촌에서는 자유의사에 의한 결혼이나 여성의 이혼 요구는 과격하고 부도덕하다는 통념이 지배적이었다. 혼인법은 시행되었지만 결혼이나 이혼의 자유를 원하는 사람과 반대세력 간에는 충돌이 일어나 인명 피해를 가져오기도 한 사건도 드물지 않았다.

정부는 혼인법 관철을 위한 선전교육과 사법의 강화를 지시하고 혼인법 집행 상황 검사조를 각지에 파견하여 선전과 지도를 담당했다. 1953년에는 중앙혼인법관철운동위원회가 성립되어 3월을 혼인법 관철의 달로 정하고 전국적인 규모로 캠페인을 열었다. 그 가운데 운동을 추진해야 할 간부 자신이 충실하지 못한 태도를 취한 예가 폭로되어 재교육이 실시되었다.

이 혼인법은 30년간 시행되었지만 개혁개방 이후인 1980년 새로운 혼인법으로 바뀌었다. 기본 이념은 크게 다르지 않지만 몇 가지 점에서 변화가 있다. 첫 번째 특징은 혼인의 자유, 일부일처, 남녀평등의 원칙을 얘기한 제2조에 "계획출산을 실행한다"라는 문구가 들어갔으며, 또한 제12조에 "부부 쌍방은 어찌 되었든 간에 계획출산을 실행하는 의무를 진다"라고 생각을 강요했다. 이는 말할 필요도 없이 '한 자녀 정책'으로 통칭되는 엄격한 인구정책을 반영한 것이었다. 더욱이 '남자가 여자 가정의 일원이 될 수 있다는 것'과 데릴사위제를 명문화하고 어린아이는 부모 중 어느 쪽의 성을 붙여도 무방하다는 것 등 부계에서

부모 양계로의 이행을 촉진하여 집안의 대를 잇는 남자에 대한 집착을 견제했다.

두 번째 특징은 제25조에서 이혼에 대해 "감정에 균열이 생겨 조정해도 효과가 없는 경우에는 이혼을 허가해야 한다"라는 파탄주의 원칙을 세운 것이다. 이것은 이혼의 번잡함을 해소시킨 반면, 남편이 조강지처를 버리고 교육받은 젊은 애인에게 도망가는, 문화대혁명 이후 다발적으로 일어난 사건을 조장시켜 전국부녀연합회 간부 여성들은 비판의 소리를 냈고 여성들 사이에서도 찬반이 엇갈렸다.

1980년 혼인법에 대해서는 1950년 당시와 같은 반발은 없었으므로 관철운동도 일어나지 않았지만, 이 시기에 시장경제가 도입되면서 근절되었던 매매혼, 축첩, 풍속영업 등이 부활하고 여성문제가 표면화되었다. 그 같은 상황에 대응하여 「여성노동자 노동보호규정」(1988), 「부녀권익보장법」(1992) 등 여성의 권리를 지키기 위한 법이 차례로 실행된 것이 이 시기의 특징이다.

개혁개방 이후 중국 사회의 변화에 대응하기 위해 1995년 전인대全人代(전국인민대표대회) 상무위원회에서 혼인법 개정 작업에 들어갈 것이 결정되었다. 그 이후 신문·잡지 등에서 새로운 혼인법에 대한 논의가 시작되었다. 논의의 초점이 되었던 것은 일부 법률가가 제기한 '배우권配偶權'으로서, 혼외의 애인, 즉 '제3자'를 처벌하는 근거에 관한 것이었다. 이에 대하여 자유주의적인 법률가와 지식인은 반대의 논설을 펼치며 활발한 논쟁을 불러일으켰다. 이와 같이 공개된 토론이 법 개정에 선행된 것은 처음이어서 중국의 민주주의 발전을 보여주었다고 해도 좋을 것이다.

혼인법의 개정은 또다시 2001년에 행해졌지만 결국 배우권은 명기

되지 않았고, 그 대신에 "부부는 상호에게 충실하고 상호 간 존중해야 한다"는 윤리 규정이 추가되었다. 그 외 기혼자와 타인과의 동거(사실상의 중혼) 금지, 가정 내 폭력 금지, 피해자의 구제, 부부재산 소유의 명확화(공유재산과 개별재산의 구별), 이혼에 책임이 있는 측의 배상원칙, 이혼 후 자녀와의 면회권, 노인의 권익 보호 등이 추가되었다. 이 같은 개정의 배후에는 시장경제의 진전에 따른 가족관계의 변화와 급격한 변화를 막으려는 사법, 행정 측의 의사 조정이 있었다.

이와 같이 가정혼인家庭婚姻 문제를 처리하는 것은 국민단결과 여성해방, 사회생활의 안정과 발전에도 깊은 관련이 있으므로 결국 현대화의 조기 실현을 가져올 것이다.

중국여성의
현재 모습

중국여성의 현재 모습은 '혼인자주권'과 '높은 사회경제 활동 참여율' 그리고 '가족경제와 가사노동의 평등 분담'의 관점에서 소개하고자 한다.

봉건적 질곡에 갇혀 있던 중국여성이 존엄과 권리를 되찾을 수 있게 된 것은 1949년 중화인민공화국이 건국되고부터이다.

중국 사회주의 정부는 '공동강령'을 반포하여 남녀의 평등한 권리를 선언하고 혼인의 자주권을 법적으로 보장했다. 1950년에 발표한 「중화인민공화국 혼인법」은 여자들을 봉건적 족쇄로부터 해방시키는 획기적인 것이다. 이 법은 본인의 동의 없이 부모가 독단적으로 결정하는 강제혼인과 남존여비 사상에 기초한 모든 봉건적 관습과 제도를 법적으로 금지시켰다. 「중화인민공화국 혼인법」은 혼인과 이혼의 자유를 선포하고 일부일처제, 남녀평등과 여성의 정당한 권리를 보장한다. 이로써 여성의 기본권은 법적으로 보장되었다.

중국 정부는 1980년 새로운 시대에 부합하는 '혼인법' 수정안을 발표했다. 또 1992년 발표된 「부녀권익보장법」은 여성의 권리를 한층 더 보완했다. 이로써 중국여성들은 어느 누구의 간섭도 받지 않고 혼인과 이혼의 자주권을 행사하고, 강제혼인, 매매혼인, 축첩제도에서 해방되었다. 또한, 여성 관련법은 가정에서 남편과 아내가 평등한 권리를 가질 것을 보장한다.

1991년 중국 사회과학원이 실시한 '부녀의 지위에 관한 조사'를 보면, 45세에서 54세 농촌의 문맹여성 가운데 약 5%만이 부모가 주선하는 혼인을 했다. 20~30대 여성은 70.88%가 혼인 주도권을 갖고 있으며, 도시 여성의 1.13%만이 부모가 혼인을 주선하고 결정했다. 농촌까지도 봉건 잔재를 거의 청산했음을 의미하는 것이라 볼 수 있다. 물론 이것이 완전한 남녀평등을 의미하는 것은 아니다. 그러나 봉건시대 여성의 지위에 비하면 획기적인 것임에 틀림없다.

최근의 한 조사에 따르면, 가정에서 여성의 법적 지위가 남성과 동등하거나 오히려 남성보다 높다고 응답한 사람이 80.15%다. 이 가운데 남자가 74%, 여자가 86.3%로, 여성들 스스로 자신의 지위에 대해 더 만족하고 있는 것으로 나타났다. 이처럼 여성의 지위가 높아지기까지는 정부의 강력한 정책이 견인차가 되었다.

또한 중국여성의 경제적 자립은 여성의 지위와 권리를 보장하는 열쇠가 된다. 여성이 경제적으로 남성에게 의존하면 모든 권리가 축소된다. 여성은 경제력을 가짐으로써 가정과 사회에서 남성과 동등한 권리를 가질 수 있는 필요조건을 갖추게 되었다.

현대 중국에서 여성의 지위가 획기적으로 향상하게 된 계기는 바로 사회경제 활동 참여에서 비롯되었으며, 가정에서 여성은 남성과 동등한 재산소유권, 사용권과 상속권을 법적으로 보장받는다. 여성은 남성과 똑같이 가족 경제의 책임자이며 소비자이다. 여성은 봉건시대에서처럼 더 이상 시집의 대를 잇기 위해 '애 낳는 도구'가 되어주고, 가사노동을 제공하는 '안사람'의 역할을 하는 데 그치지 않게 되었다.

도시 가정의 70% 이상이 맞벌이 부부이고, 기혼 여성의 약 82%가 직업을 갖고 있다. 1950년대에는 여성이 가계 소득의 약 20%밖에 담당하지 않았으나, 1990년대에는 지역에 따라 40%에서 50%까지 담당하게 되었다. 중국여성의 소득이 가계에서 차지하는 비율은 일본의 3배에 해당하고, 미국 여성과 비슷한 수준이 되었다.

최근의 한 통계에 따르면, 18세에서 64세까지의 여성취업률이 92.4%로, 이전 세대에 비해 14.3% 높아졌다. 부모 세대에는 전업주부가 18.5%인 데 비해 현재의 전업주부는 4.5%에 불과하다.

사회주의 정부가 출범하던 1949년 60만 명에 불과하던 여성 취업자 수가, 1952년에는 184만 8천 명이고, 1990년대에는 2억 9,107명으로 증가했다. 여성취업률이 88%이고 전체 취업인구의 44.96%에 해당한다. 이러한 폭발적 증가는 국가정책의 제도적 뒷받침 없이는 불가능한 일이다.

물론 통계 수치가 보여주는 외형상 여성의 지위 향상 이면에는 적지 않은 문제점도 내포되어 있다. 남녀임금 격차와 가사노동의 부부 분담에도 불구하고, 여전히 이중 노동을 짊어져야 하는 맞벌이 여성의 문제다. 그러나 여성은 경제활동 참여를 통해 경제적 자립을 이룩하고 자아발전도 꾀할 수 있다. 이런 의미에서 취업은 여성 발전의 열쇠임이 틀림없다.

세계적으로 여성은 남성 임금의 약 2/3밖에 받지 못한다. 중국 헌법과 「부녀권익보장법」 제23조는 '동일 가치 노동에 동일 임금' 원칙을 명시하고 있다. 이에 따라, 사회주의 계획경제 아래서는 남녀의 임금격차가 상대적으로 적었다. 그러나 시장경제 도입 후 여성은 취업, 승진, 임금에서 남성에 비해 차별을 받고 있다. 시장경제에 부응하는 양성평등 정책의 시행에 대한 보장체제가 긴급한 과제로 떠오른다.

여성 근로자에 대한 특수 보호는 국가가 반드시 이행해야 할 의무사항이다. 중국 정부가 1951년 「중화인민공화국노동보장조례」와 1956년 「여성근로자보호조례」를 반포하여, 임신·출산과 육아에 따른 특별보호를 규정했다. 임신 7개월 이상 된 여성에게 매일 1시간의 휴식시간을 주고, 출산 후 1년 동안 수유시간을 주는 것 등을 주요 내용으로 한다. 「부녀권익보장법」은 여성근로자의 노동시간과 여성에게 적합하지 않은 금지노동을 규정하고 있다. 「여성근로자 보호규정」과 「여성근로자의 보건업무에 관한 잠정규정초안」(1986년)도 이와 유사한 내용들을 담고 있다. 이 법령들에 따르면, 여성에게는 광산, 임업노동, 국가가 규정하는 4급 이상의 강도 높은 노동을 금지한다. 생리기간 동안에는 공중에서 하는 노동, 저온·고온에서의 작업, 3급 이상의 강도 높은 노동을 금지하고 근로시간을 연장할 수 없다.

산전·산후 휴가를 90일로 하고, 난산일 경우 15일을 더 부여한다. 쌍둥이인 경우에는 한 아기당 15일을 추가한다. 유산의 경우에도 일정 기간 휴가를 허용한다. 한 살 미만의 영아를 위해 하루 30분씩 두 차례의 수유시간을 주고, 쌍둥이의 경우 한 아기당 30분을 추가로 부여한다. 100인 이상의 사업장에서는 여성근로자를 위해 휴게실·샤워실이나 목욕실을 두고, 탁아소·유치원을 갖추어야 한다. 수유를 필요로 하는 여성이 5인 이상인 사업장에는 수유실을 갖추어야 한다. 이상 국가가 규정한 사항을 위반하는 사업주는 형사 또는 행정 책임을 지게 했다.

그러나 시장경제 도입 후 계획경제 시기에 그나마 이룩해 놓았던 남녀평등이 전반적으로 퇴보하는 경향이 있다. 효율을 우선 목표로 하는 기업들은 생산성이 떨어지는 여성근로자를 회피하기 때문이다. 많은 사업주들이 국가에서 정한 규정을 무시하고 여성에게 중노동을 강요하거나, 출산휴가를 주지 않고, 모성보호를 이행하지 않는다. 이에 대해 중국 정부는 강력한 대책을 마련하고 있다.

여성이 부엌에서 해방되지 않는 한, 양성평등은 불가능하다. 여성이 사회경제 활동을 하기 위해서는 가사노동과 육아를 남녀가 동등하게 분담해야 한다. 그렇지 않을 때 가사노동과 육아는 여성에게 현대판 족쇄로 작용할 수밖에 없다. 때문에 육아와 가사노동은 부부가 평등하게 분담해야 한다. 이것이야말로 정의로운 양성관계를 위한 필요조건이다. 가족경제도 평등하게, 가사노동도 평등하게 분담한다는 것은 '공정한 자원의 분배'에 의한 '평등한 권력의 소유'를 의미하는 것이다.

중국 부부들은 '남자는 사회, 여자는 가정'의 전통적 성별 역할분담의 경계선을 이미 허물고, 보편적으로 가사노동을 상호 분담한다. 부부가 가족경제를 공동으로 책임지는 대신, 가사노동도 공동 분담한다. 도시 부부의 95%, 전국 부부의 80%가 가사노동을 분담하고 있다. 그러나 양성이 더욱 평등해지기 위해서는 아직도 개선해야 될 부분이 많이 있다.

권리와 의무는 함께 가야 한다. 부부는 가족경제를 함께 책임져야 하는 동시에, 그에 따른 권리도 동등하게 행사할 수 있어야 한다. 종전의 남녀관계는 남성은 의무(가족 생계)가 많은 대신, 이에 상응하여 권리도 컸다. 그러나 여성은 의무(가정 관리)는 많으면서 권리는 작았다.

이것은 정의로운 관계라고 할 수 없다. 그러나 현재 중국의 남녀는 사회노동과 가사노동을 잘 분담하고 있다. 이것은 중국정부가 여성인력의 활용을 위해 적극 노력한 결과라고 할 수 있다.

최근의 조사에 따르면, 전국의 탁아소와 유아원의 수가 약 45만 개에 이른다. 위탁 아동의 비율은 농촌이 32%, 전국 평균이 36%이다. 탁아소의 시설과 서비스의 질적인 수준이 아직 많이 개선되어야 하지만, 수치상으로는 다른 나라에 비해 훨씬 높은 비율이다. 또 퇴직한 부모가 손녀와 손자를 대신 양육해 주는 경우가 매우 많다. 이것은 퇴직 후에도 간접적으로 사회활동에 참여한다는 의미가 된다.

요즈음 북경을 중심으로 '도우미센터', '심부름 회사'나 '한마음 사무소'와 같은 가사대행 업소들이 신설되어 가사노동을 대행해 준다. 맞벌이 부부가 해결하기 힘든 일을 포함하여 가정에서 해야 할 모든 종류의 일을 대신 맡아서 해준다. 어린이 돌보기나 탁아소에 데려다주기, 시장보기, 요리하기, 빨래, 청소, 노인이나 환자 돌보기, 심지어 선물고르기와 우송하기 등이다. 이런 일들을 조직하고 실천하는 일은 주로 전국부녀연합회가 주도하고 있다. 사회주의 정권 수립 시기에 당의 한 조직으로 설립된 중국부녀연합회는 오늘날까지 줄곧 이론 연구와 운동을 함께 펴나가면서, 중국여성의 지위 향상과 발전에 중요한 역할을 담당하고 있다.

구성희(具聖姬) ────────────────

숙명여자대학교 사학과를 졸업하고, 국립대만대학교 역사과에서 「漢晉的塢壁」으로 석사학위를 취득하였으며, 북경대학교 역사과에서 「論漢人對死的態度」로 박사학위를 취득하였다. 국내외 여러 대학의 연구교수와 연구원 및 북경대학교 전임강사를 역임하였으며, 현재 숙명여자대학교에서 강의하고 있다.

「先秦時代 生死觀과 魂魄說의 관계」
「先秦時代 生命起源說 중의 氣生萬物說」
「漢代人의 鬼神觀念과 巫者의 역할」
「한대의 厚葬風俗과 薄葬論」
「漢晉塢壁의 성질 및 기능」
「한대의 영혼불멸관」
「한비자 통치론의 역사적 공헌」
「한비자 정치사상의 역사적 의의」
「한비자의 통치론」
「漢晉塢壁에 관한 연구」
「漢代 喪葬禮俗에 표현된 영혼관과 귀신관」
「略論漢代人的死後地下世界形象」
「중국혁명의 여성리더 등영초」
「근대 중국여성해방운동의 선구자 추근의 리더십」
「등영초(1904-1992)의 리더십」
「하향응(1878-1972)의 리더십」
「女性革命家何香凝的領導能力」
「鄧穎超的領導能力及其對中國社會的影響」
「韓非子統治論在歷史上的進步性與貢獻」
「한고조 劉邦의 인재활용술과 리더십」
「劉備의 人才관리와 리더십」
「曹操的用人之道與管理思想」
「漢高祖劉邦的人才管理術」
「난세의 영웅 위무제 조조의 인재활용술과 리더십」
「한대인의 영혼관과 사후세계관」
「티베트에 문명을 전파한 당나라 문성공주의 역사적 지위」
「중국역사상 최초로 정권을 잡은 여성- 전한의 여후」
「화친을 위해 흉노로 시집간 한나라 왕소군의 역사적 공적」
「남자황제보다 뛰어난 당나라 여황제 측천무후의 역사적 공적」

『漢代人的死亡觀』(2003)
『兩漢魏晉南北朝的塢壁』(2004)
『한당번속체제연구』(2007, 공역)
『아주 특별한 중국사이야기』(2008, 공역: 책임집필)
『리더들의 리더가 된 중국의 제왕들』(2009, 공저: 책임집필)
『고대 중국의 제왕』(2011)
『한 권으로 읽는 중국여성사』(2012)

중국여성을 말하다

– 가려진 중국여성들의 생활사

초판인쇄   2013년 9월 8일
초판발행   2013년 9월 8일

지은이   구성희
펴낸이   채종준
기 획   이주은
디자인   김혜림

펴낸곳   한국학술정보(주)
주 소   경기도 파주시 문발동 파주출판문화정보산업단지 513-5
전 화   031) 908-3181(대표)
팩 스   031) 908-3189
홈페이지   http://ebook.kstudy.com
E-mail   출판사업부 publish@kstudy.com
등 록   제일산-115호(2000.6.19)

ISBN   978-89-268-4599-8 03910 (Paper Book)
       978-89-268-4600-1 05910 (e-Book)

어담 Books 는 한국학술정보(주)의 지식실용서 브랜드입니다.